KB071377

혐오이론 I

숙명여자대학교 인문학연구소
HK+사업단 학술연구총서 01

혐오이론 I

학제적 접근

박인찬·하홍규 기획

박인찬·박준성·염운옥·윤조원·이재준·
임소연·조계원·하홍규·한의정·홍성수 지음

Theories of Disgust I

Interdisciplinary
Approach

한울
아카데미

차례

1장

혐오시대 대응을 위한 첫걸음
서론

박인찬

우리는 지금 혐오의 시대에 살고 있다. 이번 총서가 처음 기획될 당시 존재하지 않았던 코로나 감염병은 바다 건너 미국의 아시아계 혐오의 민낯을 만천하에 드러냈는가 하면, 장애인, 성소수자, 빈곤층 같은 사회적 약자들에게 우리 사회가 얼마나 무관심하고 편향된 시각을 가져왔는지 여실히 보여 주었다. 또한 잠시 수그러든 것 같았던 여성혐오는 대통령 선거에 이기기 위한 정치적 무기로 재소환되어 계산된 사회적 분열의 불쏘시개로 쓰이고 있다. 다른 예들을 일일이 거론하지 않더라도 혐오가 우리 시대의 심각한 문제로서 여전히 그 위력을 떨치고 있음은 현실이 이미 입증하고 있다.

혐오는 현실로부터 던져진 문제이다. 혐오시대로 불릴 만큼 사회의 다방면에 불거지고 있는 혐오는 그에 상응하는 관심과 대처를 요구한다. 혐오의 심각성은 혐오 자체에 있다기보다는 그것이 우리 사회의 감추어진 문제를 드러내고 경고하는 징후이자 증상이라는 데 있다. 최근으로 올수록 혐오와 관련된 사건들이 계속해서 늘어난다는 것은 그만큼 우리 사회가 위험해지고 있다는 뜻이다.

그렇다면 혐오시대에 어떻게 대응해야 할까. 혐오 문제는 학술적으로도 접근하기가 간단치 않다. 그 이유는 혐오의 정의와 개념이 생각보다 복잡할 뿐 아니라 그것을 바라보는 시각이 세부적인 학문 분야에 따라 서로 다를 수 있기 때문이다. 따라서 혐오시대에 적절히 대응하려면 기본적인 정의부터 다양한 접근법에 이르기까지 체계적으로 살펴볼 필요가 있다. 이 장에서는 혐오에 관한 정의와 개념을 비롯해 그것이 어떻게 확장될 수 있는지에 대해 주로 살펴보고자 한다.

혐오는 감정을 표현하는 개념어이다. 찰스 다윈은 『인간과 동물의 감정 표현』에서 혐오를 공포, 놀람, 분노, 슬픔, 행복과 함께 인간의 기본 감정 중 하나로 분류한다. 『인간다움의 조건』을 쓴 스튜어트 월턴(Stuart Walton) 같은 평자는 다윈의 분류에 질투, 경멸, 수치, 당황을 덧붙여 10개의 감정을 인간의 기본 감정으로 제시하기도 한다. '기본' 감정이라는 용어에서 짐작할 수 있듯이, 혐오는 쉽게 사라지거나 제거할 수 있는 것이 아니다. 인간이 진화의 오랜 과정을 거치면서 자연에 적응하기 위해 습득하게 된 감정 중 하나가 혐오이다.

그러나 진화의 산물이라고 해서 그것을 전적으로 인간 본능에 속한 것으로 단정하는 것은 곤란하다. 왜냐하면 혐오는 인간이 태어날 때, 혹은 그 이전부터 자연적으로 주어진 본성(nature)이라기보다는 사회적으로 형성된 감정이기 때문이다. 혐오스러운 것의 범위와 내용을 정하는 것은 "문화와 훈육(nurture)"이지 본성이 아니다(Miller, 1997: 12). 혐오는 자기 보호와 생존의 수단이되 날것 그대로의 느낌이기보다는 어떤 대상에 대한 느낌, 감각, 반응, 지각, 인지로서의 감정을 가리킨다. 인간이 보편적으로 갖고 있으나 사회문화적으로 매개되고 형성되는 것이기에 혐오에는 문화적 차이가 따르기 마련이다.

이에 혐오는 흔히 생물학적 혹은 원초적 혐오와 사회문화적으로 형성된 사회적 혐오로 나뉘기도 한다. 혹은 대표적인 혐오이론가 마사 누스바움(Martha Nussbaum)의 잘 알려진 설명처럼, 인간의 동물성과 신체성에 대한 혐오에서 비롯된 '근원적' 혐오와 그것을 타인에게 투여함으로써 자신의 혐오스러움을 정화하고 타인을 혐오의 원천이자 대상으로서 배척하고 파괴하는 '투사적' 혐오의 두 단계로 각각 이해될 수 있다. 하지만 이러한 혐오의 두 유형, 두 단계를 전혀 별개의 것으로 분리하여 보는 것은 별로 바람직하지 않다. 혐오라는 감정과 그 양상을 좀 더 깊이 있게 이해하려면 혐오의 복합적이고 이중적인 측면을 염두에 두고서 접근할 필요가 있다.

사실 우리말에서 혐오의 정의는 생각처럼 단일하지 않다. 대개는 '싫어하고 미워함'[嫌惡]의 뜻으로 정의하지만, 그것은 혐오의 절반에 해당한다. 국립국어원과 네이버 사전에 따르면 혐오에는 그것 외에도 '미워하고 꺼림'[嫌忤]의 뜻이 있다. 각각의 뜻에 따라 한자 표기도 다르다. 전자가 공격적인 감정이라면, 후자는 방어적인 감정이다. 그래서 어떤 평자는 둘을 합쳐서 혐오를 "역겨울 정도로 싫어하고 미워하는 감정"으로 정의한다(김태형, 2019: 25).

반면에 영어나 독일어에서는 우리말로는 하나의 단어처럼 되어 있는 혐오가 2개의 각기 다른 단어로 표기된다. 역겨움에 좀 더 가까운 '미워하고 꺼림'으로서의 혐오가 영어에서 흔히 '혐오'의 뜻으로 쓰이는 'disgust'(독일어 'Ekel')라면, 증오에 좀 더 가까운 '싫어하고 미워함'으로서의 혐오는 'hate' 또는 'hatred'(독일어 'Hass')로 표기된다. 그런데 두 단어는 어원 자체가 다르다. 그중 혐오를 가리킬 때 흔히 쓰이는 'disgust'는 17세기 초반에 이탈리아어 'disgustare'가 프랑스어 'dégouster', 'dégoûter'를 거쳐 영국으로 유입되면서 생긴 단어로, 라틴어 어근 'gust'가 의미하는 '맛, 미각, 풍미'와 관련이 깊다.[1] 이에 반해 증오를 뜻하는 'hatred'는 맛 혹은 미각과는 아무 관련이 없다. 이런 연유에서인지 일본에서는 '헤이트 스피치'처럼 명확하게 증오를 뜻하는 경우 혐오 대신에 음차에 따라 그냥 '헤이트'라고 적을 때가 많다. 반면 국내에서는 갈수록 만연하는 증오 현상을 지칭하기 위한 영어 신조어 'hateism'이 이렇다 할 구별이나 설명 없이 '혐오주의'라는 표제어로 제시되기도 한다(김용환 외, 2019: 19~42).

그렇다면 왜 유독 한국에서 혐오라는 어휘가 과잉이다 싶을 만큼 혼란스 럽게 쓰였을까 하는 의문이 생긴다. 여기에는 최근의 여성혐오 관련 사건들 에 의해 촉발된 한국 출판업계의 마케팅 전략이라든가, 관련 사건들을 보도 하는 언론매체의 선정주의, 혹은 증오 표현과 소수자 차별에 관한 법제화 과정에서 법적 규제의 대상이 되는 증오라는 단어 대신에 그것보다 더 광범 위한 혐오라는 단어를 택한 법조계의 판단 등을 그 이유가 꼽을 수 있을 것 이다. 하지만 문제는 그런 눈에 보이는 것들에 있지 않다. 그보다는 혐오 감 정 자체의 복합성과 어째서 다른 감정이 아닌 혐오가 특별한 의미를 부여받 을 만큼 심각하게 대두되고 있는지에 문제의 핵심이 있다.

따라서 무엇이 개념상 옳고 그른가를 따지는 것보다는 접근법에 따라 혐 오를 유연하게 바라보는 포괄적인 자세가 요구된다. 이런 견지에서 정의하 자면, 혐오는 역겨움(혐오, disgust)과 증오(hatred)와 두려움(혐오증, phobia) 등의 서로 관련된 감정들을 포괄하는 복합체이다.[2] 혐오의 복합성은 초기 혐오이론에서도 발견된다. 대표적인 예로, 현상학적 관점에서 혐오를 고찰 하는 아우렐 콜나이(Aurel Kolnai)는 감정은 그것이 실재하는 대상이건 상상 의 대상이건 어떤 대상을 '향해 있다'라는 점에서 지향성(intentionality)을 지 닌 심리 현상으로 간주한다. 기본 감정 중에 혐오는 대상지향성이 특히 두

---

1   월턴(2012)의 3장에서 '혐오' 참조.
2   정신병적 증상으로서의 혐오증을 가리키는 '-포비아(-phobia)'가 여성혐오를 둘러싼 논
     쟁에서 혐오와 구분 없이 쓰였다는 사실은 일상에서의 혐오의 기저에 병적인 두려움 혹
     은 공포가 녹아있 다는 방증이다. 그런 점에서 혐오증은 혐오의 지류로서 함께 다루는 게
     적절해 보인다(손희정, 2018: 37 참조).

드러진 감정이다. 이것을 자세히 밝히기 위해 콜나이는 역겨움, 증오, 두려움의 세 감정을 "방어 반응" 또는 "회피의 양식"에 속하는 감정(Kolnai, 2004: 30), 즉 어떤 대상으로부터의 방어와 회피의 감정으로 묶어서 설명한다. 사후에 발표된 그의 논문에 따르면, 역겨움으로서의 혐오와 증오 모두 어떤 대상에 의해 직접 특징지어지는 감정으로서 서로 비슷하면서 다르다. 혐오가 혐오스럽게 여겨지는 대상을 뱉어 내거나 그로부터 움츠림으로써 피하려 한다면, 증오는 그것을 파괴하여 없애 버림으로써 자유로워지려 한다. 반면에 공포는 혐오나 증오처럼 대상을 의식하지만 두려움을 느끼게 하는 것은 대상 자체가 아니라 그것이 언젠가 나타날지 모르는 위협이다. 즉 대상의 잠재성이 공포의 원천이 된다(Kolnai, 2004 참조).

혐오, 증오, 두려움이 유사 감정들로서 혐오의 복합체를 형성한다면, 혐오는 또한 특정 시대에 따라 다른 감정들과 서로 절합하거나 중첩된다. 누스바움은 이것을 혐오의 "중첩된 집합"이라 부른다. 고대 로마의 '파스티디움(fastidium)'에서 보듯이,[3] "혐오[는] 단일한 것이 아니라" 시대와 장소에 따라 다른 감정(들)과 집합을 이루어 나타난다(누스바움, 2015: 184). 이와 비슷한 맥락에서 손희정은 한국의 여성혐오 담론을 비평적으로 되짚어 보는 글에서 "혐오를 다양한 감정들의 계열 안에서 파악할 필요"가 있다고 역설한다(손희정, 2018: 48). 혐오는 특정 시공간으로부터 파생되는 여러 감정과 서로 뭉쳤다 분리되었다 하는 과정들 속에서 특정한 발화와 효과로 연결된다.

흥미로운 점은 이러한 혐오의 효과성이 정치적으로 유용하게 쓰인다는 사실이다. 혐오에 의한 감정 정치, 즉 혐오 정치가 위력적인 것은 일련의 발화 효과를 연속해서 낳는 혐오의 수행성 때문이다. 수행성은 혐오 감정의

---

3 '꼼꼼하거나 까다롭다'는 뜻의 이 말은 고대 로마에서는 원초적 대상에 대한 회피를 비롯해 천하게 인식된 것에 대해 귀족이 보였던 거만하고 모욕적인 태도를 가리킨다. 위계적인 사회에서 혐오와 모욕이 중첩되는 감정으로 쓰인 예라고 할 수 있다.

정동적인 측면을 잘 드러낸다. 원래부터 혐오스럽거나 증오스러운 대상은 세상에 존재하지 않는다. 무엇을 혐오의 대상으로 느끼는 것은 어떤 집단 또는 그것이 길러 낸 어떤 사람의 인지 때문이다. 그런데 혐오의 원인과 대상은 항상 일치하지 않는다. 불일치가 생길 때 혐오는 그것이 닿으려는 대상이나 위치를 바꾼다. 즉, 다른 대상, 다른 위치로 옮겨 가는 차이와 전위의 과정을 거치는 것이다. 그리고 이 과정에서 혐오는 다른 감정들과 함께 짝을 지어 다니며 '물건값'처럼 가치를 가지게 되고 사회적인 효과를 수행한다. 혐오의 감정 정치에서 발생하는 '혐오값'은 '정치값'에 해당한다. 흥미롭게도, 감정의 정치경제에서 혐오는 유통될수록 더 많은 잉여가치, 더 많은 부수 효과를 낳는다(박인찬, 2021). 이렇게 차이와 전위를 통해 순환하는 과정에서 혐오 감정은 "자본의 한 형식으로 작동"하는 상품처럼 "정동경제"의 중요한 축이 된다(Ahmed, 2014: 45).[4]

이처럼 혐오는 인간의 기본 감정으로서든, 혹은 다른 이웃 감정들과 연합하여 다니는 감정 복합체로서든, 혹은 인간의 사회적·정치적·경제적·문화적 관계망을 관류하며 효과를 수행하는 정동으로서든, 한두 마디로 규정하기가 어렵다. 게다가 현실에서 발생하는 혐오의 양상은 단순하지 않아서 바라보는 시각에 따라 서로 다른 해석이 가능하다. 혐오시대에 대한 인문학적 대응이 혐오에 관한 기본 연구에 충실하면서도 다양한 관점들의 횡단이어야 하는 이유이다.

---

4   사라 아메드(Sara Ahmed)는 마르크스의 상품이론에 기대어 감정의 '정동경제(affective economies)'를 설명한다. 그에 따르면 어원상으로 '움직임'의 의미가 담긴 감정(e-motion)은 정동의 특성을 이미 내재하고 있다. 기본적으로 감정은 사회적이고 관계적이고 정동적이다. 감정이 대상과의 관계에서 표상되고 개인의 주체화에 직접 관여한다면, 정동은 대상들 사이, 개체들 사이에서의 움직임, 순환, 상호 변용과 그 효과를 말한다. 엄밀히 말해, 정동은 특정 정동(혐오정동, 공포정동 등등)으로의 구분 자체가 불가능하지만, 특정 감정의 정동적 측면이 강조될 때 그렇게 지칭되기도 한다.

이번에 출간하는 혐오이론 총서는 혐오시대 대응을 위한 공동 연구의 첫 걸음으로서 마련되었다. 이 책은 2020년 5월 '혐오시대, 인문학의 대응'을 목표로 출범한 숙명여자대학교 인문학연구소 HK+사업단의 총서 시리즈 중 제1권이다. 이 책을 구성하는 10편의 글과 필자들의 전공 분야가 말해 주듯이, 혐오이론 총서의 기본 목적은 혐오에 관한 다양한 이론과 관점을 제공함으로써 혐오시대에 심층적이면서 다각적으로 대응하려는 데 있다. 이러한 취지에서 학문 분야를 문학, 철학, 역사학을 비롯해 사회학, 심리학, 여성학, 법학, 자연과학으로 넓혀 혐오이론의 여러 갈래를 제시하고자 했다. 혐오에 관한 이론적 고찰은 이것으로 그치지 않고 더 방대하다. 혐오에 관한 주요 이론가들도 한둘이 아니다. 곧이어 문학을 비롯해 비판이론, 현상학, 정신분석학, 미디어학, 정치학, 인공지능학 등을 망라하는 『혐오이론 II』를 선보일 예정이다. 국내에서는 시도된 적이 없는 이러한 이론적 조감이 한국 사회의 혐오 문제에 대응하는 데 중요한 밑거름이 되기를 기대해 본다.

참고문헌

김용환 외. 2019. 『혐오를 넘어 관용으로: 혐오주의에 대항하는 윤리』. 파주: 서광사.

김태형. 2019. 『혐오시대 헤쳐가기: 심리학으로 본 북한 혐오』. 파주: 열린책들.

누스바움, 마사(Martha Nussbaum). 2015. 『혐오와 수치심: 인간을 파괴하는 감정들』. 조계
   원 옮김. 서울: 민음사.

박인찬. 2021. 「(기획칼럼) 혐오의 정치경제」. 숙명인문학연구소 HK+사업단 웹진 ≪포스트-
   혐오≫, 4호(2021년 10월). http://www.srihwebzine.kr/news/view.php?g=&bIdx=
   2666

손희정. 2018. 「혐오담론 7년」. ≪문화과학≫, 93호, 20~49쪽.

월턴, 스튜어트(Stuart Walton). 2012. 『인간다움의 조건: 인간을 인간이게 만드는 10가지 감
   정 이야기』. 이희재 옮김. 서울: 사이언스북스.

Ahmed, Sara. 2014. *The Cultural Politics of Emotion*, 2nd ed. Edinburgh: Edinburgh
   University Press.

Kolnai, Aurel. 2004. "The Standard Modes of Aversion: Fear, Hatred, and Disgust." in
   Barry Smith and Carolyn Korsmeyer(eds.). *On Disgust*. Chicago and La Salle,
   Illinois: Open Court.

Miller, William Ian. 1997. *The Anatomy of Disgust*. Cambridge, MA: Harvard University
   Press.

2장

혐오, 정동이론으로 읽기*

이재준

소수자를 향한 차별과 배제가 공동체를 병들게 한다. 우리는 가벼운 직관만으로도 혐오가 그것들과 관련된다는 것을 알 수 있다. 차별과 배제는 혐오와 구별되는데, 차별과 배제가 행위 사실을 지시하고 있다면 혐오는 마음의 느낌을 가리킨다. 혐오는 자기로 향하기도 하지만, 외부로 표출되어 현실에 다양한 세기로 영향을 미친다. 그리고 그런 영향의 한 자락에서 혐오표현들은 차별이나 배제 행위와 결합하거나 그것들로 변형된다. 혐오는 사적인 느낌에서 공적인 관계로 이행한다.

우리는 이즈음 차별과 배제로 얽힌 현실을 바라보면서 어떤 '무거운 것들'을 떠올린다. 올바른 윤리 의식과 정의로운 정치, 효과적인 정책과 정당한

---

* 이 글은 이재준, 「혐오의 정동」, ≪현상과인식≫, 45권 4호(2021)에 게재된 논문을 수정·보완한 것이다.

법 같은 것들 말이다. 하지만 우리가 열심히 그것들의 무게를 가늠하려 주저하는 사이에도, 혐오는 그것들 사이를 교묘히 빠져나가 일상으로 되돌아오기 일쑤다. 혐오는 사라지지 않고 항상 지금 여기 나에게, 너에게, 그리고 우리에게 있다. 혐오의 이러한 양상이 그것에 대한 이론적 접근을 곤란하게 만든다. 이 글은 혐오의 유동하는 양상에 관한 것이다.

1. '정동'의 자리 배치

　마음에 떠오른 혐오를 모호하게 이해할 이유가 없다. 단적으로 그것은 정서(감정, emotion)이다. 정서는 주관적이면서도 보편성을 지닌다. 우리는 이 마음 상태를 일반적으로 소통할 수 있는 재현, 관념, 혹은 언어적 표상으로 본다. 이를 근거로, 정서를 어떤 '표준화된' 의미를 지닌 것으로 설명하려 애쓰며, 그 끝에서 몇몇 기본 정서들로 구분할 만큼 개념적인 것으로 만든다. 더욱이 사회적으로 문제시되는 부정적인 정서를 다룰 때면 더욱 그런 보편화로 나아가야 할 것만 같은 내적 강박에 휩싸인다. 정서의 이 보편성은 정서를 윤리적 훈육에도 적용할 수 있다는 생각으로 이어진다. 그리고 윤리적인 훈육의 성공 사례들은 입법과 같은 공적 규제에도 정서가 유용할 수 있을지 모른다는 견해를 시험한다. 역으로 이러한 생각들의 한 갈래는 어떤 부정적 의미를 지닌 정서들이 윤리적으로 그리고 사회적으로 억제될 수 있거나 정화될 수 있다는 생각을 낳기도 한다. 그러나 어째서 그 모든 빛나는 것들에도 불구하고, 그런 어두운 정서들은 우리의 내면으로 회귀하고 거듭 표출되는 것일까? 정서들이란 우리 마음의 내재적인 원리이므로 그것 자체는 삭제할 수 없고, 다만 그것들이 표출될 때만 규제할 수 있는 그런 것인가?
　이런 물음의 해결 실마리는 '정동(affect)'이라고 불리는 것에 있을지 모르겠다. 피상적으로 보아, 정서의 물질성 정도로 여겨지곤 하는 이 '정동'에 관심을 기울이려는 시도들은 이성 중심주의를 비판하기 위해서 정서(감정)에 '제값'을 매기려는 움직임과 관련되는 것처럼 보인다. 그러나 이것이 전부는 아니며 정동에 관한 한 그런 비판과는 어느 정도 거리가 있기도 하다. 정서에 대한 이론적 관심은 이미 철학에서, 그리고 심리학과 사회학에서, 심지어 인공지능 연구에서조차 오래전부터 표명되었다. 그렇지만 그것이 정동과 개념적으로 어떻게 구별되는지는 주목을 받지 못했다. 게다가 정동에 관한 이론들마저도 상호 적용 가능한 틀을 획득했는지, 혹은 일정한 보편적 규모를 획득했는지조차 아직은 모호한 상태이다. 이 점에서 들뢰즈의 개념어 '아펙트(affect)'와 '아펙시옹(affection)'의 우리말 번역을 둘러싸고 벌어진 "작은 논쟁"(김재인, 2017: 154)은 그런 모호함을 극복하려는 그간의 노력이 얼마나 유의미했는가를 잘 보여 준다.

우리가 잘 알고 있듯이, 어떤 개념의 번역은 단순히 그 말의 사전적 의미를 교환하는 것에 그치지 않는다. 그것은 그런 수준의 확인 작업을 넘어서는 일이다. 요컨대 개념어들의 번역은 그것과 관련된 담론의 장을 살펴야 한다는 것을 요구한다. 사실상 '작은 논쟁'은 '정동'의 자리를 배치하는 작업이며, 담론 안팎을 가로지르는 지식-힘들의 관계를 살피는 일이다. 그것은 우리 시대의 '생산적인 논의'를 바라는(조강석, 2021: 179) 힘들의 불가피한 어떤 '긍정의 문턱'이다.

조강석·진태원·조정환·최원·권명아·김재인 등으로 이어진 '작은 논쟁'에서는 '아펙트'를 '정동'(조강석·권명아·조정환), 혹은 '정서'(진태원), 혹은 '정감'(김재인)으로, '아펙시옹'을 '변용'(진태원·조강석·김재인) 혹은 '정서'(조정환)로 옮기자는 제안이 있었다. 그런데 번역에서는 원어와 번역어 사이에서 의미상 유사성만이 아니라 사용상 유사성도 입증되어야 한다. 논자들 사이에서 원어가 지시하는 의미는 어느 정도 상호 확인된 듯하다. 반면 사용상으로는 그렇지 않은 듯하다. 여기서 굳이 화용론을 꺼내 들지 않더라도, 말이란 언제나 때와 장소의 가변성 안에 놓이기에, 번역할 때 그것을 누가 언제 어디서 쓰느냐를 살피기 마련이다. 이러한 접근은 궁극적으로 정동이론의 현장에서 다양한 영토들의 교차를 용인하는 것과 관련된다.

그래서 무엇보다도 영토들의 교차를 긍정할 수 있다는 점과 나아가 논자들이 스피노자주의를 관통하는 들뢰즈의 사유가 동시대의 문제를 해명하기에 유의미하다는 생각을 공유한다는 점을 바탕으로 이 논쟁을 다시 정리해 볼 수 있다. 우선 '아페트'를 '정동'이라는 말로 옮기는 데는 '운동'의 의미를 지닌 정동(情動)이 '정지' 내지는 상태라는 의미를 지닌 정서(情緒)라는 말보다는 '힘들이 주고받는 영향'이라는 '아펙트'의 개념적 의미에 부합하는 면이 있다. 또한 이는 철학, 사회학, 문학, 특히 심리학 등에서 흔히 프랑스어/영어 émotion/emotion을 정서(감정)로 옮기면서 하나의 표상, 관념, 재현 혹은 개념으로 간주해 온 사실을 수용할 수 있다(카라트/시오타, 2007: 247; VandenBos et al., 2015: 26). 그런 가운데 이 논쟁에서 혼란을 더하는 요인이 있는데, 영어 'feeling'을 '감정'이라 옮기는 일이다. 우리가 이 말의 동사형인 'feel'을 '감정하다'가 아니라 '느끼다'로 옮기는 것이 상례인 점을 감안하면, 'feeling'은 '감정'이 아닌 그 명사형 '느낌'으로 옮기는 것이 덜 생경해 보인다. 예컨대 우리는 슬픔(정서 혹은 감정)을 느끼고, 표면이 매끄럽다고 느끼는 것이다(지각/지각작용). 들뢰즈는 다른 의견을 가지고 있겠지만, '느낌'은 지각작용과 관련된 의식 차원의 또 다른 문제일 수 있다(Damasio, 2007: 9). 게다가 들뢰즈도 'emotion'이라는 말을 '아펙트'와 구분해서 쓴다(들뢰즈/가타리, 1995: 272).

그렇다면 이제 '아펙트'를 '정동'으로 옮기는 한에서, '아펙시옹'에 대응할 우리말이 남는다. 논쟁의 참여자들과 마찬가지로 당연히 스피노자주의에 따라 이 말은 영향을 주고받은 몸들 사이에서의 '변용'이라는 의미를 지닌다. 그렇지만 '변용'이라는 의미를 지닌다고 해서 '아펙시옹'을 '변용'이라는 말로 옮기는 것은 용어의 사용상 혼란을 낳을 소지가 있지 않을까? '정동'이라는 말과 '변용'이라는 말 사이에 그 의미를 반복해서 '성찰해야' 하는 부수적인 노고가 부담으로 남기 때문이다. 요컨대 이 두 말은 연속선상에서 잘 이해가 되지 않는다. 그래서 그보다는 오히려 '아펙시옹'의 번역어를 선택할 때, '페르셉트(percept)'와 '페르셉시옹(perception)'에 관한 들뢰즈의 구분을 참조하는 것이 도움이 될 것 같다. 현상학, 특히 신경과학에서라면 '페르셉트'와 '페르셉시옹'은 거의 구별 없이 사용되곤 한다. 특히 후자는 감각적으로 주어진 자료들에 대한 통합 혹은 의식작용, 전자는 그러한 결과물로 이해된다. 반면 이를 비판적으로 보는 들뢰즈에게 이 둘은 분명하게 구분된다. 전자는 후자의 잠재성이며, 후자와 함께 현실화된다. '페르셉트'는 가상적이지 않고 실재적이다. '페르셉시옹'은 전자의 효과이다(들뢰즈, 1995: 234). 우리는 그의 생각에 따라 전자를 '지각'으로 후자를 '지각작용'으로 옮긴다. 그렇다면 '페르셉트/페르셉시옹'의 번역어 '지각/지각작용'처럼, '아펙트/아펙시옹'을 '정동/정동작용'으로 옮기는 것이 이해의 혼란을 피하는 하나의 방법일 것이다. 따라서 이글은 이상의 용어들을 이렇게 맵핑한다. affect(정동)/affection(정동작용), percept(지각)/perception(지각작용), émotion/emotion(정서 혹은 감정), feeling(느낌).

사실상 번역을 둘러싼 '작은 논쟁'의 현실은 '정동이론'이라 불릴 새로운 영토에 개입하려는 지식 욕망들의 개체화 운동이다. 이것이 하나의 '충돌'이기는 하지만 충분히 생산적이다. 이제 아래에서는 이러한 정리를 바탕으로 혐오의 정동을 해명하고자 한다. 이를 위해서는 무엇보다도 몸들과 관념들의 관계에서 정동과 정서를 개념적으로 구별하고, 정동의 이행과 변이들, 그리고 더 나아가 그 관계의 존재론적 의미를 설명할 것이다.

2. 정동과 정서

정동은 정신/물질, 문화/자연의 연속성을 해명하려는 스피노자주의자 들 뢰즈의 일원론적 사유를 관통하는 핵심 개념 중 하나이다. 정동 개념은 단순히 몸의 특성이 아니다. 정동은 몸들에게 영향을 미치는 잠재적인 힘들, 그리고 그 관계성, 강도(intensité), 그 힘들에 의한 몸들의 현실적인 상호 변화 양상, 느낌 관념들의 산출, 그리고 행동으로 이어지는 흐름에 대해 해명려는 개념이다. 특히 정동이론의 핵심 멤버인 마수미는 그것을 두고 '비담론적인 몸'의 문제라고 할 만큼 정동에서 '몸'은 중요하다. 비록 인간적인 사고에 제약된 우리에게 몸이란 대개 인간적인 몸이거나 유사 존재인 동물의 몸이거나, 인식의 물질적 거처로서 외부 타자들과 대면하는 곳 정도이다. 그러나 들뢰즈가 이 개념을 통해 주목하는 것은 '비표상적인 몸들'이다.

들뢰즈는 정동과 몸들을 이렇게 설명한다. "한편으로 몸은 아무리 작다고 하더라도 언제나 무한히 많은 분자들을 포함하고 있다. 하나의 몸, 몸의 개체성을 규정하는 것은 분자들 사이의 운동과 정지의 관계들, 빠름과 느림의 관계들이다. 다른 한편으로, 몸은 다른 몸들에게 영향을 주고(affecter) 다른 몸들에 의해 영향을 받는다(affecté). 하나의 몸을 개체성으로 규정하는 것은 또한 이 영향을 주고 영향을 받을 수 있는 능력이다"(들뢰즈, 2001: 182). 몸은 접히고 또 펼쳐진다. 그리고 다시 몸들로 중첩된다. 고양이의 몸은 하나의 세포에서 난할을 거쳐 수많은 미시적인 세포들(몸들)로 산출되어 다시금 이 몸들이 산출한 하나의 몸이며, 연필 또한 미세한 분자들과 원자들이 산출한 몸이다. 그래서 '영향을 주고받는(느끼는) 몸들'로부터 존재의 미시적 차원, 힘과 능력들, 관계들, 강도 등이 가시화된다.

다시 말해서 정동은 '어떤 몸이 다른 몸에 미치는 힘들'이고 그것들을 모으고 분해하는 '힘들의 연속적인 변이'가 되는데(들뢰즈, 2014: 71), 이로부터 그것들의 관계들(관계성)에는 몸(개체)들에 영향을 미치는 세기, 즉 강도가 대응하고, 또한 영향을 받은 그 힘들은 강도의 '문턱'이라 불릴 수 있다. 강도에 따라 몸들의 능력은 연속적으로 증가(+) 혹은 감소한다(-). 다른 한편으로 들뢰즈는 이러한 힘들의 운동을 미시적인 차원에서 바라본다. "나의 피부-어떠한 관계들 아래에서 나에게 속하는 피부의 미립자들(corpuscles)은 … 다른 외부적 부분들(내 피부 위에 작용하는 것들의 총체, 공기의 입자들, 태양의 입자들)의 능동에 영구적으로 종속된다"(들뢰즈, 2014: 125). 이 관계에서 정동은 분자적인 것들, 미시적인 것들의 운동으로 무한히 중첩된다. 물론 우리는 썩어 가는 몸을 볼 수는 있을지언정, 그와 함께 분해되고 있는 단백질, 발생하는 열, 그리고 분자들을 볼 수는 없다. 우리에게 몸의 부패는 의식되지만, 미립자들(또 다른 몸들)은 의식되지 않는 것이다. 정동은 의식에게 침묵하는 미시적 존재들의 목소리이다.

정동 개념으로부터 몸들이 어떤 초월적 원칙 내지는 법칙에 근거한 매끈한 세계가 아니라, 서로의 영향에 의해 산출되는 울퉁불퉁한 내재적인 면으로 향한다는 것을 이해할 수 있다. 하나의 몸과 관계 맺는 다른 몸이란 무한히 뒤섞이며 변이하는 관계적 행위자이다. 나아가 '정동을 분배하는 자연'(들뢰즈, 2001: 184)인 내재성의 면은 물질과 비물질, 개체들, 몸들이 무한히 이어지는 일원론적 세계의 그림이다. 그곳은 우연성의 운동학(cinétique)과 역학(dynamique)으로 가득 차 있다. 이것이 정동이론이 노리는 존재론적인 상이다. 이제 우리는 그 존재론적 상 아래서 인간적인 몸을 이해함으로써 정동과 지각작용, 관념들, 나아가 정서(감정)의 자리를 확인할 수 있다.

바로 이 인간적인 몸은 정동적인 운동의 면이지만 관념들 내지 표상들이 생성되는 곳이기도 하다. 거기서는 분자적인 힘들의 정동적인 흐름이 수동적인 종합의 과정으로 진행한다. 들뢰즈는 이 과정을 어떤 흐름을 분절시키는 '수축작용(contraction)'이라고 말하는데, 거기서 정동적인 힘들의 관념들이 산출된다.[1] 예를 들어 피아노 연주를 들을 때, 건반들의 부딪침, 해머들의 스침, 페달의 덜컥거림 같은 파동의 힘들이 감각기관들과 신경세포들에 영향을 미친다. 그리고 우리는 어떤 선율만을 느낀다. 듣고 느끼는 이것은 감산적으로 이뤄지는 정동의 효과이며, 인상들과 관념들, 지각작용이 생성된 것이다. 반면 미시적인 힘들의 이 운동에 '선율의 느낌'이란 없다. 그래서 사실상 우리가 듣고 느낀 것은 의식하지 못한 잠재적인 것과 더불어 있다. 마수미는 이를 두고 무의식적인 것과 의식적인 것이 '함께 온다'고 말한다 (마수미, 2016: 44~46).

한편 감산적이고 무의식적이라는 몸의 두 가지 조건에 따라 정동작용들과 관념들은 '소여(datum)'라고 불리는 인식의 수동성과 구별된다. 무의식적이고 감산적이라는 조건은 느낀다는 것이 능동적인 생산이라는 사실을 반증한다. 예를 들어 신경세포가 힘들의 영향을 포착한 감각작용은 자아에 기입된 타자의 흔적일 뿐만 아니라 타자에 의한 변용이다. 그리고 그것은 '나'의 능동적인 느낌이다. 우리는 이것으로부터 형상을 느낀다(들뢰즈, 2008: 47, 53).[2] 안팎의 분리를 모호하게 만드는 조건들로부터, '느끼고 판단하고 행동하는 존재'로 상상된 '능동적인 자아'를 떠받치고 있는 것이 사실상 '수축하는 자아'임을 알 수 있다(들뢰즈, 2004a: 222).

따라서 들뢰즈는 정동과 구분해서 정동작용을 "하나의 몸과 다른 몸과의 혼합, 즉 내 몸에 가해진 다른 몸의 흔적"(1978년 1월 24일 강연), "지각작용들", "나의 행위와 연결된 사물들의 이미지"(1981년 1월 20일 강연)라고 말한다(들뢰즈, 2014: 37, 85).[3] 요컨대 정동작용은 미시적인 힘들의 운동인 정동

---

1   마수미는 이러한 정동작용을 질베르 시몽동(Gilbert Simondon)의 개체화 개념으로 설명한다(마수미, 2011: 70~72).

2   들뢰즈는 베이컨의 회화를 감각작용을 통해 분석하려 하는데, 감각작용은 서사를 지닌 느낌(혹은 정서)과 구분되며, 오히려 자연주의적인 형식으로서의 그것은 정동과 같다. 그리고 다른 곳에서 들뢰즈는 베르그손의 생각을 차용해서 정동을 '감각신경에서의 운동경향성' 혹은 '정지된 신경에서의 일련의 미세 운동'이라고 말한다. 거기서 정동-이미지란 그러한 힘과 성질 그 자체가 '사물의 표현'으로서 파악되는 것이다(들뢰즈, 2002: 169).

의 관념들로 산출된다. 우리는 그 관념들에 대해 '어떤 느낌을 가진다'거나 '이러저러하게 느낀다'고 말할 것이다. 물론 그것을 통해서 외부 몸들에 대해 느낄 수 있을 뿐, 그것들 자체에 대한 앎(apprehension)을 가질 수는 없다(들뢰즈, 2014: 37). 그리고 내 몸에서 어떤 효과로서 실현된 이 정동작용들과 관념들이 의식되는 것은 관념들이 다른 관념들과 중첩될 때이다(마수미, 2011: 60~62). 정서란 정동의 관념 내지는 표상으로서, 그 관념들과는 관련되지만 구별되는 다른 차원의 관념들, 그것은 일종의 '관념들의 관념'이다. 요컨대 정서란 정동적인 힘들 내지 미시 분자들의 국소적인, 수동적인 종합을 거쳐 후행해서 '종합된' 관념이다. 우리는 그러한 정서를 기쁨, 슬픔, 분노, 혐오 등의 명사와 함께 호명하며, 이에 따라 어떤 정동적인 사건과 경험을 분절적으로 소통한다.

결국 들뢰즈가 정동작용을 정서와 구분한 데는 충분한 이유가 있다. 예컨대 개의 털이 검다는 것과 그 개가 무서운 것은 서로 구분되는 느낌들(관념들)이다. 다만 몸들에서 영향을 주고받음, 즉 증감하는 정동의 운동이 없다면 우리는 정서를 느끼지 못할 것이다.[4] 그렇기에 예컨대 털의 느낌과 검정의 느낌이 공포라는 정서 표상을 산출할 수 있을 것이다. 또한 이와는 반

---

3 또한 들뢰즈는 "지각작용이 관념의 일정한 유형이다"(들뢰즈, 2014: 28)라고 말한다. 나아가 그는 자기의 철학적 사유 초기에 흄의 경험주의를 해석하는 과정에서 정신과 정동을 구별하는데, "흄에게 문제가 되는 것은 정신의 심리학을 정신의 정동작용들의 심리학으로 대체하는 것이다"라고 말한다(들뢰즈, 2012: 17). 스피노자에게 관념은 몸들 사이의 운동과 정지의 물질적 비율로 표현된다. 그는 관념들을 통해 영향을 주고받은 몸들을 구분할 수 있다고 보았다(스피노자, 2020: 96, 2부 정리 13).

4 제임스는 지속적인 신체 변화와 느낌의 관념인 정서를 구별한다. 물론 우리는 어떤 대상이나 사건을 회상함으로써 특정한 정서를 느낄 수 있다. 그리고 이로부터 이 내면적 정서의 느낌이 언어적인 사고에 의해 구별된 정서들에 대한 기억과 연관된다는 사실을 알 수 있다(제임스, 2014b: 2036~2037).

대 방향으로 정서 표상이 정동의 관념들에 다시 영향을 미칠 수도 있을 것이다. 결국 정동작용, 감각작용, 지각작용, 정서가 여러 갈래의 뿌리로부터 자라난 하나의 나무줄기와 그 가지들로 구분되는 관념들이다. 인식을 위한 자원(data)으로 다뤄졌던 이것들은 힘들의 운동, 강도적인 것, 잠재성/현실화, 그리고 존재하는 것들의 문제이다.

3. 정동과 미시 세계의 존재론

들뢰즈에게 정동은 정지된 것, 표상, 재현, 혹은 관념이 아니며, 이전 상태에서 현재 상태로 그리고 다시 다음 상태로 옮겨 가는 힘들의 동역학이다. 그러한 만큼 정동은 이행(passage)이며 변이와 시간성의 문제이다. 예컨대 완전히 깜깜한 방 안에서 전등을 켰을 때, 어둠에서 밝음으로의 이행이 있다. 이러한 이행에서 정동작용은 생물학적인 몸에서 이뤄지는 2개의 연속적인 관념들, 즉 어둠과 밝음이며, 이것들의 변이이다. 또한 이것은 능력의 증감, 자아에게 긍정과 부정의 관념을 산출한다. 즉, 정서의 이행을 산출한다. 예컨대 어둠에서 명상에 잠겼을 때의 기쁨은 갑자기 밝아진 상황에서 명순응의 슬픔으로 옮겨 간다. 그리고 의식되지 않을 만큼 빠르게 힘들의 순간적인 증감인 이러한 벡터는 계속된다. 그리고 이로부터 정동에서 정동작용으로, 그리고 관념들로의 이행을 이해할 수 있다. "정동작용은 어두운 상태이자 밝은 상태이다. 단절되는 2개의 연속적인 정동작용들, 이행은 한 상태에서 다른 상태로의 생생한 변이이다. 여기에서 이 경우[몸]에는 어떠한 물리적인 변이가 아니라, 오히려 생물학적 변이가 일어난다"(들뢰즈, 2014: 91).

그런데 정동적인 힘들의 증가/감소, 긍정/부정, 기쁨/슬픔이라는 관념들은 두 가지 종류의 정동작용이 있다는 것을 의미하는 것은 맞지만, 그렇다고 해서 그 관념들이 대립적인 양상으로 고립된다는 것을 의미하지는 않는다. 요컨대 정동은 슬픔과 기쁨이라는 '정지'로써만 산출되는 것이 아니다. 여기에는 어떤 '정동의 논리'가 있다. 말하자면 어떤 것의 관계가 나의 관계들 혹은 나의 관계들의 총체성을 해체하려 할 때 그것은 나의 능력을 감소시키고 (스피노자에게서처럼) 슬픔으로 나에게 영향을 미친다. 말하자면 어떤 것이 나와 적합하지 않은 관계를 맺을 때 나는 슬픔을 느끼는 것이다. 그런데 이 힘은 거기서 끝나지 않는다. 이행은 연속된다. 어떤 것과 맺는 관계가 슬픔을 느끼게 한다면, 다시 말해 나를 위협하고 그래서 내가 파괴될 것으로 예견되는 두려움의 관념은 미움으로 바뀐다. 그리고 다시 이 정서는 기쁨으로 옮겨 갈 수 있다. 즉, 그것에게로 향한 미움은 그 타자의 힘들을 감소시키고 그에게 슬픔을 안겨 준다. 반면 이러한 미움의 정서는 비록 하찮은 것일지라도 나에게 기쁨을 주는 것이다(들뢰즈, 2014: 94~98).

그런데 정동의 가변적인 운동은 서로 다른 몸들 사이의 관계성을 가시화하는 것만이 아니다(들뢰즈, 2014: 45, 54). 그 운동에는 인간적인 몸에서 의식되지 않는 미시적인 것들, 즉 문턱을 넘지 못한 힘들, 잉여적인 것들도 암시된다. 들뢰즈는 라이프니츠의 '미세한 지각작용(petites perceptions) 이론'을 끌어와서 이를 보여 준다. 그 지각작용은 통각작용(apperception, 의식)에 의해 포획되지 않는다. 그것은 너무나 미세하고 다양하고 무한해서, '내가 알지 못하는 것(je ne sais quoi)'으로 남는다.[5] 인간적인 몸은 이 미시적인 것

---

5 스피노자에게는 정신에 포착되지 않는 지각이란 없다(스피노자, 2020: 95, 2부 정리 12). 반면 라이프니츠에게 미세한 지각작용, 즉 미분적인 것들은 의식되지 않는 상태로 남아 있다(라이프니츠, 2020: 30). 칸트와 마이몬의 생각을 통합하려는 들뢰즈에게 이것은 "유한한 사유 내의 현존하는 사유 불가능한 것, 유한한 자아 내의 현존하는 비-자아"이다(들뢰즈, 2004b: 160~164). 제임스는 정동과 정동작용의 관계를 감각작용과 지각작용의 관계로 설명하는데, 후자가 작동할 때 전자는 점점 사라진다고 말한다(제임스, 2014a: 1248).

들, 의식되지 않는 타자들과 함께 세계를 산출하는 것이다.[6] 이에 덧붙여 들뢰즈는 행위하고 관계 맺는 존재들에 전제되어 있을 법한 어떤 내재적 원리를 비판하는데(들뢰즈, 2012: 213; 2010: 132),[7] 그가 말한 '관계의 외재성'은 몸들이 영향을 주고받는 정동적 이행이 우연한 것임을 뜻한다. 이러한 분자적인 관계의 존재론을 토대로 마수미는 차이 생성적인 관계들이 무한히 중첩되는 세계의 논리를 후기 자본주의 시스템으로까지 확장한다. 그러한 시스템에서 정동적인 힘들은 언제 어디서나 그 하부구조를 횡단하면서 메타 공장적인 편재성을 이룬다(마수미, 2011: 85~86). 발리바르는 스피노자의 『윤리학』을 해석하면서, 윤리란 자아/타자, 주체/객체라는 사회적 관계가 아니라 몸의 개체성, 즉 몸에서 몸으로 이행하는 횡단적이며, 전이적인 존재론적 관계라고 말한다(발리바르, 2014: 191). 그리고 주체나 객체는 모두 정동의 관념들이 생산하는 효과처럼 보일 뿐인 이러한 존재론으로부터 인간과 비인간의 관계에 대한 어떤 그림이 그려지는데, 타르드는 라이프니츠의 모나드론을 자신의 사회이론에 적용하면서 모든 사물이 사회이며 사회적이라고까지 말한다(타르드, 2015: 58).

---

6 미시적인 것들(미세한 지각작용들)과 정동의 관념들은 우리의 사고와 행위가 "언제나 자신이 속한 동일한 층위 안에 존재하는 다른 것(un autre chose), 그 자신이 관련되는 어떤 다른 것과의 특정한 관계에 의해서" 이뤄진다는 것을 말한다(들뢰즈, 2019: 29).

7 들뢰즈의 초월론적 경험주의는 흄의 지각-관념 연합론에 대해 이렇게 말한다. "연합론은 관념에 외재적인 한에서, 다시 말해 관념이 다른 원인에 의존하는 한에서 관계의 이론이다." 그리고 "그 관계는 그 관계의 항들에 대해서 외재적이다."

4. 혐오의 정동, 자리 배치

정동은 몸들의 상호 가변적인 영향이다. 그것은 느낌의 관념들로 환원되지 않으면서도 그 느낌을 산출하는 비인격적이고 전-개체적인 운동의 잠재성이다. 정서(감정)는 미시적인 것들의 유사물이 아니다. 몸의 직접적인 변화와 정서는 연결되지만 서로 다른 차원이다. 정동과 정서 사이에는 일정한 간극이 있다. 반대로 이것이 정서 범주론을 정당화하는 계기도 된다. 예를 들어 고전적인 캐논-바드 이론(Cannon-Bard theory)에서처럼 정서는 몸과 관련되나 그 자체는 몸의 특징이 아니다. 그것은 마음의 표상이다. 이는 정서를 언어적 관념으로서 범주화하려는 경향으로 나아간다. 혐오의 정동을 살펴보려는 우리의 입장은 이러한 경향을 비판적으로 바라본다.

정동의 측면에서 혐오에는 정서 관념보다는 몸의 현존, 그리고 감각작용, 지각작용과 느낌(관념)들이 일차적이다. 심지어 마수미는 '애벌레-자아'의 가장 내밀한 정동적 현실을 '자기수용감각'과 '내장지각'에서 찾아낸다(마수미, 2011: 111). 혐오의 정동에서 내장적 특징은 '구토'이다. 혐오의 정동적 양상은 밀어내려는 힘들이 작용하는 내장적인(visceral) 관념들로 채워진다. 다시 말해서 혐오의 정동작용은 혐오스럽다고 여겨지는 썩은 음식도, 시신도, 독버섯도 아니다. 오히려 그런 것들의 영향을 받고 그것들에서 벗어나려는 몸의 흔적들과 양상들이다. 미시적인 것과 '함께 오는' 정동작용들은 우리(몸)에게서 구토하고, 밀쳐 내는 느낌의 관념들로 이행하고, 다시 이러한 이행의 응집은 우리가 머리에 떠올리는 느낌, 즉 혐오 정서를 산출한다.

혐오의 정동에 접근하려는 이론 실험들은 19세기에 처음 등장하고, 이성의 권력에 저항했던 근대 미학과는 다른 영토에서 성장한다. 근대는 자율적 존재로서의 개인들과 그 공동체를 사회적인 토대로 삼는다. 자유를 바탕으로 '계약서를 잘못 쓰지 않을 만큼의 능력'을 지닌 근대인 공동체는 규정 불가능한 욕망과 정서를 사회적인 위협의 근거로 간주한다. 따라서 합리적이고 민주적인 사회를 위해서는 반이성적인 욕망과 정서의 과잉은 반드시 규제되어야 한다. 금욕과 절제를 강조한 빅토리아 시대에 욕망과 정서에 대한 과학적 이해가 본격화된 것은 우연이 아니다. 정신분석학과 신경학이 각각 욕망과 정서를 다루게 되는데, 이 둘 모두는 히스테리 환자에게 빚지고 있다. 소위 '분열분석'의 뒤집힌 시원이라고도 할 만한 정신분석학과 신경학은 의미심장한데, 이는 억압받지 않은 욕망과 힘들의 생산적 운동을 이해할 수 있는 계기들을 품고 있었기 때문이다.

정서에 관한 한 찰스 다윈과 뒤센느 드 불로뉴(Duchenne de Boulogne)도 이러한 지식을 구성한 주요 멤버이다. 정서를 진화 생물학적 특징으로 설명하려 했던 다윈은 그것을 어떤 모호한 정신 상태가 아니라, 관찰 가능한 몸의 변화, 즉 표정이나 몸짓을 표출하는 근육과 신경 반응으로 설명한다. 그는 해부학과 신경학에 기대는데, 이를 통해 인간과 동물에서, 그리고 궁극적으로는 인간종들에서 소위 진화하는 '정서의 보편학'을 구축할 것을 기대한다(Ekman, 1990: 271). 의학에 기반한 실증적인 설명을 통해서, 다윈은 우리가 알고 있는 정서 개념이 은폐해 왔던 어떤 미시적인 차원에서의 정동적인 증감 운동을 간파한다. 그는 정상적인 사람들의 정서 표현이 모호할 뿐만 아니라 오인될 수 있는 반면, 신경증 환자들의 정서 표현은 거리낌 없이 강렬히 표출된다는 사실을 눈여겨본다(다윈, 2020: 56). 이것은 환자들이 기억 속에서 정서 표상을 인출하는 대신 신체 변화에 직접 반응한 느낌을 표출한다는 경험적 사실을 반영한다. 그러나 끝내 다윈은 자신이 애써 발견한 정동적 힘들을 기존의 추상적인 정서 개념들로 환원시킨다. 그렇지만 여전히 그의 정서 논의 속에서는 억압되지 않은 욕망이 표출하는 무한한 생산성, 무의식 기계의 생산성(들뢰즈/가타리, 2014: 74~75)에 대한 이해의 계기가 포함되어 있다.

다윈이 상세히 참고한 뒤센느의 연구도 정동적 이미지를 포착하고 있었다. 뒤센느가 일하고 있던 파리의 살페트리에 정신병원은 히스테리 환자의 다양한 정동적 이미지를 생산하는 공장이었다. 그곳의 병원장인 장-마르탱 샤르코(Jean-Martin Charcot)와 그의 제자 알베르 롱드(Albert Londe)는 가변적이고 미시적인 운동을 기록하기 위해 새로운 미디어 장치들을 발명해서 그 장치들이 환자들의 정동적인 힘과 함께 공진(共振)하도록 기획했다(Didi-Huberman, 2004: 45).[8] 뒤센느 역시 그곳에서 환자들의 얼굴에 전기생리학적 자극을 가함으로써 특정한 정서 표현을 발명했다. 뒤센느의 이 전기생리학 장치는 18세기 루이지 갈바니(Luigi Galvani)와 조반니 알디니(Giovanni Aldini)의 동물 혼과 전기 신경학 실험의 유사물이다. 그들은 비가시적인 미시 세계의 힘들이 몸과 마음에 연결되어 있다는 것을 증명했다(Lerner, 2020: 129; 코브, 2021: 98). 뒤센느는 사진사 나다르(Nadar)의 동생인 아드리앵 투르나숑(Adrien Tournachon)과 함께 자기 환자들의 표정을 촬영했다. 그가 기록한 정서 표정의 목록에는 혐오 표정도 포함되었다.

뒤센느의 혐오 표정 사진에서 우리는 두 가지를 확인할 수 있다. 하나는 그것들이 우리의 의식이 닿지 않는 정동적인 힘들의 미시 세계가 우발적으로 표출된 클로즈업 이미지라는 점이고, 다른 하나는 이와 달리 인상학에서 연유한 정서 표상들에 따라 배치된 재현적 이미지라는 점이다(Duchenne de Boulogne, 1990: 32).[9] 이 역설적인 상황은 몸의 피부 안쪽의 비가시적인 세계에 관심을 기울인 뒤센느가 정동과 그것의 표상인 정서 사이에서 모종의 균열을 느끼고 있었다는 사실을 여실히 보여 준다. 다윈 또한 그랬는데, 그

---

8 조르주 디디-위베르망(George Didi-Huberman)은 살페트리에 병원에서 기록된 사진들이 '사실의 문제'가 아니라 환상의 산출이라고 보고 있지만, 실제 영화의 발명으로 이어지는 새로운 카메라 발명은 정동적 이미지의 포착을 위한 시도와 관련된다.
9 이 대단한 작업을 통해 뒤센느가 신경학적으로 구분해 낸 표정들은 정서 목록으로 체계화되었다. 그런데 이 목록화란 결국 린네의 과학적 지식이 끝없이 욕망했던 기하학적이고 대수학적인 진리 이념을 대리 충족한 것이다.

⟨그림 2-1⟩ 혐오와 경멸의 혼합(36번 사진)
왼쪽 입꼬리내림근육에 강한 전기 자극을 가
해서 산출. 눈둘레근육의 일부인 눈꺼풀의
중간 정도 자발적 수축을 동반한다.

⟨그림 2-2⟩ 혐오(44번 사진)
입꼬리내림근육에 매우 강한 전기 자극을 가
해서 만들어 낸 완전한 혐오 표정. 눈꺼풀이
약간 닫힌다.

는 "만약 전혀 설명을 보지 않고 [뒤센느의] 사진들을 검토했더라면, 나 또
한 다른 이들과 마찬가지로 일부 사진들에는 분명 곤혹스러워했을 것이다"
라고 말한다(다윈, 2020: 57).[10] 그렇지만 뒤센느는 이 균열이 주는 긴장을 지
식 권력에 기대어 해소하고 퇴행한다. 요컨대 정서의 가변적인 느낌들은 특
정한 정서 표현들로 정지한다. 그는 자신의 책 『인간 표정의 메커니즘』(1862)
에서 혐오가 입꼬리내림근육(depressor anguli oris)과 눈둘레근육(orbicularis
oculi)의 신경 운동과 관련된다는 것과 더불어, 입꼬리내림근육에 강한 전기
자극을 가하면 완전한 혐오 정서를 확인할 수 있다고 말한다(Duchenne de
Boulogne, 1990: 79)(⟨그림 2-1⟩, ⟨그림 2-2⟩ 참조).

결국 뒤센느에게, 그리고 그를 뒤따른 다윈에게 혐오 정서 또한 '업신여

---

10 다윈은 인간의 정서 표현을 동물들의 행위와 거듭 비교하면서 정서와 몸의 정동적 변이
    를 병렬로 배치하려 하지만, 결국 그의 목표는 이미 알려진 정서 목록들을 실증하는 데로
    향한다.

김, 경멸, 죄책감, 거만 등'의 여타의 정서들과 분절된 독립적인 표상이다. 그들에게서는 언어적인 것들(정서 표상들, 문화)과 비언어적인 것들(생물학적 몸들, 자연)의 관계가 어렴풋이 감지되고 그 균열의 긴장이 느껴지지만, 결국 혐오는 어떤 의미를 지닌 단어이고 재현된 이미지로 귀결된다(다윈, 2020: 350~352).[11]

정서가 의미를 가진 언어적 표상이라는 생각은 정서들을 일련의 세트로 범주화하는 논의 속에서 혐오를 바라보는 경향으로 나아간다. 범주화는 보편적인 사전들에 기대어, 그것들로부터 정서 어휘 목록을 만들고, 다시 범주들을 추상하는 과정에서 성취된다. 그 결과 정서들은 일반화되고 표준화된다. 실반 톰킨스(Silvan Tomkins)의 제자들인 캐럴 이자드(Carroll Izard), 제임스 러셀(James Russell), 폴 에크먼(Paul Ekman)은 범주화된 정서 목록을 만들고 혐오를 거기에 포함시킨다. 혐오는 맛이나 냄새 등 지각작용과 관련되고, 멀리하려는 몸의 움찔함과 관련되는 강렬한 느낌이지만, 정서 범주론에서는 혐오가 그렇다고 해도 다른 주요 정서 범주들과 혼합될 수 있는 의미 충만한 표상일 뿐이다(Ekman and Friesen, 2003: 66~77).

---

11 "혐오라는 단어의 가장 간단한 의미는 기호(嗜好)를 거스른다는 것이다. 이러한 느낌은 일상적이지 않은 음식의 모습, 냄새, 혹은 특성으로 인해 쉽사리 촉발되는데, 이는 흥미로운 사실이다." 또한 당대의 유명한 사진사 오스카 레일랜더(Oscar G. Rejlander)는 혐오를 표현하는 몸짓을 스스로 연출해서 사진에 담았다. 다윈은 이 자료를 자신의 책에 수록한다. 그러나 레일랜더의 몸짓은 인상학을 참조해서 혐오 정서의 전형적인 양상을 재현한 것이다.

5. 혐오의 정동과 동물성

폴 로진(Paul Rozin)은 혐오 정서를 범주화하고 과잉 의미화하려는 경향을 비판한다. 혐오를 촉발하는 대상들이 주관적으로든 객관적으로든 가변적이고 상대적이므로 혐오를 범주화된 틀로 설명할 수 없다고 보기 때문이다(Rozin and Fallon, 1987: 27~28). 그 대신 로진은 혐오 정서를 구토와 같은 몸의 변화 문제로 간주한다(Rozin et al., 2008: 817~818). 그가 찾은 것은 범주화된 혐오 정서에 은폐되어 작동하고 있는 정동적인 힘들이다. 항상성을 훼손할 만한 무언가가 몸으로 들어오면, 그것을 밀어내고 회피하려는 힘들의 운동은 고통과 불쾌, 나아가 두려움으로 느껴진다. 그리고 거기서 벗어날 때 스피노자의 생각처럼 우리에게는 '자기 보존의 기쁨'으로의 이행과 변화가 일어난다. 또한 다른 몸(누군가)에 분비물, 병균, 부패한 유기물, 독 등이 묻으면 우리에게 그 몸(그 누군가)은 고통과 불쾌의 느낌을 유발하는 대상으로 여겨진다. 오랜 기간 일상적인 경험 속에서 이 느낌들은 반복되어 종합될 것이다. 게다가 앙잘은 이러한 이행이 동물적인 것, 특히 동물의 배설물에서 더 분명하게 발생한다고 말한다(Angyal, 1941: 394). 따라서 혐오 정동에 관한 이러한 생각으로부터 두 가지를 확인할 수 있는데, 하나는 몸과 동물성으로부터 연상된 타자의 이질성, 그리고 혐오의 정동적 변이 과정에 산출된 '함께할 수 없음'과 밀어냄의 느낌이다.

그런데 혐오 정서를 낳는 힘들의 강도는 마치 그 대상을 혐오의 원인으로 여기게 하는 환영을 불러온다. 로진은 이에 대해 이의를 제기하는데, 그 정서가 모든 대상에게로 향한 것이 아닐뿐더러, 하나의 대상이 매번 동일한 정서를 일으키는 것도 아니기 때문이다. 예컨대 누군가에게 혐오스럽게 느껴진 음식이 다른 누군가에게는 맛있게 느껴진다. 또한 독버섯의 독을 제거하면 혐오를 느끼지 않으면서 먹을 수 있다. 바퀴벌레처럼 보이지 않는 음식도 그것이 바퀴벌레임을 아는 순간 혐오스럽게 느껴진다. 그래서 로진은 혐오가 대상 자체의 속성이 아니라 주관적인 것, 나아가 맥락의 문제라고 주장한다(Rozin and Fallon, 1987: 24).

여기서 맥락의 문제는 혐오가 몸들, 힘들의 주고받음과 연관될 뿐더러, '관계의 문제'임을 암시한다. 정동의 차원에서 보면 이 관계는 '정지'가 아닌 '운동'의 논리를 따른다. 혐오의 정동은 범주가 아니며, 그래서 그것은 다른 정서 범주들과의 혼합도 아니다. 혐오 정서가 느낌의 관념 내지는 표상이고 말이므로 우리는 그것을 통해 소통할 수 있지만, 그것을 산출하는 정동 자체는 그것과 구별된다. 정동적 운동으로 우연히 산출되는 혐오의 느낌은 하나의 정서 범주와 또 다른 범주의 혼합이 아니라, 정동작용의 개체화이고, 제3의 것이다. 그리고 이로부터 매우 짧은 순간일지라도 혐오 정서가 또 다른 정서로 이어질 것이라는 '이행의 미래'를 예상할 수 있다.

따라서 혐오 정서와 정동에 대해 이렇게 말할 수 있다. 혐오 정서에 잠재된 '밀어냄'이라는 정동적인 힘들의 이행은 '하나의 국면에서 다른 국면으로 가는 사건의 과정', 다시 말해 비인격적인 것으로부터 인격적인 것들로의 개체화이다. 그리고 문턱을 넘은 정동작용의 관념들은 인격적인 것들의 차원에서 또 다른 정서로의 이행, 즉 "일상적인 상황에서는 조금 무시하는 정도에서 시작해 멸시로, 그리고 경멸에까지 이르는 정동들의 등록"을 포함한다(하이모어, 2016: 216). 사실상 혐오의 정동은 그 정서 관념들을 가로지르면서 흐른다고 볼 수 있다. 그것들은 흐름(flux)이다(버텔슨·머피, 2016: 240).[12] 다만 우리는 이 인격적인 것들이 접속해 있는 의미 연결망에서 혐오를 반성적으로 이해하는 습관 속에서 산다.

그런데 이처럼 혐오를 정지의 관점으로 보려는 경향은 로진과 앙잘이 말

---

12 그런데 버텔슨과 머피는 정동과 그것의 관념인 정서를 구분하지 않고, 전자를 '비인격적 정동', 후자를 '더 친숙한 정동'이라고 말한다. 그 이유는 충분히 이해되지만, 양자는 충분히 구분 가능하고 또한 그런 한에서 그 연속성을 이해할 수 있다.

한 동물성을 분석한 누스바움의 논의에서 잘 나타난다. 우선 그녀가 이들의 논의로부터 '혐오의 인지적 구성요소'라고 부른 것들은 위험한 대상을 본능적으로 밀어내려는 몸의 반응, (혐오 정서에서 중요하게 여겨지는 촉각, 후각, 미각의 근거로서) 몸의 안팎 경계와 근접성, 그리고 이 모든 본능적인 특징을 근거 짓는 동물성이다(누스바움, 2015: 166~170). 그리고 그녀의 분석이 마지막 도달한 곳이 혐오에 대항할 윤리적인 가치로서 '인간다움'이라는 개념이다(누스바움, 2015: 618). 누스바움은 특히 이 동물성 개념을 혐오 정서를 설명하는 핵심으로 보는데, 이는 동물성 개념이 근대 사회의 윤리를 규정하는 초월적 인간성 개념과 구별될 뿐더러 신자유주의의 가치관에 어울릴 만한 새로운 인간상과 관련되기 때문이다. 그녀가 '인간다움'이라고 말하는 그것은 인간의 한계로 간주된 동물성을 부정할 것이 아니라 오히려 받아들이면서 새로운 윤리적 가치를 정립하자는 것이다. 물론 그다음 논리는 이 동물성을 삭제함으로써 이를 바탕으로 차별에 관한 다양한 법적 규제 장치를 입법하는 것이다. 누스바움은 메리 더글라스(Mary Douglas)의 인류학이 제안한 방식, 즉 사회가 금지하는 동물성을 희생 제의와 같은 보편적인 문화 장치를 통해 정화 혹은 치유할 수 있다는 것을 자기 생각과 구별한다. 그러나 정작 그녀도 더글라스를 언급하면서 은연중에 그 동물성을 삭제할 수 있으리라는 생각에 동의하는 것처럼 보인다(누스바움, 2015: 173). 만일 누스바움의 생각이 맞다면, 아마도 우리의 동물성인 혐오는 일상에서 사라질 수 있을 것이다. 반면 그렇지 않다는 것을 우리는 너무도 잘 안다.

게다가 누스바움의 '인간다움'이라는 가치는 인간 아닌 존재들을 인간과 대립시키는 과정에서만 성립할 뿐이다. 그녀는 혐오의 동물성을 두 가지 차원에서 규정한다. 하나는 인간과 동물의 공속성이고 다른 하나는 인간의 한계로서 동물성이다. 한계를 넘기 위해 동물성은 배제되어야 한다. 인간 안에서 비인간 존재를 '포함하면서 배제하려는' 이 논리는 오로지 비인간을 끝없이 배제함으로써 승리를 구가할 수 있었던 휴머니즘의 낡고 쇠락한 신념

속에서만 존립할 수 있다. 그래서 누스바움에게는 당연한 귀결이겠지만, 혐오는 그러한 동물성에 근거한 불가피한 정서이고, 사회는 인간다움을 회복하기 위해 인간에 내재된 혐오를 정화해야 할 개념적/물리적 장치들을 계속 마련해야 하는 것이다. 그리고 동물성을 지운 인간다움의 또 다른 가치들, 관용과 자비 같은 추상적인 가치들이 그 뒤를 잇는다. 그리고 여기서 동물성의 담지자인 동물들은 우리에게 혐오를 느끼게 할 잠재적인 존재이자 배제되어야 할 존재로 남게 된다. 하지만 정동의 차원에서라면 마땅히 삭제되어야 할 동물성이란 근본적으로 없다. 그것은 그저 '알 수 없는' 영토이고, 생성을 위한 잠재성의 차원이며, 새로운 존재로 개체화하려는 인간의 '되기'를 위한 차이일 뿐이다(피어슨, 2005: 337; 들뢰즈, 2003: 460).

그렇다면 여기서 우리가 혐오를 긍정하자는 것일까? 이것은 우리가 혐오를 범주적으로 사고할 때, 그리고 그 정서가 몸들의 관계, 힘들의 영향 관계, 그리고 관계의 가변성에서 생성된다는 점을 간과할 때 떠오를 법한 질문이다. 이것은 차별이라는 사회적 개념의 부정적인 의미만을 바라보면서 그것에 혐오의 느낌을 뒤섞어 사고할 때, 우리가 빠져들 법한 태도이다. 중요한 것은 윤리적으로든 사회적으로든 혐오를 소거하려 애쓰려는 것과 별개로, 혐오의 느낌 자체가 우리 마음에서 사라지지 않는다는 사실이다. 혐오의 생성은 맥락적이고 관계적이므로 단선적으로 다가갈 문제가 아니다. 물론 누스바움은 혐오 정서와 윤리적 규범, 그리고 법적 규제의 가능성을 해명하는 데 공헌했다. 하지만 그녀의 논의에서는 사회 공동체의 일상 세계에서 분자적으로 운동하고 있는 혐오의 정동적 사건이라는 차원이 눈에 잘 띄지 않는다.

6. '영원한 유대', 정동적 사건의 한 사례

나치의 끔찍한 인종 학살을 떠올릴 때마다 우리는 도대체 인간으로서 어떻게 그런 몹쓸 짓을 저지를 수 있느냐는 식으로 말하곤 한다. 그리고 그 불행한 사건으로부터 곧장 인간성을 비판하는 논리로 건너뛴다. 결국 반성하고 성찰하는 사유에 기대어 인간성을 새로이 규정해야 할 것 같은 결론에 도달한다. 그 사건은 의문의 여지 없이 인간성이란 무엇인가를 회고하게 한다. 그러나 그 지점에서 아무리 생각해 보아도, 그 인간성이라는 가치에 내재적인 오류가 있지 않고서야 인간이 그런 일을 저지를 수는 없을 것이다.

그런데 혐오의 정동 측면에서 보면, 나치의 그 만행은 조금 다르게 보인다. 무엇보다도 그것은 소수의 정치권력에 의해 일순간 치러질 수 있는 종류의 눈에 띄지 않는 폭력 행위가 아니다. 그 반대로 사회적 공감과 동의가 없었다면 결코 성립할 수 없는 가시적인 공동체적 사건이다. 즉, 그것은 공모된 사건이다. 그런데 반유대주의 비극이 혐오와 관련이 있다는 것은 사실이다. 가시화된 그 만행은 나치가 오랜 기간 혐오 정서를 자극하는 수많은 장치들을 발명해서 그것을 모두 동원하고, 반유대주의에 저항하려는 힘들을 변형시킴으로써 성취한 정동적 사건들의 응결이자 효과일 것이다. 한나 아렌트(Hannah Arendt)가 예루살렘의 전범 재판정에서 아돌프 아이히만(Adolf Eichmann)의 목소리와 표정을 보면서 '악의 평범성(Banality of evil)'을 떠올린 것은 초월적인 도덕성의 부재를 본 것만이 아닐지 모른다. 이는 지금도 우리의 일상생활에서 혐오가 사라지지 않는 현실과 밀접하게 관련된다. 혐오는 평범하게 작동한다.

1935년 뉘른베르크 인종법(Nürnberger Rassengesetze)이 공포된 이후, 국가 사회주의는 프로파간다에 더욱 심혈을 기울였다. 그리고 시민들 사이에서 반유대주의 정서는 서슴없이 표출되었다. 예컨대 1936년 에른스트 히머(Ernst Hiemer)의 반유대주의 동화책, 『독버섯(Der Giftpilz)』(1936), 그리고 반유대주의와 반소비에트 전시 중 가장 성공한 〈영원한 유대(Der ewige Jude)〉(1937년 11월 8일, 뮌헨), 1940년 프리츠 히플러(Fritz Hippler)의 동일 제목의 영화는 향후 특정인들에 대해 차별과 배제, 그리고 격리와 학살을 당연한 것으로 믿을 뿐만 아니라 논리적으로 타당한 것으로 만들 혐오의 정동적 운동을 실현했다(Hansen, 2009: 84). 그것은 잠재된 혐오정동의 연속적인 효과들을 산출했다.

무엇보다 히머의 동화책은 유대인을 시각적으로 식별해 내서 그들을 반유대주의 공동체로부터 밀어내기 위해 정동적으로 훈육하는 기능을 한다. 책을 펼치면 한쪽 면은 유대인의 코와 귀, 수염과 다리, 발, 그리고 의복 형태들이 어떤 지각적인 관념들을 쉽게 산출할 수 있도록 전형적인 형상과 이미지들로 채색된다. 그리고 그 반대쪽 면은 매우 짧고 리드미컬한 말들로 채워져 있다. 마치 동화책을 구성할 때 당연한 형식적 요소인 것처럼 보이지만, 이것은 미시적인 시각작용과 청각작용이 서로 조응하고 몸에 익숙한 습관처럼 경험에 기입될 수 있도록 계획된 하나의 정동적인 전략일 법하다. 사람들은 그 책을 보고 읊으면서 유대인은 분명히 독버섯이고 가까이하면 구토를 일으키거나 종국에는 죽을 수도 있다고 확신했을 것이다. 그리고 그들의 공포는 혐오의 잠재성을 정당하게 실현한다.

이듬해 뮌헨에 개장한 전시장 입구 전면에는 훈육받은 것과 같은 전형적인 유대인 모습, 즉 아하스버(Ahasver)의 전신 이미지가 거대한 걸개그림으로 걸렸다. 1938년 1월 31일까지 40만 명이 넘는 이들이 전시장을 다녀갔다. 그들은 안으로 들어가 자신들이 동화책에서 느꼈던 경험(과거)을 현장에 전시된 조형물에서 곧바로 실증한다(현실). 얼굴과 코에 집중해서 조형을 전시한 것은 독특한 느낌을 준다. 인상학만이 아니라 요한 블루멘바흐(Johann Blumenbach)의 골상학이 유대인을 식별할 수 있는 지각적인 요소를 유럽인에게 내재화했고, 그 관념과 경험을 다시 이 조형물들이 현실에서 증폭시키는 효과를 낸다.

〈그림 2-3〉〈영원한 유대〉
전시장에 걸린 유대인의 코와 입, 얼굴(Bibliotheksbau des Deutschen Museums, Nov.
1937: Munich City Archives, DE-1992-FS-NS-00112)

　전시장 안에서 커다란 코와 얼굴 조형물들의 이질적인 시각 표상들은 복합적인 정동으로 엄청난 인파의 관객들 사이를 흐른다. '밀어냄'의 잠재성이 그 현장에서 혐오의 정동적인 사건들로 분출된다. 동화책에 잠재된 정동의 과거는 '격리'라는 정동의 미래와 함께 혐오로 들끓는다. 관람을 위해 모여든 군중, 혐오의 관념들을 기억하는 그들의 웅성거림과 체취가 반유대주의 정치를 희열과 흥분이 교차하는 분위기 속에서 더욱 실재적인 것으로 만든다.13 전시된 코와 얼굴 조형물, 그리고 1940년 히플러의 영화에서 움직이는 감각은 그것을 경험한 관객의 행위 능력을 감소시키고 혐오의 느낌을 산출하는 미디엄이 된다. 로진과 앙잘이 말하듯이 그 관념들은 비슷한 코와 얼굴을 한 모든 인간(들)에게로 이행한다. 나아가 그들은 아리안을 위협한다고 스스로 상상한 이데올로기적인 환상을 그 정동적 사건들과 종합하면

13　이토 마모루는 가브리엘 타르드(Gabriel Tarde)의 사회이론에서 19세기 '공중'과 달리 상품 물질과 느낌에 몰두하는 '군중'의 욕망에 주목한다(이토 마모루, 2016: 73).

서 유대의 몸들(개인과 공동체)을 가능한 한 멀리 밀어내어야 한다는 확신을 거리낌 없이 표현한다. 혐오의 이러한 정동적 사건들에서, 장차 공포를 안겨 줄 존재(유대인)들에 대한 격리와 배제의 관념은 위협받았다고 느낀 이들(아리안)의 행위 능력을 더욱 증가시킬 것이다. 그러므로 결국 '다윗의 별(Magen David)'과 '게토(Ghetto)'는 필시 홀로코스트라는 더 극단적인 미래와 함께한 것이다. 이런 느낌들의 연쇄 운동과 그것에 연루된 매개물들은 혐오의 정동적인 힘들이 오랜 기간 응결된 비극적인 양상이고, 그 힘들을 실현하는 차별의 장치들이라고 말할 수 있다.

7. 맺음말

행위 능력의 증감을 낳는 정동은 몸들의 강도적인 관계성이자 미분적인 운동의 잠재성이다. 정동은 정동작용으로 환원되지 않지만, 그것과 함께 온다. 정동작용은 몸에, 그리고 자아에 정동과 함께 온 흔적이며, 정동의 관념이자, 지각작용이다. 또한 우리가 느낌이라 부르는 그 관념들의 관념이 정서라고 불린다. 정서들은 행위 능력의 증감 효과이다. 이것은 우리가 언어 습관에서 포획한 정서 표상들(결과)로부터 정서의 원인을 찾아내려는 설명 방식과 구별된다. 요컨대 정서는 몸의 물질성과 동력학이 산출한 것이지만 그것으로 환원되지 않는다. 그것은 정동으로부터 산출되는 현존 경험이다. 그리고 여기서 정동적 힘들의 관계와 이행을 고려할 때, 정서가 범주와 범주 혼합의 문제가 아니라 관계, 즉 사회적이고 윤리적이며, 정치적인 문제임을 이해할 수 있다.

맛없음, 싫음, 멀리함, 경멸, 그리고 증오로도 연결되는 혐오의 정동은 누군가의 행위 능력이 감소되는 것에 저항하려는 강렬한 자기-보존적인 '밀어냄의 잠재성'이라고 볼 수 있다. 혐오의 정동이 실현하는 효과는 밀어내는 자의 행위 능력의 증가와 관련된다. 스피노자에게서처럼, 혐오하는 자는 슬픔을 기쁨으로 되갚고, 혐오받는 자는 기쁨을 슬픔으로 되갚는 것이다. 물론 이러한 혐오의 정동 운동은 단순하지 않다. 다시 말해서 어떤 경우에는 혐오하는 자가 현실적으로 자기 능력의 감소 없이도 누군가/무엇을 밀어내고 차별하며, 반대로 혐오받는 자는 현실적으로 그의 능력이 증가하지 않음에도 배제되고 차별받는다. 또한 이데올로기적 환영이나 사회적 편견과 결합되어 복잡하게 이행하는 혐오의 정동과 정서는 자본에 착종된 권력 문제일 수도 있다. 파괴적인 폭력으로 나아갈 수도 있는 이런 상황에는 권력의 증감에 관한 복잡한 피드백/피드포워드의 정치가 있다. 결국 혐오의 정동에 관한 논의는 불안과 두려움으로 일렁이는 일상의 정치에 관심을 가진다. 그리고 그것은 혐오가 발생하는 구체적인 사건들의 흐름을 분석하고 그것들이 낳은 현실과 미래를 살펴볼 수 있는 좁은 길들을 낼 것이다. 이와 관련해 앞서 언급한 '영원한 유대'의 정동적 사건들에 대한 분석은 혐오 현상에 관한 단편적인 사례에 불과할 수 있다. 혐오를 느낌과 관념들의 연쇄적인 사건들로 설명하려는 이러한 시도가 앞으로 더 진척된 논의로 이어지길 기대한다.

참고문헌

권명아. 2016. 「비교 역사적 연구를 통해 본 정동 연구의 사회정치적 의제」. ≪여성문학연구≫, 39호, 7~38쪽.

김재인. 2017. 「들뢰즈의 '아펙트' 개념의 쟁점들-스피노자를 넘어」. ≪안과밖≫, 43호, 132~ 317쪽.

김재형. 2019. 「부랑나환자 문제를 둘러싼 조선총독부와 조선사회의 경쟁과 협력」. ≪민주 주의와 인권≫, 19권 1호, 123~164쪽.

누스바움, 마사(Martha Nussbaum). 2015. 『혐오와 수치심』. 조계원 옮김. 서울: 민음사.

다마지오, 안토니오(Antonio Damasio). 2007. 『스피노자의 뇌』. 김지원 옮김. 서울: 사이언 스북스.

다윈, 찰스(Charles Darwin). 2020. 『인간과 동물의 감정 표현』. 김성한 옮김. 서울: 사이언 스북스.

들뢰즈, 질(Gilles Deleuze). 2019. 『푸코』. 허경 옮김. 서울: 그린비.

_____. 2014. 「정동이란 무엇인가?」. 『비물질 노동과 다중』. 서창현 옮김. 서울: 갈무리.

_____. 2012. 『경험주의와 주체성』. 한정헌·정유경 옮김. 서울: 난장.

_____. 2010. 「흄」. 『들뢰즈가 만든 철학사』. 박정태 옮김. 서울: 이학사.

_____. 2008. 『감각의 논리』. 하태환 옮김. 서울: 민음사.

_____. 2004b. 『주름: 라이프니츠와 바로크』. 이찬웅 옮김. 서울: 문학과지성사.

_____. 2004a. 『차이와 반복』. 김상환 옮김. 서울: 민음사.

_____. 2003. 『천 개의 고원』. 김재인 옮김. 서울: 새물결.

_____. 2002. 『시네마』, 1권. 유진상 옮김. 서울: 시각과 언어.

_____. 2001. 『스피노자의 철학』. 박기순 옮김. 서울: 민음사.

들뢰즈, 질·가타리, 펠릭스(Felix Guattari). 2014. 『안티 오이디푸스』. 김재인 옮김. 서울: 민음사.

_____. 1995. 『철학이란 무엇인가』. 이정임·윤정임 옮김. 서울: 현대미학사.

라이프니츠, 고트프리트 W.(Gottfried W. Leibniz). 2020. 『신인간지성론』, 1권. 이상명 옮 김. 서울: 아카넷.

마수미, 브라이언(Brian Massumi). 2016. 『가상과 사건』. 정유경 옮김. 서울: 갈무리.

_____. 2011. 『가상계』. 조성훈 옮김. 서울: 갈무리.

발리바르, 에티엔(Etienne Balibar). 2014. 『스피노자와 정치』. 진태원 옮김. 서울: 그린비.

버텔슨, 론(Lone Bertelsen)·머피, 앤드루(Andrew Murphie). 2016. 「일상의 무한성과 힘의 윤리」. 최성희·김지영·박혜정 옮김. 『정동이론』. 서울: 갈무리.

소준철. 2020. 「정부의 '자활정책'과 형제복지원 내 사업의 변화」. ≪사회와 역사≫, 125호, 243~279쪽.

이토 마모루(伊藤守). 2016. 『정동의 힘』. 김미정 옮김. 서울: 갈무리.

제임스, 윌리엄(William James). 2014a. 『심리학의 원리』, 2권. 정양은 옮김. 서울: 아카넷.

_____. 2014b. 『심리학의 원리』, 3권. 정양은 옮김. 서울: 아카넷.

조강석. 2021. 『틀린의 기둥』. 서울: 문학과지성사, 2021.

_____. 2016a. 「정동적 동요와 시 이미지」, ≪현대시학≫, 560호, 36~48쪽.

_____. 2016b. 「'정동'에 대한 생산적 논의를 위하여」, ≪현대시학≫, 564호, 76~96쪽.

조정환. 2020. 『개념무기들』. 서울: 갈무리.

_____. 2016. 「들뢰즈의 정동이론」. ≪개간파란≫, 3호, 12~50쪽.

진태원. 2016. 「정동인가 정서인가?」. ≪현대시학≫, 563호, 37~47쪽.

최원. 2016. 「'정동이론' 비판」. ≪문화과학≫, 6월호, 82~112쪽.

카라트, 제임스(James W. Kalat)·시오타, 미셸(Michelle N. Shiota). 2007. 『정서 심리학』. 민경환 외 옮김. 서울: 센게이지.

코브, 매튜(Matthew Cobb). 2021. 『뇌과학의 모든 역사』. 이한나 옮김. 파주: 푸른숲.

타르드, 가브리엘(Gabriel Tarde). 2015. 『모나돌로지와 사회학』. 이상률 옮김. 서울: 이책.

피어슨, 키스 안셀(Keith Ansell Pearson). 2005. 『싹트는 생명』. 이정우 옮김. 서울: 산해.

하이모어, 벤(Ben Highmore). 2016. 「뒷맛이 씁쓸한: 정동과 음식, 그리고 사회미학」. 최성희·김지영·박혜정 옮김. 『정동이론』. 서울: 갈무리.

Angyal, Andreas. 1941. "Disgust and related aversions." *Journal of Abnormal and Social Psychology*, Vol.36, No.3, pp.393~412.

Didi-Huberman, Georges. 2004. *Invention of Hysteria: Charcot and the Photographic Iconography of the Salpêtrière*. Cambridge, MA: MIT Press.

Duchenne de Boulogne, G.-B. 1990. *The Mechanism of Human Facial Expression*. Cambridge: Cambridge University Press.

Ekman, Paul and Wallace V. Friesen. 2003. *Unmasking the Face: A Guide to Recognizing Emotions from Facial Expressions*. Cambridge, MA: Malor books.

Ekman, Paul. 1990. "Duchenne and facial expression of emotion." in G.-B. Duchenne de Boulogne. *The Mechanism of Human Facial Expression*. Cambridge: Cambridge University Press.

Hansen, Jennifer. 2009. "The Art and Science of Reading Faces_Strategies of Racist Cinema in the Third Reich." *Shofar An Interdisciplinary Journal of Jewish Studies* Vol.28, No.1, pp.80~103.

Lerner, Jillian, 2020. *Experimental Self-Portraits in Early French Photography*. NY: Routledge.

Rozin, Paul and April E. Fallon. 1987. "A Perspective on Disgust." *Psychological Review*, Vol.94, No.1, pp.24~41.

Rozin, Paul et al. 2016. "Disgust." in Lisa Feldman Barrett, Michael Lewis at al.(eds.) *Handbook of Emotions*. NY: The Guilford Press.

VandenBos, Gary R.(ed.) 2015. "Affect." in *APA Dictionary of Psychology*. Washington: American Psychological Association.

3장

'살 만한 삶'을 향해*

혐오에 맞서는 비폭력적 투쟁

윤조원

1. 『젠더 트러블』: "삶 속 죽음으로 내몰려"[1]

주디스 버틀러(Judith Butler)는 『젠더 트러블(Gender Trouble)』(1990)로 잘 알려져 있다. 『젠더 트러블』은 권력의 작용이자 효과로 젠더를 이론화하면서 규범과 얽힌 정체성 정치의 한계를 드러내는 기획이다. 이 책에서 버틀러는 여성을 억압받는 주체, 해방의 대상으로 상정했던 과거 페미니즘의 기

---

* 이 글은 윤조원, 「'살 만한 삶'을 향해: 『젠더 트러블』에서 『비폭력의 힘』까지」, 《순천향인문논총》, 40권 4호(2021)에 게재된 논문을 수정·보완한 것이다.

1 살았으나 죽은 상태, 즉 "생중사의 상태로 내몰린다(condemned to a death within life)"는 표현은 버틀러의 『젠더 트러블』 개정판본 서문에서 인용한 것이다(*GT*, xxi). 『젠더 트러블』은 2006년 판본을 인용하며, 괄호 안에 *GT*로 표기한다. 버틀러 텍스트에서 인용한 내용은 달리 명시하지 않은 한 필자의 번역이다. 버틀러의 책 가운데 국내에 번역본이 있는 경우 우리말 제목은 번역본의 제목을 따랐다.

본 전제들에 의문을 던지는 동시에, 페미니즘에 영향을 미쳤던 정신분석 및 구조주의의 주체와 젠더 논의에 대한 철저한 비판적 재고를 요청했다. 기존 페미니즘에 대한 버틀러의 비판은, 페미니즘이 권력에 대해 근원적인 질의를 하는 대신에 권력의 효과로 만들어진 젠더 이분법에 기대는 여성의 개념을 재생산하면서 여성의 종속에 대한 담론을 반복하여 그 권력의 작동을 일정 부분 가능하게 한다는 지적을 포함한다. 이런 지적은 '여성'이란 누구인지, 페미니즘의 주체는 누구이며 목표는 무엇인지에 대한 급진적 반성을 가속화했고 페미니즘과 담론 권력의 관계에 대한 사유의 틀 자체를 조정해야 한다는 공감대 형성에 기여했다. 이제는 너무나 유명해진, 섹스가 "어쩌면 언제나 이미 젠더였다"는 주장(*GT*, 9), 몸을 비롯한 물질에 대한 우리의 이해가 언제나 담론적 구성물일 수밖에 없다는 통찰, 그리고 이원적 젠더가 강제적 이성애의 매트릭스 안에서 수행적으로 구성되고 유지된다는 논의를 통해, 버틀러는 페미니즘과 젠더의 담론 장에 일대 파란을 일으켰으며 젠더 연구의 지형을 바꾸었다 해도 과언이 아니다.

버틀러의 젠더이론은 젠더가 구성되고 유지되는 기제, 과정에 대한 분석인 동시에 젠더의 해체가능성에 대한 탐색이다. 『젠더 트러블』에 이어 『의미를 체현하는 육체(Bodies That Matter)』, 『권력의 정신적 삶(The Psychic Life of Power)』, 『젠더 허물기(Undoing Gender)』에서 그는 젠더와 권력의 관계, 그에 대한 저항의 가능성을 고찰했다. 버틀러는 규범적 젠더 체제가 권력의 산물이자 통로임을 밝히면서, 이성애적 욕망과 젠더 이분법의 유착이 몸의 인정/인식가능성(intelligibility)[2], 즉 몸을 읽고 식별하는 방식, 몸의

---

2 "intelligibility"는 "인정/인식가능성"을 의미한다. 인정받는 대상이 된다는 것은 존재하는 의미 체계 안에서 식별 가능한, 즉 해독 가능한 유의미성을 지닌다는 뜻이기도 하다. 그러므로 "intelligibility"는 맥락에 따라 인식가능성, 인정가능성 또는 식별가능성으로 번역할 수 있다.

의미 체계와 불가분의 관계에 있다고 지적한다. 1980년대까지 서구 페미니즘이 이성애규범적 사고 틀에서 가부장적 억압의 개념을 일반화하고 소수 인종 여성과 성소수자 여성을 논의에서 암묵적으로 배제하여 '여성'의 범주를 협소화하고 획일화했다는 비판은 비백인/레즈비언 여성 비평가들이 공히 역설한 바이기도 하다. 이런 흐름과 소통하면서 버틀러는 인정의 권력 구도가 내포하는 문제, 즉 '여성'과 '인간'이 정의되는 방식을 검토하면서 보편성의 개념을 심문한다. 이원적 젠더 체제가 '인정 가능한' 젠더를 지표로 여성뿐 아니라 인간이라는 범주 자체를 규제한다고 믿기 때문이다.

"규범적 젠더와 섹슈얼리티에 관한 전제들은, '인간적'인 것이 무엇인지를, 또 '살 만한' 삶이 무엇인지를 어떻게 미리 결정하는가?"(*GT*, xxiii). 이 질문은 '인간'으로 인정받는다는 것이 인간 보편의 경험이 아닐 수 있음을 암시한다. 이는 남성 중심적 시각에서 보편의 가치로부터 여성이 배제되었던 것과 유사하게, 이성애규범성을 전제하는 '보편적' 인간의 영역에서 아직도 성소수자들이 배제되곤 하는 현실을 지시하는 질문이다. 버틀러는 『젠더 트러블』의 개정판본을 위해 1999년에 다시 쓴 서문에서, "젠더화된 삶에서 무엇이 가능한지를 사고하는 방식이 모종의 습관적·폭력적 전제들로 인해 어떻게 폐제되었는가를(foreclosed) 드러내고자" 했다고 말한다(viii).[3] 특정한 존재의 가능태들을 ―마치 그들이 존재하지 않는 것 마냥― 폐제하는 담론 권력이 '인정,' 그리고 그것을 바탕으로 하는 정체성과 맞물려 있다는 점은 언제나 그의 주요 관심사였다. 인정의 권력 구도가 연루하는 폐제에 대한

---

3 "폐제(foreclosure)"는 라캉의 용어(프랑스어 'forclusion')를 참조하자면, 기표로서의 팔루스, 사물, 현실 등을 전면 부인하는 일종의 병리적 현상을 말한다. 일반적인 억압이나 부정과 달리 특정 사실, 개념, 대상을 애당초 존재하지 않았던 것처럼 상징계 밖으로 밀어내는 심리적 기제를 가리키기도 한다. 폐제는 그래서 상징질서의 규범적 의미 작용에서 밀려나는 존재들에 대한 버틀러의 논의에서 자주 등장하는 개념이다.

비판은 버틀러로 하여금 젠더담론에 '트러블'을 일으키게 만든 동인(動因)이 었고 30년 넘게 버틀러가 유지해 온 문제 틀이기도 하다.[4]

AIDS(후천성면역결핍증)에 대한 공포가 극심하던 가운데 성소수자들이 처했던 1980년대 미국의 상황은 이 "폐제"의 작용과 결과를 잘 보여 준다. AIDS가 동성애라는 '도착(倒錯)'에 대한 '징벌'이라는 식의 지극한 동성애 혐오적 관념과 동성애자만이 이 질병에 영향을 받는다고 여기는 무지가 만연한 가운데, AIDS에 관한 의료적·제도적 지원은 적극적으로 이뤄지지 않았고, 필요한 연구와 치료법 개발은 지연되었으며, 이 질병으로 목숨을 잃은 성소수자들의 죽음은 애도할 가치가 없는 것처럼 여겨졌다. 동성애자를 AIDS와 무작정 결부시켜 '일반 대중'의 안전과 '가족'의 가치를 훼손하는 존재로 치부하는 시각은, 동성애자를 자연스럽게 '일반 대중'이나 '가족'에 포함되지 않는 '비정상인'으로 규정하고 그로써 규범적 인간 공동체에서 소외하는 것이나 다름없었다. 이 상황에서 "'일반 대중'이란 이념적 구성물인 동시에 도덕적 처방"이며, "'가족'이 정체성으로서 개념화되는 것 역시 배제의 과정"임이 적나라하게 노출되었음은 물론이다(Bersani, 1987: 203). 동성애자들은 연인·친구와 사실상 가족을 이루어도, 결혼으로 형성되는 친족관계에 부여되는 권리를 인정받지 못했다. 성소수자들은 이처럼 삶을 삶으로 인정받지 못하고 죽어도 애도받지 못했기에, 존재를 폐제당하는 트라우마를 중층적으로 경험할 수밖에 없었다. 버틀러의 저작에서 인간을 가늠하는 척도 중 하나로 언급되는 "애도가능성(grievability)"—어떤 삶의 상실이 애도할 가치가 있다고 여겨지며 실제로 공적 애도의 대상이 되는가의 문제—이 이런 현실에서

---

4   버틀러는 1999년 *Subjects of Desire*의 재출판에 부친 서문에서 이렇게 말한다. "어떤 의미에서 내 작업은 모두 몇 가지 헤겔 식의 질문들이 형성하는 궤도 안에 머무른다. 욕망과 인정의 관계는 무엇인가? 어째서 주체의 구성은 타자성(alterity)과의 근원적이고 구성적인 관계를 필요로 하는가?"(xiv)

얼마나 통렬한 의미를 지녔을지 짐작해 볼 수 있다. 이 시기 미국에서 동성애 혐오에 맞서는 운동이 활발히 조직되었고 동성애에 관한 학문적 담론이 폭발적으로 성장했다는 사실은 '살 만한' 삶, '애도할 만한' 삶의 가치를 부정당하는 현실에 대한 투쟁의 필요성이 그만큼 절박했다는 반증일 터이다.[5]

살 만한 삶의 영역에서 배제된다는 것은 일종의 죽음이다. 그리고 생중사(生中死)의 상태에 놓여 '비인간'이 되는 이들은 성소수자만이 아니다. 인간적 삶의 영역에서 밀려나는 수많은 약자들의 사회적·정치적 죽음은 2001년 9/11 테러 이후 버틀러가 2004년에 펴낸 『위태로운 삶(Precarious Life: the Powers of Mourning and Violence)』에서 주목하는 내용이다. 이어서 『윤리적 폭력 비판: 자기 자신을 설명하기(Giving an Account of Oneself: A Critique of Ethical Violence)』(2005), 『연대하는 신체들과 거리의 정치: 집회의 수행성 이론을 위한 노트(Notes Toward a Performative Theory of Assembly)』(2015), 『비폭력의 힘(The Force of Nonviolence)』(2020)에서도 그는 국가, 인종, 민족의 이름으로 반복되는 우리 시대의 갈등과 폭력 사태에 대한 윤리적 성찰을 촉구하며, 살 만한 삶의 가능성을 박탈당하고 죽어도 애도받지 못하는 수많은 이들에 대한 애도와 연대를 요청한다.

---

5 1990년에 버틀러의 『젠더 트러블』, 이브 세지윅(Eve K. Sedgwick)의 『벽장의 인식론 (The Epistemology of the Closet)』이 연이어 출간되었고 테레사 드 로레티스(Teresa de Lauretis)가 동성애를 주제로 캘리포니아 주립대학교 산타크루즈 캠퍼스에서 학술대회를 개최하면서 "퀴어이론(queer theory)"이라는 용어를 탄생시켰다. 이 학술대회의 성과는 이듬해 학술지 *differences*의 특별호로 발간되었다. 1990년은 뉴욕 시에서 AIDS 관련 운동가들이 LGBTQ 운동단체 퀴어 네이션(Queer Nation)을 발족시킨 해이기도 하다. 물론 1980년대부터 1990년 무렵까지 있었던 많은 저항의 움직임들을 이 몇 가지 사실로 요약할 수는 없다. 다만 퀴어담론의 역사를 되짚는 작업에서, 퀴어담론의 '기원'과도 같이 여겨지는 1990년의 여러 성과가 1980년대의 질곡을 거쳐오면서 학계와 현장에서 공히 더욱 절실해지고 심화된 문제의식을 반영한다는 독해는 가능할 것이다.

이 때문에 『위태로운 삶』 이후로 전개되는 버틀러의 사유에서 독자들은 젠더의 정치성에 관한 논의를 벗어나는 '윤리적 선회(旋回)'를 발견하기도 한다. 취약성, 위태로움, 죽음, 애도, 애도가능성, 상호의존성, 비폭력 등을 중심으로 하는 윤리적 지향이 두드러지기 때문이다. 초기 버틀러의 논의가 젠더의 규범화와 그 문제점들에 이론적으로 집중했다면, 2000년대 이후의 저작들에서는 위의 개념들이 모든 존재의 평등을 재조명하면서 그 평등에 기반을 두는 관계성을 다시 사유하기 위한 열쇠로 사용된다. 특히 버틀러는 정치적 삶이 윤리적 갈등 상황과 불가분의 관계임에 주목하면서 정치의 문제들을 윤리적으로 전환하여 사유할 필요성을 강조한다. 그런 점에서 『위태로운 삶』 이후를 '후기' 버틀러라고 통칭할 수도 있겠다.

필자는 버틀러의 이른바 윤리적 선회가 단절 혹은 근원적인 방향 전환이라고는 생각하지 않는다. 도리어 그의 후기 저작들에서 부각되는 윤리적 지향이 초기 저작들과의 연속성 위에서 더 분명하게 이해될 수 있다고 본다. 버틀러는 그간 여러 차원에서 논쟁과 비판적 독서를 유발했고 반론에 부딪치기도 했지만, 페미니즘과 퀴어담론을 더욱 치열한 사유의 장으로 이끈 것은 틀림없다.[6] 그가 페미니즘을 비롯한 정체성 정치에 던진 질문들은 여전히 유효하며, 젠더를 권력의 효과로 이해함으로써 그가 가능하게 한 논의는 우리 삶을 구성하는 역학에 대한 포괄적 비평을 견인한다. 그리고 근대 서구의 철학적·이론적 사유가 상정해 온 '인간'의 개념이 얼마나 인위적이고

---

6 몸의 물질성과 성차, 젠더에 관해서는 버틀러와 다른 시각들이 있고 논박이 있다. 푸코의 영향을 받아 젠더를 해체적으로 이론화하는 버틀러의 (탈)구성주의에 반박하여, 라캉의 영향을 받은 정신분석 이론가들은 환원 불가능한 것으로서 성차를 논의하기도 한다. 특히 푸코를 비롯한 구성주의 전통에 대한 대표적 반론으로 조안 콥젝(Joan Copjec)의 "Sexual Compact"가 있다. 또한 몸을 비롯한 '물질'의 객체성을 탈인간 중심적, 탈주체 중심적, 탈인식론적 관점에서 새롭게 사유하고자 하는 신유물론(new materialism)의 입장도 참고할 만하다.

배타적이었는지에 대한 그의 비판은, 젠더이론을 넘어 몸을 가진 인간으로 살아간다는 사실의 의미에 대한 재고를 통해, 지구적 재난, 폭력과 살상, 혐오로 얼룩진 이 시대의 현실에서 상호의존성과 평등, 비폭력의 윤리를 강조하는 '삶'의 철학이 된다.

이 글에서 필자는, 버틀러의 정치적 지향과 비평적 논의의 전개를 이해하는 데 더없이 유용한 『젠더 트러블』에서 출발하여, 그의 모든 저작을 관통하는 문제의식이 결국 "살 만한 삶(livable life)"의 공유와 확대라는 목표로 수렴한다는 점을 살펴본다. 또한 『젠더 트러블』에서 『안티고네의 주장(Antigone's Claim: Kinship Between Life and Death)』(2000), 『위태로운 삶』을 거쳐 『비폭력의 힘』에 이르는 그의 사유를 따라가면서, 우울과 애도에 관한 논의와 비폭력의 윤리가 오늘 우리에게 어떤 의미를 지니는지를 짚어 볼 것이다. 특히 필자는 버틀러의 작업이 "살 만한 삶"의 의미와 가능성을 가늠하는 『젠더 트러블』의 윤리적 과제와 늘 밀착되어 있었으며(*GT*, xxviii), 이 과제가 최근 버틀러가 천착하는 비폭력 논의의 핵심이라는 점 또한 강조하고자 한다.

2. 우울의 만연: 상실과 그 부인(否認)

어떤 사회를 보더라도 성소수자(특히 청소년)의 자살 시도율은 전체 인구의 자살률보다 훨씬 더 높게 나타난다.[7] 우울증을 경험하는 빈도 역시 마찬

---

7 이러한 내용에 관한 통계는 해외에서는 쉽게 찾아볼 수 있고, 국내에서도 관련 연구가 이뤄지고 있다(강병철 등 참조). 동성 간 결혼을 법적으로 인정하는 사회에서 이 자살률이 상당히 줄어든다는 연구 결과가 있음을 감안하면, 동성애와 규범의 관계를 더 잘 이해할 수 있을 것이다. 성소수자 특히 트랜스젠더의 신체적·정신적 건강이 차별과 얼마나 밀접

가지다. 이 우울의 통계는 건강과 삶의 질, 수명이 사회규범과 밀접한 관계가 있음을, 즉 건강과 삶의 질이 젠더와 섹슈얼리티를 축으로 얼마나 불균등하게 배분되어 있는지를 보여 준다. 성소수자에 대한 혐오가 두드러지는 문화는 또한 그 자체로 여러 형태의 폭력적·파괴적 문제를 내포한다.

버틀러는 이성애규범사회에 "문화적으로 만연한 우울(melancholy)"(*PLP*, 139)의 심리적 차원을 탐구한다.[8] 여기서 우울은 프로이트 정신분석에서 차용한 개념이다. 프로이트는 1918년의 「슬픔과 우울(Mourning and Melancholia)」에서, 상실한 대상에 대해 애도가 적절히 이뤄지지 않을 경우 에고가 다른 대상에 리비도를 투자하는 대신 상실한 대상과 동일시하고 그것을 내면화하는 결과라고 우울을 설명했다. 5년 뒤『에고와 이드(The Ego and the Id)』에서는, 우울이 애도의 실패에 따르는 병리적 현상이라기보다는 훨씬 더 보편적으로 발견되는 애도의 기제라는 쪽으로 입장을 수정한다. 이와 같은 기제가 상실을 극복하는 유일한 방편이며 심지어 상실한 대상과의 동일시가 에고의 '성격'을 형성한다고도 말한다.

프로이트를 바탕으로 버틀러는『젠더 트러블』과『권력의 정신적 삶』에서 최초의 대상인 어머니와의 애착관계 상실, 그로 인한 대상과의 동일시 및 상실되고 부인된 욕망의 내면화가 에고의 젠더화 과정에 개입할 수 있다고 주장한다(특히 *GT*, 78~89; *PLP*, 132~150). 버틀러는 프로이트가 그려낸 우울의 구조를 변용하여[9] 상실된 욕망의 내면화로 젠더를 설명한다. 버틀러

한 관련이 있는지를 면밀하게 살핀 국내 저서로는 김승섭 외,『오롯한 당신』을 참조하기 바란다.

8 『권력의 정신적 삶』은 괄호 안에 *PLP*로 표기한다.

9 필자가 이를 "변용"이라고 평가하는 것은, 프로이트가 상실된 "대상"과의 동일시를 통한 대상의 내면화(대상과의 합체)를 말하는 반면, 버틀러는 상실된 (동성애적) 애착관계, 즉 욕망의 내면화를 말한다는 점에서 다소 차이가 있기 때문이다. 이것이 프로이트 이론의 적절한 적용인지를 물을 여지도 있다. 하지만 버틀러의 경우, 금지로 인해 상실되는 것이

가 우선 주목하는 것은 이성애적 젠더 형성에서 동성애 금지의 명령이 근친애 금지의 명령에 선행한다는 점이다(GT, 86).[10] 동성애는 금지되지만 그 금지가 암묵적으로 이뤄지는 가운데 동성애적 욕망 자체가 폐제된다고 보는 것이다. 동성애에 대한 이 금지, 폐제가 초래하는 상실과 부인으로 인해 이성애적 젠더정체성이 우울의 구조를 가지게 된다는 주장이다.

"이성애 정체성을 확립하는 동성애적 근친애 금지의 경우, 그 상실은 우울의 구조를 통해 유지된다"(GT, 93)는 주장은 『권력의 정신적 삶』에서 더 구체화된다. 여아의 경우, "프로이트의 논리에 따르면, 여아가 아버지에게로 애정을 전이하기 위해서는 먼저 어머니에 대한 애정을 포기해야 하며, 그 포기는 애정의 목적과 대상이 폐제되는 방식으로 이뤄져야 한다"(PLP, 137). 여아는 최초의 대상인 어머니를 상실하면서 상실한 어머니와의 동일시를 통해 여성적 정체성을 형성할 수 있다. 이 과정에서 어머니에 대한 욕망의 포기가 다른 여성이 아닌 아버지로 이행한다는 점에서 상실되는 것은

특정한 욕망의 특정 대상이기도 하지만 동성애적 애착관계 자체이기도 하다는 점을 강조하는 것으로 이해할 수 있다.

10 일찍이 1975년에 게일 루빈(Gayle Rubin)이 「여성 거래(Traffic in Women: Notes on the "Political Economy" of Sex)」에서, 특히 레비스트로스의 구조주의 사고 틀과 그에 영향을 받은 정신분석이론에서 "근친애 금지가, 그것보다 선행하며 덜 명시적인, 동성애에 대한 금지를 전제한다"는 점을 지적한 바 있다(180). 레비스트로스나 프로이트가 규범적 친족관계의 형성에 조건으로 근친애 금지를 이성애적 근친애에 국한해서 논의하고 있으므로 그와 같은 유추가 가능한 것이다. 버틀러 역시 이 점을 언급하면서 루빈의 작업에서 영향을 받았음을 밝힌다(GT, xi, 98~102). 루빈의 통찰과 그에 힘입은 버틀러의 발전적 논의는, 젠더에 관한 사유가 섹슈얼리티, 특히 동성애에 대한 사유와 함께 전개되어야 한다는 사실의 훌륭한 예증이다. 그런데 루빈의 「여성 거래」에서 이 내용을 담고 있는 장 "Deeper in the Labyrinth"는 이후 루빈의 글 모음집 Deviations: A Gayle Rubin Reader에 수록된 판본에는 의아하게도 누락되어 있다. Deviations의 국역본 『일탈』도 마찬가지다. 이 점을 독자들이 참고하면 좋겠다.

어머니뿐 아니라 동성애적 욕망이기도 하다. 이렇게 이성애 여성의 정체성 안에 부인된 동성애가 내면화된다. 남아의 경우, 이성애 남성이 되기 위해서는 여성성을 부정하는 동시에 여성성을 욕망해야 하는 이중적 명령에 직면하게 된다. 이성애적 남성성은 이 부정이 명령하는 분열과 그 부정당하는 여성성의 내면화로 특징지어진다(*PLP*, 137~138).

프로이트는 '남성성' '여성성'이라는 위치가 어렵사리 이뤄지는 불확실한 성취라고 말하면서, 다양한 욕망과 동일시의 경로로 이뤄지는 우연적인 것으로 성적 발달을 이론화했다. 그런데 이렇게 본질화를 비켜 가는 것처럼 보이는 프로이트가 "남성성과 여성성을 때때로 기질로 전제한다"는 버틀러의 지적은 예리하다(*PLP*, 135). 실제로 프로이트는 "남녀 모두, 남성적 또는 여성적인 성적 '기질(disposition)'의 상대적 강세가 오이디푸스 상황의 결과 아버지와 동일시하게 될지 어머니와 동일시하게 될지를 결정하는 것처럼 보인다"고 말한다(*SE*, 19:33). 오이디푸스 구도에서 다양한 정체성의 경로가 가능하다고 암시하면서도[11] 결국 타고난 "기질의 상대적 강세"에 그 경로가 달려 있다고 말하는 프로이트가 일종의 본질론을 내세운다고 의심할 수 있다. 게다가 아버지를 욕망의 대상으로 삼는 경우를 "여성적 기질"로 보는 관점 자체가 이미 이성애적 매트릭스의 효과가 아닌가?[12] 동일시 대상과 욕망

---

11 프로이트가 살펴볼 필요가 있다고 말하는 (그러나 상술하지는 않는) "더욱 완전한 오이디푸스 구도"에 따르면, 생물학적 성별과 상관없이, 여성적 기질이 강할 경우 어머니와 동일시하고 (어머니처럼) 남성을 욕망하게 되므로 이성애적 여성이 되거나(여성의 긍정적 오이디푸스 콤플렉스) 동성애적 남성이 될 수 있다(남성의 부정적 오이디푸스 콤플렉스). 그리고 남성적 기질이 강할 경우 아버지와 동일시하여 (아버지처럼) 여성을 욕망하게 되므로 동성애적 여성이 되거나(여성의 부정적 오이디푸스 콤플렉스) 이성애적 남성이 될 수 있다(남성의 긍정적 오이디푸스 콤플렉스).

12 버틀러의 다음 질문들이 이 점을 부각한다. "'여성적' 혹은 '남성적' 기질을 애당초 어떻게 알아볼 수 있는가? 어떤 흔적으로 그것을 알 수 있으며, 얼마나 우리는 '여성적' 혹은 '남

의 대상을 반대의 성으로 전제하는 프로이트의 구도에서 욕망은 언제나 이미 이성애적이다. "진정한 혹은 변치 않는 여성적 본질이나 기질"이라는 것은 버틀러에게는 젠더의 수행이 생산하는 "효과"이자 "환영"이다(*PLP*, 144). 버틀러는 권력의 작용과 자아의 관계를 이해하는 데 정신분석을 자원으로 최대한 활용하면서도, 이처럼 프로이트의 이론이 이성애 중심적 틀을 완전히 벗어나지 못한다는 비판을 잊지 않는다.

　프로이트의 이론을 비판적으로 수정하여, 버틀러는 주체가 젠더화되는 심리적 과정이 적어도 부분적으로는 "특정한 성적 애착관계의 상실을 명령하는 또는 그 상실이 부인되는데도 애도되지는 못하게 명령하는 금지를 통해 확립된다"고 주장한다(*PLP*, 135). 그렇다면, 동성애적 애착관계를 이미 언제나 폐제하는 이성애 중심적 구도 안에서 동성애적 애착관계의 상실 자체를 부인당하면서 그 상실을 내면화함으로써 형성되는 것이 이성애적 젠더정체성이다. 그래서 버틀러는 "'가장 진정한' 우울증적 레즈비언은 철저히 이성애적인 여자, '가장 진정한' 우울증적 게이 남자는 철저히 이성애적인 남자"라고도 한다(*PLP*, 146~147). 하지만 이것이 모든 이성애자가 은밀한 동성애자라는 뜻은 아니다. 그에 따르면, "이렇게 노골적이고 과장된 설명을 동원하려는 것은, 에고의 젠더화된 성격이라고 하는 것의 형성 과정에 있는, 애도되지 못하고 애도 가능하지도 않은 상실을 사유하기 위해서"다(*PLP*, 136). 이는 일견 당연한 것처럼 보이는 젠더정체성이 그 자체로 내적 타자를 품고 있는 불안정한 구조라는 의미이며, 동성애와 이성애가 이처럼 서로 구성적으로 의존하고 있기에 그 구분이 어떤 면에서 절대적이지 않을 수 있다는 뜻이다. 동성애-이성애의 차이가 무의미하다거나 불필요하다기

성적' 기질이 이성애적 대상 선택의 전제조건이라고 가정하는가? 다시 말해, 원초적 양성애 기질을 전제함에도 불구하고, 단지 욕망의 이성애적 매트릭스에서 출발한다는 이유로 얼마나 우리는 아버지를 향한 욕망이 여성적 기질이라고 해석하는가?"(*GT*, 82)

보다는, 그 구분을 절대적인 것으로 만드는 동시에 한쪽만을 옳은 것, 자연스러운 것으로 보는 방식이 규범화될 때의 문제를 지적하는 것이다. 그리고 잃어버린 (그러나 부인 속에서 애도되지 못하는) 욕망의 대상과의 내적 동일시로 주체가 젠더화된다면, 이성애적 젠더정체성과 동성애적 욕망이 불가분의 관계에 있다는 급진적인 의미가 된다.

그러므로 우울은 첫째, 상실한 욕망의 내면화, 즉 폐제된 욕망의 효과로 이성애적 젠더를 구성하는 정신적 기제이며, 둘째, 동성애를 애도 불가능한 그 무엇, 식별가능성의 영역에서 벗어나는 일탈로 치부해 버리는 문화에서 동성애자가 겪는 심리사회적 문제다. 두 층위의 우울을 버틀러가 함께 논의하는 것은 다분히 전략적이다. "동성애적 애착관계의 상실을 너무나 애도하기 어렵게 만드는 문화 안에서 살아간다는 괴로움"(*PLP*, 133)은 우선 성소수자들에 대한 이야기지만 성소수자에게만 국한된 문제는 아니기 때문이다. 「슬픔과 우울」에서 프로이트는, 우울의 주체가 상실된 대상을 내면화하고 동일시하는 과정에서 대상에 대한 원망과 공격성을 자아에게로 돌린다고 설명하면서 우울한 주체의 자기 비하를 언급한다. 동성애는 폐제되고 내면화되는 과정에서 일종의 "죄의식"으로 변하고 이는 성소수자의 우울적 자기 비하로 이어질 수 있다(*PLP*, 140~141). 동시에, 이성애규범사회의 우울이 초래하는 그 사회의 자기혐오는 사회의 내적 타자를 향한 공격, 즉 성소수자들에 대한 차별과 폭력으로도 표출된다. "애도되지 못하는 동성애적 카텍시스가 강렬할수록 남성적 동일시가 더욱 과장되고 방어적이 된다는 사실"은 (*PLP*, 139) 폭력적으로 드러나는 동성애 혐오와 이성애적 우울의 연관성을 이해하는 한 가지 중요한 단서가 된다. 과장된 이성애적 수행이 부인된 (그러므로 애도될 수 없는) 동성애와 무관하지 않다면, 혐오는 그 관련성 자체를 은폐하고 부정하려는 (그럼으로써 끊임없이 그 가능성을 가리키는) 증상일 것이다. "문화적으로 만연한 우울"은 말하자면 이성애규범사회에서 살아가는 심리적 대가이다.[13] "상실을 명명하고 애도할 수 있게 하는 공적 인정이나 담론이 없는 곳"에서 우리 시대의 "문화적 차원의 문제"로서 우울은(*PLP*, 139), 이성애규범사회가 이른바 탈규범적 일부에게 강요하는 정서이자, 이성애규범사회 자체의 '구성적' 병증이다.

우울은 버틀러의 논의에서 중요한 요소지만, 그에게 우울의 가치는 상실을 명령하면서도 그 상실을 애도할 수 없게 만드는 현실의 트라우마적 작용과 결과를 담론화할 수 있게 하는 개념적 장치로서의 가치다. 우울에 대한 주목은 윤리적·정치적 개입을 필요로 하는 현실에 대한 비판적 이해를 촉발하고, 강제적 이성애의 매트릭스가 필연적으로 초래하는 상실과 애도 실패(혹은 부인)의 트라우마를 대가로 젠더화되는 모든 자아의 불안정성과 고통을 지시하는 정치적 기능을 한다. 이 고통은 이성애를 비롯한 특정한 존재 양태를 규범화하는 관계성을 재의미화하는 과제와 함께 사유되어야 할 것이다.

3. 우울과 애도의 정치성: "삶을 가능하게 하는 조건들"

"인간이 된다는 것"은 어떤 사람들에게는 "규범적 의미의 가족관계에 참여하는 것"을 필요조건으로 한다(*AC*, 22).[14] 젠더화된 자아형성 과정에서 이성애규범적 가족/친족 관계는 특히 필수적인 바탕으로 여겨진다. 버틀러는 오이디푸스 구도로 축약되는 친족관계의 의미가능성들을 재사유하는 통로로 소포클레스(Sophocles)의 『안티고네(Antigone)』를 읽는다. 버틀러에게

---

13 버틀러는 『젠더 트러블』에서도 "이성애적 우울(heterosexual melancholy)은 반대의 욕망을 통해 설명되는 안정적 젠더정체성의 대가로 문화적으로 제도화되고 유지된다"고 주장한다(*GT*, 95).
14 『안티고네의 주장』은 괄호 안에 *AC*로 표기한다.

안티고네는, 친족관계의 명령들로 구성되는 상징질서를 교란하면서 그 질서의 폭력성을 노출하는 인물이다. 그리고 우리는 상실, 고통에 대한 안티고네의 대응, 타인의 애도가능성을 회복하기 위한 안티고네의 선택에서 비폭력적 저항을 발견할 수 있다. 그런 점에서 『안티고네의 주장』은 『젠더 트러블』에서 『비폭력의 힘』까지를 아우르는 버틀러의 작업을 관통하는 우울과 애도, 비폭력의 정치성을 집약하는 저작으로 꼽을 만하다.

크레온은 폴리네이케스를 반역자로 규정하고 매장을 금하는 칙령을 공표한다. 국왕 크레온의 칙령을 위반한 대가는 죽음이다. 그러나 안티고네는 오빠 폴리네이케스의 시신을 한 줌 흙으로 덮는다. 특정한 죽음을 애도 불가능한 것으로 명명하는 '법'에 맞서, 안티고네는 금지된 애도를 수행함으로써 폴리네이케스를 애도 가능한 존재로 복권해 내는 것이다. 때문에 안티고네의 저항적 정치성은 다양한 해석을 낳았다. 헤겔이 안티고네를 여성과 국가/공동체의 모순적 관계를 드러내는 인물로 본 이후, 라캉, 데리다, 지젝, 이리거라이 등 여러 철학자와 비평가에게 안티고네는 여성(성)과 가족관계, 국가권력의 연관성을 논하는 계기가 되었다.[15]

버틀러가 특히 쟁점으로 삼는 대상은 헤겔과 라캉이다. 헤겔의 독서에서 안티고네는 신의 법에 따라 가족관계의 의무에 충실한 여성이며, 국가의 법과 권위를 대표하는 크레온에 맞서는 인물이다. 헤겔에게 안티고네의 여성성은 보편의 원칙에 의거하는 폴리스의 정치성과 대립하는 개인주의적 행위성으로 요약된다.[16] 반면 라캉은 두 체계의 대립 구도를 바탕으로 안티고

---

15 버틀러를 포함해 안티고네에 관한 여러 논쟁적 독서에 관한 면밀한 분석으로는 이명호의 논의를 참조할 것.

16 버틀러는 안티고네에 대한 헤겔의 독서를 통해서, 공과 사, 국가와 개인을 구분하는 헤겔의 구도에 대한 전반적 비판을 피력하며, 헤겔 철학이 상정하는 인간과 사회의 모델에서 '욕망'의 유동적 작용이 간과되고 있음을 강조한다. 그런 점에서 『안티고네의 주장』은,

네를 읽지 않는다. 헤겔이 안티고네의 욕망을 언급하지 않는다면, 라캉에게
는 안티고네가 상징질서의 법이 허용하지 않는 욕망에 충실하다는 사실이
관건이다. 특히 라캉은 부모의 죽음 이후 다시 얻을 수 없게 된 형제 폴리네
이케스에 대한 안티고네의 사랑을 (상징질서에서 의미화되지 않는) 그 무엇, 즉
대체 가능한 기호들의 연쇄작용이 생성하는 의미 체계를 벗어나 주이상스
를 향하는 순수 욕망으로 해석한다. 그리고 죽음을 불사하고 크레온의 법을
위반하는 안티고네에게서 마조히즘적 자기 파괴를 향하는 죽음 충동을 발
견한다. 라캉에게 안티고네는 상징질서의 영역에 죽음을 들여오면서 상징
질서를 이탈하는 인물이다.17

안티고네의 특별한 가족관계를 고려하지 않는 헤겔, 라캉과 달리, 버틀러
는 소포클레스 삼부작, 즉 『안티고네』, 『오이디푸스 왕(Oedipus Rex)』, 『콜
로누스의 오이디푸스(Oedipus at Colonus)』를 함께 읽으며 오이디푸스와 부
녀관계이자 남매관계인 안티고네의 복잡한 위상을 살핀다. 상징질서 안에
서 안티고네는 '딸'이자 '누이'로, 어느 하나의 위치에 고정되지 않는다. 명
령을 위반하며 상징질서에 맞서는 안티고네를 궁극의 욕망, 죽음 충동과 연
관시키는 라캉에게 버틀러는 이렇게 묻는다. "상징계가 아버지의 말에 지배
된다면, 그리고 상징계가 언어적 구조의 형태를 취하는 친족관계로 구조화
된다면, 라캉은 어째서 안티고네 욕망의 내재적 특성이 안티고네를 가차 없

그의 박사학위논문이기도 한 *Subjects of Desire*(1987)에서부터 이어지는 그의 오랜 헤
겔 연구의 또 다른 연장이다.

17 라캉이 이렇게 안티고네를 삶과 죽음의 불가해한 공존을 가시화하는 존재로 해석하면서
욕망 그 자체를 표상하는 도식으로 환원하기 때문에, 권위를 자임하는 자의 명령에 대한
불순응으로서 안티고네의 행위가 지니는 구체적 정치성을 사실상 삭제한다는 비판도 가
능할 것이다. 안티고네가 상징질서 안으로 포섭되지 않는 무언가를 가리킨다 해도, 라캉
의 독서에서 안티고네의 죽음은 언어, 담론 이전 상태로의 회귀라는 점에서 그 저항적 파
급력을 가늠하기 어렵다.

이 죽음으로 이끌어 간다고 주장하는가?"(*AC*, 54). 안티고네가 "상징질서에 맞서는, 그러므로 [규범화된] 삶에 맞서는 사고를 표상"한다고 여길 수 있다면 "그것은 바로 안티고네의 주장이 상징질서가 확립한, 삶을 가능하게 하는 조건들(the very terms of livability)에 도전하기 때문"이라는 것이 버틀러의 입장이다(*AC*, 54~55, 필자 강조). 『콜로누스의 오이디푸스』에서 오이디푸스 자신만을 사랑하는 존재라고 안티고네를 기술하는 오이디푸스의 발화는 수행적으로 안티고네의 삶을 한정하는 명령일 수 있다. 이는 상징질서가 "삶을 가능하게 하는 조건들"을 구성하는 동시에 때로 삶을 불가능하게 만드는 조건이 될 수 있음을 상기시킨다.

오이디푸스와 크레온은 삶의 조건들을 규제하는 '법'의 발화자들이다. 그들이 명하는 법의 영역 안에서 안티고네는 이미 삶을 가능하게 하는 조건들을 박탈당한 셈이다. 폴리네이케스를 애도하는 행위는 자신만을 섬기라는 아버지의 명령을 위반한 것이지만, 오빠에 대한 애도로서 또 다른 오빠 오이디푸스에 대한 애도를 포함한다. 폴리네이케스의 시신 위에 한 줌 흙을 덮은 안티고네는, 매장을 금지하는 크레온의 명령을 적극적으로 위반했다고 인정하기보다는 위반을 부정하지 않는 것으로 크레온의 추궁에 답한다. 버틀러는 크레온의 언어를 전유하는 안티고네가 크레온의 남성성과 남성적 권위를 찬탈하는 동시에, 애도 불가능한 상실의 대상 오빠를 내면화함으로써 여성이면서도 남성적으로 젠더화된다고 주장한다.[18] 안티고네의 특별함은 그들의 법에 순응하면서도 순응하지 않는 불순한 복종, 그리고 그로써 법의 권위를 무력화하고 그들이 명령하는 정체성의 재현불가능성을 드러내는 불온한 유동성에 있다.

---

18 『콜로누스의 오이디푸스 왕』에서 오이디푸스가 안티고네를 "아들"로 여긴다고 말하는 점 역시 흥미롭다. 오이디푸스와 안티고네의 관계에서 오이디푸스는 딸의 사랑을 요구하면서 아들의 의무를 동시에 부과하는 아버지의 욕망을 드러낸다.

인간적 위상에 대한 사회문화적 인정가능성은 그 인정가능성을 매개하는 '자연스러운' 가족관계를 어떻게 규범화하는가? 이는 안티고네를 통해서 버틀러가 정신분석에 던지는 질문이며, 규범적 가족관계를 바탕으로 하는 이른바 정상적 사회성에 대한 질문이기도 하다. 오이디푸스 구도는 주체들이 점유하는 위치와 욕망의 관계성을 친족관계와 젠더정체성으로 의미화하는 욕망의 위상학이다. 이 도식에서 '법'은 욕망을 금지하는 동시에 금지된 욕망을 생산하며, 이와 같은 욕망의 규제적 생산을 통해 친족관계는 주체의 젠더 수행을 명령한다. 그래서 오이디푸스 구도의 핵심은 욕망과 규범적 사회성의 끊임없는 충돌이다. 버틀러는 라캉이 상징질서를 "아버지의 저주"로 정의한다는 점을 상기시킨다(AC, 54). 아버지의 금지를 내면화하고 아버지와 동일시하면서도 아버지와는 달라야 한다는 아버지의 명령은 주체의 분열과 딜레마로 이어진다. 이는 곧 아버지의 법이 허용하는 존재 양태의 한계이며 모순이다.

상징질서는 "삶을 가능하게 하는 조건들"을 구성하면서도 어떤 삶을 불가능한 것으로 만들 수 있다. 안티고네의 죽음은, "어떤 형태의 친족관계가 인정 가능하고 어떤 삶이 삶(living)으로 용인될 수 있는지를 폐제하는 정치권력"이 "하나의 한계로" 작용하여 초래한 소외와 탈인간화, 즉 어떤 삶을 살 만하지 않은 것으로 만든 결과다(AC, 29).[19] 탈규범적 욕망 및 '불순응'의 행위들이 "인간의 개념 및 가족에 대한 공격"(AC, 22)으로 여겨지는 데 대한 성찰을 촉발하는 안티고네의 도전과 죽음은 산 채로 무덤에 갇히는 '생중사'가 고대 희랍만이 아니라 우리 시대의 비극이기도 함을 상기시킨다. 인정받지 못하는 사랑, 허용되지 않는 애도는 아직도 누군가를 타자화하고 그의

---

19 안티고네의 죽음은 물론 폐제의 정치권력이 낳은 비극이다. 하지만 그의 삶이 이미 상징계의 명령들로 인해 폐제된 영역에 놓였었다는 점을 생각하면 안티고네의 죽음은 도리어 그가 처했던 삶 속의 죽음을 거부하는 선택이라고 볼 여지도 있다.

존재를 폐제한다. 버틀러가 말하듯 "이 시대는 친족관계가 부서지기 쉽고 경계가 공고하지 않으며 확장되기도 하는 시대"이다(AC, 22). 전통적 의미의 가족이 이혼, 재혼 등으로 해체되고 재구성되고, 동성결혼을 합법화하는 사회가 늘어나고, 이주, 망명, 난민 생활 등 지구적 이산의 문제들이 발생하는 가운데, 친족관계를 비롯한 사회적 관계 맺기의 양태와 의미는 달라질 수밖에 없다. 안티고네를 통해 버틀러는 "어떤 사회적 배치가 합법적인 사랑으로 인정받을 수 있는지"를 묻는 동시에, "어떤 인간적 상실이 실제적이고 중요한 상실이라고 명시적으로 애도될 수 있는지"에 대한 성찰을 청한다(AC, 24). 안티고네의 "불순한 순응(promiscuous obedience)"이야말로,[20] 애도 가능한 대상을 제한하고 상실의 가치를 부정하는 규범의 폭력성에 대한 비폭력적 저항을 숭고하게 예시하기 때문이다.

4. 공격적 비폭력: "타인의 삶을 지키기"

상실과 슬픔, 우울의 주체 안티고네는 친족관계가 구성하는 인정가능성의 문제를 가시화할 뿐 아니라, 애도를 수행함으로써 탈인간화된 타인을 애도 가능한 존재로 복원한다. 안티고네의 "불순한 순응"은 개인과 공동체의

---

20 이 책에서 제3장의 제목으로 버틀러가 사용하는 "promiscuous obedience"는(AC, 58, 60), 욕망의 대상이 고정되어 있지 않음을 가리키는 프로이트 식의 의미를 그대로 살려 "난잡한 복종"으로 번역할 수도 있을 것이다(그것이 국문 번역본의 번역이기도 하다). 자신만을 사랑하라는 오이디푸스의 명령에, 아버지/오빠인 오이디푸스뿐 아니라 오빠 폴리네이케스(와 더불어 암묵적으로 에테오클레스)를 함께 사랑하고 애도함으로써 명령받은 욕망의 대상 외에 다른 대상까지 포괄한다는 점에서 그의 복종은 "난잡한" 것이 맞다. 다만 필자는 순응이면서도 순응이 아닌 안티고네의 행위가 지니는 비결정성, 저항의 잠재성을 강조하기 위해 "불순한 순응"으로 번역한다.

삶을 훼손하는 폭력에 폭력으로 대응하는 대신, 상징질서의 한계를 노출하고 체제에 균열을 일으킨다. 안티고네는 법이 구축한 기존 질서를 내파하는 힘이 폭력적 복수가 아니라 애도라는 지극히 비폭력적이면서도 급진적인 실천에서 나올 수 있음을 보여 준다. 인간적 삶의 폐제를 명령하는 국가법과 권력에 대한 사유의 계기라는 점에서 안티고네가 예시하는 애도의 정치성은 어쩌면 오늘날 더욱 적실한 의제다.

2001년 9/11 테러 사건으로 미국은 오랜 미국 예외주의와 패권주의의 신화로 가려졌던 자국의 '취약성'을 전례 없이 경험하게 되었다. 이 사건이 초래한 크나큰 피해와 슬픔에 미국 내외에서 공감과 애도의 물결이 일었다. 테러 사건 이틀 뒤 프랑스의 일간지 ≪르몽드(Le Monde)≫에 "우리는 모두 미국인이다(Nous Sommes Tous Américains)"라는 제목으로 실렸던 기사는, 취약성이 인간 보편의 조건이라는 자각과 더불어 미국인들의 고통에 대한 공감을 표명했다. 버틀러는, 이 사건이 초래한 상실과 애도가 공동체와 정치를 사고하는 틀 자체를 변화시킬 수 있는 계기가 되었지만, 다른 한편으로 이 사건이 취약성을 부정하는 폭력 및 애도가능성의 차등적 배분을 심화했다고 지적한다. 실제로 부시(George W. Bush) 행정부는 자국의 취약성을 극렬히 부정하는 미망(迷妄)을 내세우며 "테러와의 전쟁"을 감행했다.[21] 미국 내에서는 전쟁을 옹호하는 목소리가 인종, 종교, 국적을 차별하는 배타주의와 혐오로 이어졌으며, 이슬람에 대한 혐오와 폭력에 반대하는 이들에

---

21 미국은 이라크를 공습해 대량살상무기를 찾아내서 파괴하겠다고 선언했고, 9/11 테러의 주범으로 지목된 오사마 빈 라덴을 은닉했다는 이유로 아프가니스탄을 침공했다. 폭력적인 이슬람 극단주의자들을 진압하고 중동 지역에서 서구식 민주주의를 정착시킨다는 명분을 내세웠지만, 아프가니스탄과의 전쟁은, 미국 불패를 증명해 보이기는커녕 모두에게 상처만 남긴 20년간의 참혹한 역사 끝에 2021년 8월 조 바이든 미국 대통령이 미군 철군을 전격 시행함으로써 비로소 일단락되었다.

게는 반애국주의의 혐의, 심지어 치명적인 "반유대주의의 낙인"이 씌워졌다(*PL*, 101).[22]

『위태로운 삶』은 9/11 이후 이 일련의 사태 가운데서 나온 책이다. 여기서 버틀러는 주권성을 확인하려는 권력의 작용으로 인해 폭력적으로 타자화되고 인간성을 부정당하는 사람들의 문제를 다룬다. 그리고 상실, 슬픔의 경험이 제공하는 공감과 애도가 폭력에 대한 대응으로서 지니는 정치적 가능성을 살펴본다. 무기한 구금 상태에 놓인 포로들, 이산의 상태에서 국적을 잃은 난민들이 국가 주권적 권력의 사각지대에 놓인 채로 '인간'의 자격을 박탈당하는 폭력적 현실 역시 '삶 속 죽음'의 상태다. 버틀러는 특히 타인이 나와 같은 인간임을 부정하며 그의 존재를 폐제하는 '탈실재화(dereali-zation)'를 문제로 지적한다. "'타자'의 탈실재화는 타자가 산 것도 죽은 것도 아니고 끝없이 유령 같은 존재라는 의미다"(*PL*, 33). 인간임을 인정받지 못해 "아예 '존재했던' 적이 없기에 애도의 대상이 될 수 없는" 그들, "죽어 있음의 상태로 끈질기게 계속 살아가는" 그들의 존재를 부정하는 폭력은 끊임없이 반복된다(*PL*, 33). 이 탈실재화는 나와 같은 존재들에게만 인간의 가치를 부여하고 차이는 수용하지 않는 동일자적 논리의 치명적 결과다. "삶을 가능하게 하는 조건들"에 대한 사유는 이처럼 『젠더 트러블』에서 『안티고네』를 거쳐 『위태로운 삶』에서도 일관되게 버틀러 논의의 근간을 이룬다. 『위태로운 삶』에서 버틀러가 제기하는 질문은 이것이다. 타인의 실재와 인간성을 부정하는 폭력에 어떻게 대응할 것인가? 이 물음은 최근 저작 『비폭력의 힘』에서도 지속된다. 폭력의 악순환을 어떻게 끊을 것인가? 폭력은 흔히 자기 보존을 위한 것이라면 정당하다고 여기지만, 버틀러는 바로 이 전제를 의문에 붙인다. 이는 그의 후기 저작들에서 이어지는 비폭력론의 주요

---

22 『위태로운 삶』은 괄호 안에 *PL*로 표시한다.

논점이기도 하다. 타인은 우리 목숨을 위협할 수도 있지만, 비폭력은 우리가 타인에게 가지는 윤리적 의무로서 어떤 경우에도 사라지지 않는다는 것이다. 위협을 당하거나 위기에 처할 때도 타인에 대한 윤리적 책무를 포기하지 않는다는 것은 어떤 의미이며, 그 근거는 무엇인가?

인간이 모두 몸을 가지고 살아가는 필멸의 존재이며 언제나 스스로를 완전히 알지도 통제하지도 못하는 존재, 홀로 온존하지 못하는 무력한 존재, 언제나 공격에 노출되어 상처받을 수 있는 취약한 존재라는 사실은 버틀러가 인간을 이해하고 설명하는 중요한 개념이다. 이는 또 모든 인간이 필연적으로 상호의존적이라는 의미가 된다. 취약성과 비폭력을 강조하는 버틀러의 인간관은, 인간에 대한 자유주의적·개인주의적 정의에 대한 비판에서 나온다. 데카르트, 홉스부터 헤겔에 이르기까지, 추상화된 인간에 대한 근대적 사유는 언제나 "자기충족성(self-sufficiency)의 환상"(*FN*, 42)을 바탕으로 하는 '성인 남성'의 모델을 암묵적으로 상정해 왔다.[23] 버틀러는 갈등/대립 관계에 놓인 자기 충족적 성인 남성들로 '사회'를 개념화하는 "사회계약" 이론의 원형적 상상이 인간의 개념과 사회성의 양태를 너무나 협소하게 규정하고 왜곡한다고 비판한다. 언제나 타인에게 의존해야 하는 인간 본연의 취약함, 젠더화된 노동, 애착관계를 포함한 다양한 사회적 정동과 관계의 양상들을 모두 삭제하기 때문이다.

취약성을 강조하는 버틀러의 인간론은 타자의 인정을 요구하는 주권적 자아 모델에 대한 일종의 대안이다.[24] 이미 버틀러는 『젠더 트러블』에서 우리의 삶과 사고가 "인정가능성의 매트릭스(the matrix of intelligibility)"(*GT*, 24)에 기대고 있다고 지적하면서, '인정'의 구도를 중심으로 작동하는 근대

---

23 『비폭력의 힘』은 괄호 안에 *FN*으로 표기한다.
24 취약성을 중심으로 버틀러 후기 저작의 윤리적 지향을 살펴보고 평가하는 논의들도 상당히 이뤄졌다. McIvor(2012), 조주영(2018) 등 참조.

(헤겔적) 주체의 주권적 자의식이 대상의 타자화를 필연적으로 연루함으로써 폭력적 결과로 이어질 수 있음을 시사했다. "인정가능성"은 인정받지 못하는 존재의 폐제가능성과 맞물려 있다. 인정의 권력 구도에서 자아와 타자의 관계는 언제나 '살인적 충동'을 발현할 수 있는 일촉즉발의 대치 상태다. 주권적 자아를 구성하는 나르시시즘은 사회적 관계를 잠재적 폭력, 투쟁의 상태로 이끌 수밖에 없다. 버틀러가 취약성에 주목하는 것은 그런 공격성을 폭력으로 발현시키지 않는 다른 관계성, 차이를 차등, 차별로 전환하지 않는 사회성을 상상하기 위해서다. 취약성은 갈등과 대립보다 돌봄과 애착의 사회성을 상상할 수 있게 하는 기반이 되고, 타자에 대한 구성적 의존 속에서 모든 자아는 상호의존적 관계망의 일부가 된다.

이라크 아부그라이브 감옥에 구금된 포로들에 대한 미군의 고문과 학대는 타인을 탈인간화하는 끔찍한 폭력의 극단적 사례지만, 탈인간화가 극단적 상황이나 특별한 악인들에게서만 발견되는 것은 아니다. 포로들 앞에서 미소를 띠고 엄지손가락을 치켜든 사진 속 미군들처럼, 보통 사람들도 나와 다른 이들의 애도가능성을 부정하거나 타인의 상실에 공감하지 않음으로써 타인을 탈인간화하는 폭력을 저지를 수 있고 그로써 인간성 자체를 훼손할 수 있다. 이때 훼손되는 것은 타인의 인간성뿐 아니라 나의 인간성이기도 하다. 이처럼 '인간'의 의미도 수행적으로 구성되거나 변형될 수 있다. 타자를 탈실재화하는 폭력에 대한 성찰을 통해 실재의 의미를 평등하게 재분배하는 것, 나르시시즘적 주권성보다는 취약성과 상호의존성을 바탕으로 인간을 재사유하는 것은 "존재론의 층위에서 반란을" 일으키는 실천이다(PL, 33). 이 "반란"은 인간과 실재를 재창조하는 수행이다.

"인본주의적(humanist) 사고 틀"에서 우리는 인종, 종교, 출신과 무관하게 모두의 생명과 삶이 애도 가능하다고 말한다. 그러나 이 "기술적(記述的) 주장"은 현실의 근원적 불평등과는 동떨어진 이야기다(FN, 106). 취약함을 노출하는 삶의 조건으로서의 위태로움(precariousness)은 모든 사람에게 동일하지 않으며, 모두가 애도되어야 마땅한 존재라는 진술은 "기술적"으로 참이지만 현실적으로는 그렇지 않은 것이다. 버틀러는 "모든 생명이 애도 가능해야 한다고 주장하면서 유토피아적 지평을 상정하고 그 위에서 이론과 기술(記述)이 작동할 수 있도록"(FN, 106) 하는 실천, 즉 기술을 규범으로 전환하는 실천이 필요하다고 역설한다. 여기서 "애도가능성"은, 어떤 차이에도 불구하고 모든 삶이 동등하게 "셈이 불가능한 가치(incalculable value)"를 지닌다는 사실을 설명하는 규범으로 제시된다(FN, 105). 이것이 "애도가능성의 근원적 평등에 기반을 두는 정치적 상상계(political imaginary of the radical equality of grievability)"를 위한 버틀러의 기획이다(FN, 74). 버틀러는 인간적 삶의 가능성을 부여받지 못하고 애도가능성을 부정당하는 타인의 현실에 대한 적극적 대응, 이미 작동하고 있는 제도적·폭력적 타자화의 기제들에 맞서는 비폭력적 투쟁이야말로 공격적으로 이뤄져야 한다고 강조한다. 안티고네의 경우에서 살펴보았듯, 정치적 행위로서의 "전투적 애도(militant grieving)"는(FN, 106) 타인의 애도가능성을 폐제하는 권력의 작용에 공격적으로 개입하는 비폭력적 실천이 될 수 있다.

버틀러가 강조하는 비폭력은, 취약함과 애도가능성을 공통 기반으로 모두가 상호의존하며 평등하게 공존하는 사회를 지향하는 "윤리이자 정치"의 실천이다(FN, 103). 또한, 공격에 대한 수동적 혹은 초월적 태도가 아니라, 인간의 공격성을 이해하고 제어하는 노력이다. "갈등 가운데서, 폭력 그 자체의 힘이 발휘되는 장 안에서 자리 잡는" 것으로서의 "공격적 비폭력(aggressive nonviolenve)"은 "개인주의"에서 벗어나야만 이해할 수 있는 적극적 행위의 논리다(FN, 40). 인간적 평등을 주창하면서 탈인간화의 폭력을 비판하는 버틀러가 새로운 인간 중심주의로 회귀한다고 생각할 수도 있다. 그러나 비폭력의 윤리가 내포하는 버틀러의 인간론은, 인종차별, 이성애규범성, 장애차별 등 기존의 젠더화된 나르시시즘적 인본주의가 만들어 낸 인간에 관한 환상을 해체하는 것이다. 또한 그는 인간과 비인간을 포함하는 모든 생명체의 "살 수 있는 조건들(conditions of livability)"이 파괴되는 오늘의 현실에서 "인간 **중심적**(anthropocentric) 개인주의"야말로 비판의 대상이어야 한다고 말한다(*FN*, 72~73, 필자 강조).

버틀러는 우리 시대에 애도가능성을 부정당하는 이들이 퀴어한 주체들뿐이 아님을 상기시키며 공감과 동일시를 통한 애도의 실천으로 연대할 것을 요청한다. "살 만한 삶, 애도 가능한 삶(livable and grievable life)"을 평등하게 누리는 것이 바로 정치적 비폭력의 지향이다(*FN*, 24). 인간으로 살아간다는 것은 주어지는 것도 불변의 상태도 아니고, 끊임없이 수행을 통해 그 의미가 구성되는 공동체적 과정이다. "타인의 삶을 지킨다"는 것은 도덕철학의 문제이기도 하지만(*FN*, 67), 무엇이 '삶'이며 삶을 보호받을 수 있는(혹은 보호받아야 하는) 사람은 누구인지, 보호를 수행하는 주체는 누구이며 그 방법은 무엇인지 등 수없이 많은 질문을 연루하는 생명정치의 문제이기도 하다.25 주체를 구성하는 권력의 규제적 역학이 "삶을 가능하게 하는 사회성의 영역(the domain of livable sociality)"을 한정한다면(*PLP*, 21), 취약한 자아들의 관계에 대한 숙고는 바로 그 사회성의 영역을 수행적으로 확장하고 생명정치의 권력작용에 개입하고 인간임의 의미 자체를 개방하는 실천으로 이어질 수 있다. 결국 모두가 인간으로서의 가치를 동등하게 인정받는 공동의 기획을 좌우하는 것은, 취약성과 애도가능성을 바탕으로 하는 평등한 관계성에 대한 이해, 고통과의 동일시를 통한 적극적 연대의 가능성이다.

---

25 "타인의 삶을 지킨다는 것(To Preserve the Life of the Other)"은 『비폭력의 힘』 제2장 (pp.67~102)의 제목이다.

5. 취약한 이들의 연대: "나는 비록 여기서 멈추지만"

버틀러는 『젠더 트러블』을 저술하던 무렵의 경험에 대해 이렇게 술회한다.

나는 또한 폐제된 삶의 폭력성을 상당 부분 이해하게 되었다. 그건 '사는 것'으로 명명되지 않는 삶, 갇힌 삶으로써 삶의 유예를 암시하는 삶, 혹은 유예된 사형선고 이기도 했다(*GT*, xxi).

이 회고가 밝히듯 그는 스스로 경험했던, 삶을 폐제하는 폭력과 그에 대한 저항을 이론화한다. 즉, 『젠더 트러블』은 "잘못된, 비현실적인, 인정(식별) 불가능한" 것으로 여겨지는 몸들이 합법적으로 자신을 표현할 수 있는 가능성을 확장하고, "성적으로 주변부에서 살고 있는 (혹은 살려고 애쓰는) 사람들에게 살 만한 삶의 가능성을 키워 주는" 일을 목표로 했던 것이다(*GT*, xxv, xxviii). 젠더를 심문하여 비판적으로 재이론화하고자 했던 초기 버틀러의 작업에서 발견되는 윤리적 책무는 인간을 규제적으로 정의하는 권력의 작용에 담론적으로 개입하여 대안을 모색하는 지속적 과제가 된다. 젠더이론 이후의 후기 저작에서도 버틀러는 "살 만한 삶의 가능성"을 더 많은 대상으로 확장하는 것을 지향하며, 취약성과 비폭력의 윤리를 바탕으로 "애도가능성의 근원적 평등에 근거하는 정치적 상상계"를(*FN*, 74) 제시한다.

그래서 그의 문제의식은 언제나 결국 초기의 이 질문으로 수렴한다. "규범에 근접하지 못하는 사람들이 삶 속의 죽음으로 내몰리지 않을 수 있도록 하려면, 인간이라는 범주에 가해지는 관념적·형태론적 제약들을 어떻게 재사유해야 할 것인가?"(*GT*, xxi, 필자 강조). 이 질문은 우리 삶의 조건들을 돌아보게 한다. 오늘 우리가 인정가능성을 배분하고 적용하는 방식은 어떤 몸을 주변화하고 누구의 애도가능성을 부인하며 삶의 조건들을 어떻게 규제하는가? 또 우리가 타인과 관계 맺으면서 삶의 가능성들을 형성하거나 차단하는 방식들은 타인에게, 우리에게 어떤 영향을 미치는가? 그리고 '우리'는 누구인가?

2019년 숙명여자대학교에 합격한 트랜스젠더 여성의 입학 포기 사건은 우리 사회의 현주소를 단적으로 보여 준다. 일부 구성원들의 거센 반발은 '여성'의 안전과 권익을 앞세운다는 명분으로 이뤄졌지만, 그것은 이른바 생물학적 여성의 권리와 위상을 다른 소수자와 공유하지 않겠다는 결의의 표명이나 다름없었다. '생물학적 여성'에게 '생물학적 남성'이 가할 수 있는 위협을 이유로, 다른 학교에 가라는 등의 명령 아닌 명령들이 그에게 쏟아졌다. 그는 이 '생물학적' 성별 이분법이 작동시키는 인정가능성의 구도로 인해 타자화되면서 그 구도의 한계를 노출하는 존재인데, 그를 향한 혐오의 언어는 이 생물학적 성별 이분법 안에서 그를 정의하면서 그를 남성 특권의 수혜자이자 여성의 가해자로 호명했다. 바로 그랬기 때문에 그 언어는 그를 지시하기에 끊임없이 실패했고, 그 언어가 구성하는 인간의 정의에서 그는 이탈할 수밖에 없게 된다. 여성들은 인간성을 부정당하고 공론장에서 존재를 부인당하고 침묵을 강요당한 적이 얼마나 많았던가. '타고난' 대로 '여자답게' 사는 대신 인간이기를 원할 때, 교육받을 권리를 주장할 때, 출산과 모성에 한정되지 않는 삶을 선택할 권리를 요구할 때, 여성들에게는 주제넘게 남자 흉내를 낸다는 비웃음, 남자들의 특권과 일자리를 넘본다는 비난이 가해졌다. 그런 비난이 얼마나 부조리한지는 자명하지만 혐오는 사라지지 않았다. 그럼에도, 19세기 여성참정권 운동에 헌신했던 페미니스트들부터 21세기 미투운동에 동참한 여성들까지, 수많은 이들이 굴하지 않고 혐오에 맞서 왔다. 페미니즘은 약자의 정치이자 약자를 위한 정치다. 내가 살기 위해 타인을 죽이는 전략이 아니라, 내가 살려고 애쓰는 것과 마찬가지로 살기 위해 기를 쓰는 다른 약자와 연대하여 살아남는 세상, 그리하여 모두가 함께 더 '잘' 살 수 있는 세상을 꿈꾸는 공생의 철학이다.

거센 반발에 부딪쳐 결국 숙명여자대학교 입학을 포기한 익명의 그는 "나는 비록 여기서 멈추지만, 앞으로 다른 분들이 더 멀리 나아갈 수 있을 것이라 믿는다"라는 희망의 변을 남겼다. 적대적인 현실을 원망하거나 자신의 '피해'를 부각하는 대신 "살 만한 삶"에서 배제되는 이들의 노력이 계속될 것임을 믿는다는 그의 발언은, 그에게 가해지는 폐제의 폭력을 멈추지 못한 이들을 부끄럽게 했다. 그 사이, 성전환으로 인해 군에서 강제 전역된 변희수 하사는 군의 조치에 대한 재판이 진행되는 동안 죽음을 선택했다. 결국 2021년 10월 7일 법원은 고(故) 변희수 하사가 생전에 육군참모총장을 상대로 낸 전역처분 취소 청구사건에서 변하사의 강제 전역처분이 부당하다고 원고승소 판결했다. 법무부는 항소를 포기하도록 지시했고, 육군은 이를 받아들여 강제 전역처분을 취소하기로 했다. 뒤늦게나마 법원과 법무부는 기존 질서의 우선성을 고수하는 대신, 취약한 누군가의 삶이 기존 질서로 인해 폐제되었음을 인정하고 그의 삶을 애도 가능한 것으로 만드는 결정을 내린 셈이다. 변 하사는 세상을 떠났지만, 그가 자신의 삶을 살 만한 것으로 만들기 위해 시작한 투쟁과 그 투쟁의 의미를 인정한 이 일련의 결정은, 앞으로 살 만한 삶의 조건들을 변화시키는 데 도움을 주는 중요한 선례가 될 것이다. 이 사건들은 "규범에 근접하지 못하는 사람들"이 "삶 속의 죽음"에 내몰린다는 버틀러의 말이 수사적 표현만이 아님을 실감하게 한다. 동시에 삶을 폐제하는 폭력에 맞서는 투쟁이 '당사자' 개인만의 숙제가 아니라 공동체의 노력이어야 한다는 것, "살 만한 삶"을 위해 일상의 실천과 제도가 함께 변화해야 한다는 것을 절실히 느끼게 한다.

"타인의 삶을 지킨다"는 것에 대한 버틀러의 숙고는 큰 울림을 갖는다. 취약성과 비폭력에 대한 버틀러의 논의는 결국 '나'의 취약성, '나'의 피해와 상실에 집중하기보다 타인의 취약성, 타인의 고통에 주목하고 공감함으로써 사회관계의 바탕 자체를 재조직할 것을 요구한다. 어떤 몸이 여성인가를 다투는 논란은 인정의 권력 구도의 여전한 반복이다. 페미니즘 대신 '양성평등'이나 '휴머니즘'을 추구하라는 강요, "흑인의 생명도 소중하다(Black

Lives Matter)"는 구호에 맞서 "모든 생명이 소중하다(All Lives Matter)"고 외치는 입장은, 형식주의적 '평등'을 내세워서 취약함이 불평등하게 배분되어 온 역사와 현실을 근본적으로 부정하는 전략이다. 역차별을 부르짖는 입장은 주로 특정 집단이 기존의 특권을 온전히 누리지 못하게 되었을 때 나타나는 반작용이다. 기계적 '능력주의'가 공평무사한 해법이라는 주장도, 이미 불평등이 구조화된 사회에서 '능력'이 계발될 기회가 결코 평등하게 주어지지 않는다는 사실을 무시하는 견강부회(牽强附會)다. '피해자'로서의 위상과 발언권을 독점하려는 시도 역시, 타인의 취약성을 부정하면서 자신의 취약성만을 인정 가능한 것이라고 강변하는 일종의 권력 행위다.

신자본주의의 폭주와 함께 가속화되는 환경과 기후위기는 취약함의 불평등을 심화시킬 것이다. 끊임없는 폭력 사태와 전쟁으로 인한 살상, 해가 갈수록 더 뜨거워지는 지구, 매년 걷잡을 수 없이 불타 사라지는 숲과 홍수로 쓸려 나가는 삶터, 통제하기 어려운 감염병의 피해를 망연히 목격하면서 지금 우리는 우리가 망가뜨린 삶, 점점 가시화하는 파멸의 두려움을 비로소 '몸으로' 깨닫기 시작하고 있지 않은가. 경제적 양극화는, 몸으로 느끼는 폭염, 한파, 불건강의 양극화와 직결된다. 점점 극심해지는 추위와 더위로 고통받고 배고픔에 시달리며 거처를 잃어버리는 이들의 수는 더욱 많아질 것이다. 폭력이 만연한 곳에서 살아가는 사람들의 삶이 애도가능성을 부정당하는 경향이 더욱 크다는 부조리는, 취약성과 더불어 애도가능성 역시 불균등하게 배분되어 있음을 드러낸다. 문명이 발전하는 데도 삶 아닌 삶을 사는 사람들이 줄어들지 않고 취약한 이들이 더 심한 혐오의 대상이 된다는 것은 근대 역사의 역설적 비극이다. 재난, 폭력, 혐오로 목숨을 위협당하고 생존을 위해 삶의 질을 턱없이 희생해야 하는 난국은 특정 지역, 특정 인구집단만의 문제가 아니다. 어떻게 살 것인지에 대한 성찰과 선택은 '살 만한 삶'이란 무엇인가를 물으며 연대와 협력 속에서 지속적으로 그 답을 만들어 가는 일과 다를 수 없다.

참고문헌

강병철·하경희. 2007. 「청소년 동성애자의 성정체성 드러내기가 자살위험성에 영향을 미치는 과정에 관한 연구」. ≪사회복지연구≫, 35: 167~189.

김승섭·박주영·이혜민·이호림·최보경. 2018. 『오롯한 당신: 트랜스젠더, 차별과 건강』. 숨쉬는책공장.

김진이. 2017. 「가족의 거부로 인한 성소수자의 정신건강에 관한 연구」. ≪한국심리학회지: 문화 및 사회문제≫, 23.4: 605~634.

이명호. 2003. 「누가 안티고네를 두려워하는가?: 안티고네를 둘러싼 비평적 쟁투」. ≪영미문학페미니즘≫, 11.1: 183~210.

조주영. 2018. 「'취약성'개념을 통한 상호주관적 인정관계의 재구성: 인정에 대한 버틀러의 논의를 중심으로」. ≪한국여성철학≫, 30: 35~59.

Bersani, Leo. 1987. "Is the Rectum a Grave?" *October*, 43: 197~222.

Butler, Judith. 2006(1990). *Gender Trouble: Feminism and the Subversion of Identity*. New York: Routledge.

_____. 2006. *Precarious Life: The Powers of Mourning and Violence*. New York: Verso.

_____. 2004. *Undoing Gender*. New York: Routledge.

_____. 2002. *Antigone's Claim: Kinship between Life and Death*. New York: Columbia University Press.

_____. 1999(1987). *Subjects of Desire: Hegelian Reflections in Twentieth-Century France*. New York: Columbia UP.

_____. 1997. *The Psychic Life of Power: Theories in Subjection*. Stanford: Stanford University Press.

_____. 1993. *Bodies That Matter: On the Discursive Limits of "Sex"*. New York: Routledge.

Copjec, Joan. 2012. "Sexual Compact." *Angelaki*, 17.2: 31~48.

Freud, Sigmund. 1961~1964. *The Standard Edition of the Complete Psychological Works of Sigmund Freud*, Vols.24. James Strachey(Ed.). London: Hogarth.

McIvor, David W. 2012. "Bringing Ourselves to Grief: Judith Butler and the Politics of Mourning." *Political Theory*, 40.4: 409~436.

Rubin, Gayle. 2012. *Deviations: A Gayle Rubin Reader*. Durham, NC: Duke UP.

_____. 1975. "Traffic in Women: Notes on the 'Political Economy' of Sex." in Rayna Reiter(Ed.). *Toward an Anthropology of Women*. New York: Monthly Review Press.

4장

누스바움의 혐오이론과 인류애의 정치

조계원

1. 서론

이 글의 목적은 인지주의(cognitivism) 감정이론을 바탕으로 한 마사 누스바움(Martha Nussbaum)의 혐오에 대한 분석을 살펴보고, 그녀가 '혐오의 정치(politics of disgust)'에 대한 대안으로 제시하는 '인류애의 정치(politics of humanity)'를 비판적으로 고찰하는 것이다.

누스바움은 고대 그리스와 로마의 철학을 바탕으로 인간의 통제력이 미치지 않는 사건들 앞에 인간이 얼마나 취약한지에 관심을 가졌고, 이를 인지주의 감정이론과 자유주의 정치이론으로 발전시킨 정치철학자이다. 감정 속에는 우리가 어찌할 수 없는 외적 대상이 우리의 삶에 중요한 의미를 갖는다는 판단이 포함되어 있다(누스바움, 2015a: 27). 감정은 예치기 못한 인생의 풍파 앞에 우리가 얼마나 취약한지를 알려 준다. 그녀는 이러한 인간의 취약성을 받아들인 위에서 서로를 존중하며 각자가 자신의 선택에 따라 실제로 존엄한 삶을 살 수 있는 역량(capability)을 제공하는 사회가 품위 있는 사회라고 말한다. 이러한 관점에서 볼 때, 혐오는 공적인 삶의 신뢰할 수 있는 기준이 되기 어렵다. 인간의 취약성을 숨기고 부정하려는 인지적 판단과 욕구를 수반하고, 사회 내에서 소수자의 위치를 지닌 집단을 배척하는 데 사용될 가능성이 크기 때문이다(누스바움, 2015b: 35~37). 그래서 혐오가 사회적 배제의 근거로 이용되는 것을 비판하면서, 차별과 낙인의 대상이 되고 있는 사회적 소수자 집단도 주류 집단의 구성원과 마찬가지로 행복한 삶을 살 수 있도록 존중받아야 함을 주장한다. 그들도 행복과 정의를 추구하는 완전한 인간임을 인정해야 한다는 것이다(누스바움, 2016: 17). 이러한 주장은 이론적으로는 전통적인 사회적 규범의 중요성을 강조하면서 타인에게 실제로 피해를 주지 않음에도 혐오를 근거로 개인의 자유를 억압하려는 공동체주의자를, 현실적으로는 동성결혼 합법화 반대나 차별금지법 제정 반대 등에서 나타나는 혐오의 정치를 비판하는 것을 목적으로 하고 있다. 크게 보면 정체성 정치 혹은 '인정의 정치(politics of recognition)'가 추구하는 사회정의에 대한 요구를 정당화하는 것이라고 하겠다.

혐오에 대한 누스바움의 주장은 젠더, 성적 지향, 장애 등과 관련한 사회적 소수자 집단의 인정에 대한 요구가 폭발적으로 늘어나고 있는 한국 사회에서도 큰 의미를 지닌다고 할 수 있다. 특히 2016년 '강남역 살인 사건'과 2018년 미투운동, 2020년 'N번방 사건'을 거치며 크게 부상한 페미니즘 운동은 여성혐오에 대한 비판과 깊게 연관되어 왔다. 우리 사회에 성차별주의에 바탕한 여성혐오가 만연해 있고, 이로 인해 여성이 공동체 내에서 동등한 존재로 존중받지 못하고 있음에 분노하는 것이다. 또한 코로나19 팬데믹 상황에서 전염에 대한 두려움으로 중국인, 신천지 교인, 대구지역 거주자, 성소수자, 확진자 등을 대상으로 한 투사적 혐오가 크게 늘어났다는 사실(국가인권위원회, 2020)도 그녀의 분석이 지니는 적실성을 보여 준다. 자신을 감염시킬 수 있다는 이유로 정당화하면서 특정 집단 전체를 오염된 존재로 혐오하고, 이들을 기피하고 차별하려는 모습이 반복적으로 나타나고 있다.

그러나 모든 분석이 그렇듯, 누스바움의 혐오에 대한 시각으로 잘 설명되지 않는 부분과 그에 대한 비판도 존재한다. 이 글에서는 그녀의 감정이론(2절), 혐오의 인지적 구성요소에 대한 분석(3절), 인류애의 정치에 대한 주장(4절)을 차례로 검토하면서, 그 의미와 한계를 살펴보고자 한다.

2. 누스바움의 감정이론1

누스바움은 감정이 단순히 이성과 대비되는 '육체적인 것'이나 느낌(feeling)이 아니라 가치에 대한 판단을 담고 있다고 본다. 특히 그녀는 자신의 감정이론에서 네 가지 측면을 강조한다(누스바움, 2015a: 66~86; 누스바움, 2015b: 54~67).

첫째, 감정은 '대상'을 가진다. 감정은 무엇에 관한 것이기 때문에 그러한 대상이 사라지게 되면 감정은 약해진다. 예를 들어, 밤늦은 시간 골목길에서 누군가 나를 따라올 때 두려움을 느끼지만, 그 사람이 사라지면 두려움도 사라진다. 아무도 없는 골목길에서 두려움을 느끼는 경우도 있는데, 이는 어둠 속에서 나타날 수도 있는 대상에 대해 두려워하고 있는 것이므로 대상이 없다고 말하기 어렵다.

둘째, 감정의 대상은 '지향적' 대상(intentional object)이다.2 이는 개인 의식의 주목을 받는 대상을 말하는데, 주체가 대상을 바라보고 해석하는 방식

---

1 이 절의 내용은 조계원(2019: 179~183)에서 가져왔다.

2 누스바움은 감정이 지향적 대상을 지닌다는 점을 중시하는데, 이는 심리철학에서 심성과 신체성을 구분하는 중요한 기준으로 지향성이 제시되는 것을 수용한 입장으로 볼 수 있다(오성, 2008: 299).

이 감정에 반영된다. 따라서 같은 대상도 주체가 대상을 어떻게 이해하느냐, 무엇에 초점을 두느냐에 따라 감정이 달라질 수 있다. 감정이 외부 자극에 대한 육체적인 반응에 불과하다면 이러한 차이를 설명하기 어렵다는 것이다. 이때 대상이 꼭 세상에 현존하는 대상물일 필요는 없다. 지향적 상태는 현존하지 않는 대상물도 표상할 수 있으며, 이에 대해서도 감정을 가질 수 있기 때문이다. 세상에 존재하지 않는 신에 대해 감정을 가지거나, 아직 발생하지 않은 사건들에 대해 감정을 갖는 것을 예로 들 수 있다(김영진, 2007: 61).

셋째, 감정은 대상에 대한 믿음을 수반한다. 아무리 위험한 상황이라 할지라도, 그것이 자신에게 위협이 되지 않는다고 믿으면 두려움이 생기지 않는다. 그러한 믿음은 세계를 그대로 표상하느냐에 따라 참 또는 거짓일 수 있으며, 마찬가지로 감정도 참 또는 거짓일 수 있다. 믿음은 때로는 매우 복잡한 형태를 지니는데, 뿌리 깊은 습관을 통해 형성된 믿음이나 큰 충격을 안겨 준 경험에 기초한 믿음은 단순히 새로운 사실을 안다고 해서 쉽게 달라지지 않는다. 어릴 때 개에 물려본 경험이 있는 사람은 작은 강아지가 자신을 위협하지 않는다는 것을 알고 있는 상황에서도 여전히 두려움을 느낄 수 있다. 이때 이 사람의 두려움은 잘못된 믿음에 기초한다고 할 수 있지만, 그러한 두려움을 갖는 것이 타당하지 않다고 단정할 수는 없다.

넷째, 감정에는 대상의 가치에 대한 판단이 담겨 있는데, 그러한 대상을 사소한 것이 아니라 중요한 것으로 평가한다. 내가 두려움을 느끼는 것은 나 자신이나 내가 소중하게 여기는 사람이 심각한 위협을 받는다고 믿기 때문이다. 그 대상을 '나의 삶'에서 중요한 것으로 여기지 않는다면, 감정이 생기지 않는다. 그 대상이 나의 삶과 행복을 구성하는 일부로서 소중한 관계를 맺고 있다고 평가─누스바움은 이를 행복론적 판단(eudaimonistic judgment)이라고 부른다─하기 때문에, 그 대상에 대해 감정을 갖게 된다는 것이다. 내 삶에서 소중한 대상들은 나의 완벽한 통제에서 벗어나 있어서 어찌할 수 없는 세상 속 사건에 의해 언제든 파괴될 수 있는 취약성을 안고 있다. 따라서 모든 감정은 취약성에 대한 인식을 반영한다.

감정에는 이와 같은 인지적 사고가 담겨 있으며, 이것이 감정의 본질적인 부분을 구성한다고 보는 점에서 그녀의 감정이론은 인지주의의 표준적 입장을 대변하는 것으로 평가받고 있다(Deigh, 2010: 26). 이와 대비되는 입장은 감정을 신체적 느낌으로 보는 비인지주의(non-cognitivism)이다. 인지주의 이론에도 다양한 시각이 존재하지만3 감정에 내포된 상황이나 사태에 대한 믿음이나 평가와 같은 인지적 요소가 감정과 동일시되거나 적어도 감정의 필수 요소로 인정되어야 하며, 이와 같은 인지적 요소들을 기준으로 감정을 구별할 수 있다고 보는 것을 핵심으로 한다(이재훈, 1999: 152~153). 최근에는 감정이 명제적 내용을 갖는다는 강한 인지주의적 입장에서 벗어나 그러한 내용을 갖지 않으면서도 감정이 생길 수 있음을 인정하는 추세이다. 누스바움도 동물이나 유아의 감정을 설명하기 위해 인지에 대한 보다 포괄적인 입장을 취하고 있다(누스바움, 2015a: 63~64).

그러나 감정이 믿음이나 판단의 일종이라면 이것이 여타의 믿음이나 판단과 경험적으로 어떻게 다른 것인지, 왜 감정을 경험할 때는 특정한 신체적인 증상들이 따라오는지에 대해 설명할 수 있어야 한다는 반론도 존재한다(오성, 2008: 307). 전자의 경우, 감정은 자신에게 소중한 것들이 언제든 사라지거나 부서질 수 있는 취약한 것이며, 내가 통제할 수 없는 것이라는 인식을 담고 있다는 점을 강조할 수 있다. 후자에 대해 누스바움은 어떤 사람을 잃고 공허함에 빠진 느낌이나 짝사랑의 느낌처럼 풍부한 지향적 내용을 지닌 느낌들이 있을 수 있지만, 이는 지각이나 판단의 용어적 변형에 불과

---

3 인지주의 이론에도 강조점에 따라 감정이 믿음으로 이뤄져 있다는 입장, 평가적 판단이라고 보는 입장, 지각의 일종이라고 보는 입장, 해석이라고 보는 입장 등이 있다. 이에 대한 보다 자세한 설명은 오성(2008: 298)을 참조.

하다고 답한다(Nussbaum, 2004: 195). 감정의 본질적인 부분은 인지적 요소이고, 느낌은 부수적인 부분이라는 것이다. 그럼에도 인지주의 계열의 학자들로부터 감정과 신체적 느낌의 관련성에 대한 의문은 지속되어 왔는데, 최근에는 인지가 신체가 가지는 특성에 깊이 의존하고 있음을 보여 주는 '체현된 인지(embodied cognition)'에 대한 경험적 연구 결과들이 확장된 인지주의 주장을 뒷받침하고 있다(공유진, 2013: 206~207). 반대로 제시 프린츠(Jesse Prinz)와 같은 비인지주의 학자들은 인지주의 학자들이 제기하는 지향성 문제에 대해 감정은 신체적이지만 '체현된 평가(embodied appraisal)'를 담고 있다고 주장함으로써 양자가 강조점은 분명 다르지만 서로의 입장을 수용하는 방향으로 일정하게 수렴하고 있는 상황이다(오성, 2008: 308~309).

누스바움은 심리철학이나 심리학에서 출발한 것이 아니라 그리스와 로마의 고대 철학에 대한 재해석 과정에서 자신의 감정이론을 구축했다는 점에서 차별성을 지닌다. 그녀는 인간이 통제할 수 없는 외적 세계에서 완전히 독립된 이성에 초점을 맞춘 도덕(플라톤과 칸트)을 비판하면서, 윤리적으로 좋은 삶은 이성을 통한 합리적 자기 충족만큼이나 우연적 요소에 대한 취약성과 관련이 있다는 주장을 펼쳤다(곽준혁, 2010: 271~272).

그녀는 그리스와 로마의 스토아주의를 비판적으로 계승한다는 점에서 자신의 감정이론을 신스토아주의적 입장으로 규정한다. 스토아는 감정 발현은 인지적 믿음을 매개하며, 이때 인지적 구조는 추론적 성격을 가진다는 비교적 체계적인 감정에 대한 입장을 지니고 있었다. 강한 인지주의적 시각이다(이창우, 2012: 99). 이들에 따르면 어떤 것에 대한 인상(phantasia)이 믿음(doxa)으로 전환되기 위해서는 정신적 작동자, 즉 동의가 필요하다. 우리가 어떤 인상에 잠재된 명제적 내용에 참을 부여하겠다는 결정을 통해 인상이 믿음 혹은 판단으로 전환되고, 우리 마음을 구성한다. 감정은 외부에 의해 촉발된 것이 아니라 어떤 인상에 대해 동의함으로써 내가 불러일으킨 것이므로 자신의 책임이다. 또한 감정은 우리가 조직한 추론에 의해 연역된 거짓 판단이므로, 감정에 끌려다니지 않고 평정심을 유지해야 한다(이창우, 2012: 107~109, 116~117). 누스바움은 평가가 반드시 명제적 형태를 띨 필요가 없다는 점, 외적인 인상에 동의하거나 동의를 거부할 수 있는 완전한 능력을 가정할 필요가 없다는 점(때로는 습관이나 애착, 사건의 단순한 무게 때문에 동의하기도 함), 감정을 완전히 통제할 수도 없고 이것이 바람직하지도 않다고 보는 점에서 스토아의 감정이론을 수정했다(누스바움, 2015a: 86~91).

3. 혐오의 인지적 구성요소와 사회적 예속

누스바움은 이러한 감정이론의 연장선에서 혐오의 인지적 구성요소를 다음과 같이 분석한다.

첫째, 혐오는 인간의 동물적 취약성과 유한성을 연상시키는 존재를 대상으로 한다. 주로 배설물, 신체 분비물(눈물을 제외한 혈액, 정액, 소변, 콧물 등), 시체, 부패한 고기나 이를 떠오르게 하는 동물과 곤충과 같은 원초적 대상이 초점이 된다. 대상이 지니는 특정한 냄새, 시각, 촉각이 일으키는 부정적 자극 때문에 구역질이나 메스꺼움과 같은 생리적 반응과 함께 이를 기피하려는 행태를 수반한다(누스바움, 2015b: 166~170; 누스바움, 2016: 53~54). 로진과 동료들의 연구에 따르면, 혐오는 독이 있거나 썩거나 오염된 음식을 섭취했을 때 생길 수 있는 위험을 막기 위한 거부 반응에서 시작되었다. 이를 통해 질병이나 감염으로부터 몸을 보호하기 위한 전염 회피(pathogen avoidance) 체계로 기능한 것이다.[4] 그리고 전 적응(preadaptation)—처음에 어떤 목

---

4   이는 인간이 잡식성 동물이라는 사실에서 비롯된다. 많은 동물들은 본능적으로 무엇을 먹어야 할지 알고 있는 반면, 인간은 이를 배워야 한다. 그래서 특정의 음식에 의존하지 않기 위해 새로운 음식을 맛보려고 하면서도, 새로운 음식(특히 동물성 음식)이 위험할

적을 위해 적응된 기능을 다른 목적을 위해 채용하는 것-과 같은 과정을 통해 혐오를 유발하는 대상이 확장되었다(Rozin, Haidt, and McCauley, 2016: 816). 누스바움은 이러한 진화심리학적 분석을 수용하면서, 원초적 대상이 혐오스러운 것은 죽음 및 부패와 관련된 동물성을 지니고 있기 때문이라는 점을 강조한다. 그러한 대상은 인간이 먹고 싸고, 번식하고, 병들고 퇴화해 가는 동물이라는 사실을 떠올리게 만든다. 그래서 힘이나 민첩성과 같은 동물성은 혐오를 일으키지 않는다(누스바움, 2016: 53). 우리는 머리카락이 많이 빠지거나, 소변이 잘 조절되지 않을 때 자신이 늙고 퇴화해 가고 있다는 사실을 문득 깨닫고 불안해진다. 혐오는 자신의 몸이 퇴화하고 있으며, 유한하다는 것을 인식했을 때 생기는 이런 불안감을 회피할 수 있게 도움을 주기에 살아가는 데 필요하기도 하고, 완전히 없앨 수도 없다(누스바움, 2015b: 180). 혐오 감정이 모든 인간 사회에 보편적으로 발견되는 이유이기도 하다.

둘째, 혐오는 동물성을 간직한 역겨운 물질이 자신의 체내로 들어오면, 자신도 오염되어 동물의 지위로 격하될 수 있다는 믿음을 수반한다. 혐오에는 내 몸의 안과 밖 경계를 구분하려는 인식이 깔려 있다. 내 몸은 많은 욕구를 만들어 내는 동물적 육체이다. 먹고 마셔야 하고, 수면을 취해야 하고, 배설해야 하고, 성욕을 해소해야 한다. 그런데 내가 지닌 동물성과 그 부산물은 내 몸 안에 있다고 여겨질 때는 혐오를 일으키지 않지만, 내 몸 밖에 있으면 혐오를 일으킨다.5 침이 입 안에 있을 때는 괜찮지만, 자신의 침을 뱉은 잔에 음료를 따라 주고 마시라고 하면 혐오감을 느끼며 꺼리는 것을 예로 들 수 있다. 인간은 동물성을 지니고 있음에도 불구하고 스스로를 동

수 있기 때문에 이를 두려워하면서 신중하고 조심스럽게 섭취하려는 전략을 취하게 된다 (Haidt, Rozin, MaCauley, and Imada, 1997: 108~109; 고현범, 2016: 140).

5 신체의 안과 밖이라는 경계는 유동적일 수 있다. 그 경계에 대한 판단에도 개인이 지닌 관념이 작용한다.

물과는 다른 존재로 생각하며, 자신이 지닌 동물성을 외면하고 숨기려 한다. 그런데 동물성을 간직한 부산물을 접촉하거나 섭취하면, 그것이 내 안으로 들어와서 나를 동물적인 존재로 타락시킬 수 있기 때문에 이를 두려워하고 기피하게 된다(누스바움, 2015b: 168~170). 혐오는 취약성과 유한성을 지닌 동물임에도 불구하고, 그러한 동물임을 받아들이지 못하는 인간의 자기기만적 감정이라는 특징을 지닌다. 동물성에 오염될 수 있음을 두려워하지만, 이미 자신 안에 동물성을 가지고 있기 때문이다(조태구, 2020: 23). 누스바움이 인간의 삶에서 혐오가 필요함을 인정하면서도, 경계하는 것은 혐오가 자신과 동물성을 구분 짓고자 하는 비이성적 사고를 담고 있어서다.[6]

셋째, 혐오는 심리적 오염이라는 사고를 통해 원초적 대상에서 투사적 대상으로 확장된다. 두 가지 법칙이 작용하는데, 하나는 '전염'의 법칙이다. 혐오의 일차적 대상은 동물의 취약성과 유한성을 상기시키는 존재지만, 그러한 대상과 접촉한 다른 모든 대상도 전염을 통해 오염된 것으로 간주된다. 다른 하나는 '유사성'의 법칙이다. 원초적 대상과 유사한 대상도 동일한 속성을 지니고 있다는 믿음이 혐오를 일으키는 것이다. 이때 전염된 것과 그렇지 않은 것, 유사한 것과 그렇지 않은 것을 경계 짓는 데 사회문화적 요소가 크게 작용한다(누스바움, 2015b: 176~178). 위험한 대상과 혐오스러운 대상은 차이가 있는데, 전자는 위험 요소를 제거하거나 섭취하지 않으면 아무렇지 않지만, 후자는 위험 요소를 제거해도 가까이하기 싫은 혐오스러운 존재로 남아 있다(누스바움, 2015b: 168). 여전히 전염 또는 유사성의 사고가 그 대상을 따라다니기 때문이다. 그래서 혐오의 대상에 대한 불신은 쉽게 사라지지 않는다.

---

6 인류 문명의 발전을 인간이 지닌 동물성을 극복하려는 노력의 산물로 본다면, '인간은 동물보다 우월하며, 동물과 같아지는 것은 저열한 일이다'라는 평가적 믿음을 완전히 오류라고 볼 수는 없다(조태구, 2020: 23~24).

원초적 대상에 대한 혐오는 모든 사회에서 공통적으로 나타나며,7 이는 위험에 대한 지각을 키우는 것처럼 일정하게 유용한 역할을 한다고 볼 수 있다. 그러나 사회적으로 확장된 투사적 혐오는 원초적 대상이 가진 속성을 특정한 개인이나 집단에게 돌림으로써 사회적 위계와 예속을 초래할 수 있다는 문제점을 지닌다(누스바움, 2015b: 183). 이들을 동물과 같은 존재로 범주화하고 자신과 다른 존재로 구분 짓게 되면, 자신에게 내재된 동물성과 유한성에서 보다 쉽게 멀어질 수 있다. 이 과정에서 해당 개인이나 집단은 열등한 존재로 대상화 혹은 타자화된다. 유대인, 여성, 동성애자, 불가촉천민, 하층계급 사람들을 동물성으로 오염된 존재로 보고 혐오해 왔던 인류의 역사는 혐오가 특정 집단을 배척하기 위한 사회적 무기로 이용되어 왔음을 보여 준다(누스바움, 2015b: 201~202). 이때 대상이 내뿜는 냄새는 손쉽게 투사적 혐오를 정당화하는 수단이 된다. 후각은 촉각이나 미각에 비해 쉽게 나와 타자가 경계를 가로질러 접촉하고 있다는 사고를 유발하기 때문이다(누스바움, 2015b, 174~175). 냄새가 나지 않는 인간은 존재할 수 없는데, 냄새를 맡는 주체는 타인의 냄새를 역겨운 것으로 결정할 수 있는 일방적 위치에 있다. 이를 통해 타자를 냄새나는 존재로 정의 내리고, 혐오하는 것이다(하홍규, 2020: 47~48). 이와 같은 투사적 혐오는 '저들은 나보다 저급하다'는 평가적 믿음을 수반하기 때문에 모든 사람의 동등한 가치와 존엄성을 강조하는 자유주의 가치를 깨뜨리므로, 현대 민주주의 사회에서 용인될 수 없다(조태구, 2020: 25). 자유주의 정치철학자인 누스바움이 혐오가 일부 영역을 제외하고 법과 같은 공적 제도와 도덕적 판단의 근거로 사용되어서는 안 된다고 보는 이유다.

---

7   그렇지만 원초적 대상에 대한 혐오의 수준은 개인과 사회에 따라 상당한 편차가 있다(누스바움, 2015b: 178~179).

혐오를 동물이 지닌 취약성 및 유한성에 대한 사고와 결부시키는 누스바움의 입장은 관점이 지나치게 협소하다는 비판을 받았다. 많은 사회에서 사람들은 도덕적 위반에 대해 혐오하는 모습을 보이는데, 이러한 도덕적 혐오의 경우 누스바움의 주장을 적용하기 어렵다는 것이다(고현범, 2016: 146). 예를 들어, 코로나19 팬데믹 상황에 지하철이나 버스에서 마스크를 착용하지 않은 사람에 대한 혐오를 어떻게 설명할 수 있을까? 누스바움의 설명에 따른다면, 마스크를 쓰지 않은 사람은 코로나19 바이러스에 감염될 위험성이 높다. 그래서 이들은 전염에 취약하고, 감염되면 목숨을 잃을 수 있는 인간의 유한성을 상기시킨다. 이런 점에서 마스크를 쓰지 않은 사람에 대한 혐오는 원초적 대상에 대한 혐오와 유사하다고 볼 수 있다(조태구, 2020: 26). 그러나 마스크를 쓰지 않는 사람에 대한 혐오는 이것으로만 설명되지 않는다. 이들은 전염병이 확산되는 상황에서 자신뿐만 아니라 서로를 지켜야 하는 의무, 감염되어 공동체의 다른 구성원에게 줄 수 있는 피해를 최소화해야 할 의무를 위반하고 있다고 볼 수 있다. 이와 같은 공적 도덕성의 위반에 대한 혐오는 누스바움이 말하는 혐오와는 다른 차원의 사회적으로 훈련된 감정 형식일 수 있다는 것이다. 개인은 사회화 과정에서 어떤 것이 바람직하고, 바람직하지 않은지에 대한 평가적 사고를 형성하고 그에 상응하는 감정을 경험한다. 도덕적 혐오는 공동체가 공유하는 도덕성을 위반하고, 사회적 유대와 결속을 약화시키는 행위에 대한 도덕적 부인을 표현하는 공유된 반감이라는 주장이다(Deigh, 2006: 397~401; 고현범, 2016: 147~149).[8] 이에 대해 누스바움은 부도덕한 행위에 대해 혐오하는 것은 그러한 행위가 사회나 개인을 오염시킨다는 사고를 수반하기 때문이라고 답변한다. 또한 이러한

---

8 도덕적 혐오는 위해에 대한 인식과 얽혀 있다는 점에서 혐오보다는 분노에 가깝다는 주장도 있다. 그러나 도덕적 판단에서 혐오가 고유하고 중요한 역할을 한다고 볼 수 있는 증거도 상당히 존재한다(Rozin, Haidt, and McCauley, 2016: 821).

도덕적 혐오는 부패와 인간의 악덕을 부인하는 내용을 가지고 있지만, 오염되지 않은 순수함을 추구하기 때문에 반사회적이라고 말한다(Nussbaum, 2006: 478; 고현범, 2016: 151). 마스크를 쓰지 않는 행위는 스스로를 전염병에 노출시켜 타인의 감염 위험을 증가시키므로 위해를 안겨 주는 것으로 간주할 수 있다. 누스바움도 이러한 행위는 실제적 위험과 결부되어 있고 타인의 혐오감을 유발할 수 있으므로, 공적 규제의 근거가 될 수 있다고 볼 것이다(누스바움, 2015b, 291~298). 그러나 마스크를 쓰지 않은 사람에 대한 과도한 혐오는 방역규칙 준수라는 공동체 규범을 어긴 개인에 대한 사회적 비난을 유도함으로써 이들을 사회적으로 고립시킬 수 있다는 문제점이 있다. 이처럼 공동체 규범은 때때로 개인이 마땅히 져야 하는 책임을 넘어 개인의 자율성을 침해할 수 있으므로, 도덕적 혐오의 유용성을 인정하는 공동체주의 이론가들과 달리 누스바움은 이에 회의적인 입장을 취한다.

다른 측면에서 혐오에 대한 누스바움의 시각은 지나치게 포괄적 또는 일반적이라는 비판도 가능하다. 여성은 생리, 출산 등으로 인해 동물성 및 유한성과 쉽게 연결되며, 유약하고, 끈적거리며, 유동적이고, 냄새나는, 불결한 존재로 표상되어 투사적 혐오의 대상이 되어 왔다(누스바움, 2015b: 207~208). 여성혐오가 이와 같은 시각에서 설명된다면, 남성혐오도 마찬가지다. 남성도 정액과 같은 분비물을 배출하는 존재로 불결하게 여겨져 투사적 혐오의 대상이 된 것으로 볼 수 있기 때문이다. 여성혐오와 남성혐오는 모두 특정 집단을 지배하기 위해 동물적인 존재로 격하시키는 동일한 현상으로 볼 수 있는 것이다. 즉, 누스바움의 혐오이론을 통해서는 가부장적 위계 구조를 지속시키기 위한 혐오와 이를 비판하고 전복하기 위한 혐오를 구분하기 쉽지 않으며, 이 둘을 동일한 차원에서 보고 비판할 수 있다는 한계가 있다. 물론 누스바움도 혐오가 지배의 도구로 이용되어 왔음을 이야기하지만, 혐오가 작동하는 사회적 맥락은 어디까지나 다른 차원의 분석을 필요로 한다.[9] 마찬가지로 동성애에 대한 한국 개신교의 혐오와 배타적인 태도로 시민사회의 요구를 무시하고 외면하는 개신교에 대한 혐오―'개독교'라는 혐오표현으로 대표되는―도 동일하게 다뤄지게 된다(구형찬, 2018). 이러한 결론이 불만족스럽다면, 원초적/투사적 혐오와 도덕적 혐오의 차이를 밝히고 도덕적 혐오가 일정하게 신뢰할 만한 근거가 될 수 있음을 제시해야 한다.[10] 그러나 누스바움은 이를 거부하면서 '혐오에 혐오로 대응해서는 안 된다', '혐오하지 말고 분노하라'는 규범적 입장을 취하고 있다. 혐오가 최소한의 도덕적 기능을 할 수 있을지 모르지만, 그런 경우라 할지라도 혐오는 사회적 위계관계를 나누고 상대를 배제하려는 시도로 이어질 가능성이 높기 때문이다.

4. '혐오의 정치'에서 '인류애의 정치'로

누스바움은 혐오가 성적 지향, 인종, 젠더, 장애 등과 관련해 사회적 소수자를 억압하는 도구로 활용되고 있는 현실을 혐오의 정치로 규정하며, 이는 모든 시민의 평등에 기초한 민주주의 사회에서 받아들여질 수 없다고 비판한다. 동성결혼 합법화 반대나 차별금지법 제정 반대 등에서 나타나는 혐오의 정치는 특정한 행위가 타인에게 아무런 위해를 가하지 않음에도 불구하고 혐오감을 불러일으킨다는 이유로 그러한 행위를 부정하고 배제하려는 태도를 보인다(누스바움, 2016: 23).[11] 이는 다음과 같은 문제점을 지닌다.

---

9   누스바움은 최근 저작에서 '여성에 대한 증오'를 뜻하는 여성혐오(misogyny)는 성차별주의에 기초한 가부장적 질서가 상실되는 것에 대한 불안과 이기심에서 비롯된 반면, 여성의 남성에 대한 증오/혐오는 불만으로 인한 분노와 보복에 대한 염원을 담고 있다는 점에서 동일하게 볼 수 없다고 말한다(누스바움, 2020: 222).

10   도덕적 혐오에 대한 최근 학제적 분석과 논쟁은 Strohminger and Kumar(2018)를 참조.

첫째, 동물적 취약성에 대한 인간의 불편함을 담고 있는 혐오를 이용해 사회적 소수자 집단을 소외시키고, 이들에 대한 공격성을 유도한다(신은화, 2017: 204~207). 혐오를 느끼는 사람은 혐오의 대상에게는 자신 혹은 자신이 속한 공동체와는 구별되는 이질적 속성이 있다고 생각하며, 대상과 거리를 두고 경계선을 긋는 태도를 보인다(누스바움, 2015b: 305). 나아가 이러한 혐오 감정은 혐오하는 대상을 기피하는 데 그치지 않고, 대상을 적극적으로 배척하는 데 이용되는 경우가 많다. 이때 혐오는 증오에 가까운 감정으로 전환된다.[12] 증오하는 사람은 그 대상에 사로잡혀 있어서, 대상에 대한 비합리적인 열정을 보인다. 증오를 느끼는 주체는 대상에 의해 자신이 모욕이나 수치심을 겪었다고 여기며, 대상을 적으로 간주하면서 잘못이 있기 때문에 벌을 받아 마땅하다고 믿는다. 혐오를 안겨 주는 대상을 존재 자체로 나에게 지속적인 '위해'를 가하는 위험 요소로 보는 것이다. 그래서 자신이 받은 '위해'에 대해 복수하고자 하는데, 이러한 복수가 존재 자체를 없애는 방식으로 추구된다. 일반적으로 우리에게는 타인에게 위해를 가해서는 안 된다는 사회적·정서적 장벽이 존재하는데, 혐오를 통해 개인이나 집단을 우리와 다른 존재로 범주화하면 이런 장벽을 넘어 폭력을 행사하기가 용이해진다(조계원, 2017: 74~77).

둘째, 공동체의 동등한 구성원으로서 서로를 존중하기 위한 공감적 상상

---

11 혐오의 정치는 특정 집단을 희생양으로 하여 그들을 배제하고 제거하기 위해 맹목적 열정을 동원하는 형태로 이뤄지기도 하지만, 대중의 무관심과 무기력 속에서 유연하고 부드럽게 확산되기도 한다(김왕배, 2019: 362~363).

12 증오는 혐오감이 분노와 같이 느껴질 때, 무엇을 싫어하는 감정과 그것을 비난하려는 의도가 중첩된 것이다. 또한 역겨움이나 분노는 순간적인 감정인 반면 증오는 오랜 기간 지속된다는 점에서 외부 자극에 대한 일시적 반응인 일반적 감정과 다르다. 보통 일반적인 감정은 참고 시간이 지나면 약해지지만, 증오는 더욱 커지는 경향을 지닌다(최현철, 2017: 190).

을 가로막는다. 민주주의는 일련의 제도로만 구성되지 않는다. 그것은 인간성에 대한 이해와 서로에 대한 존중과 신뢰에 토대를 둔다. 타인을 존중한다는 것은 그 사람의 취약성에서 나의 취약성을 보고, 그 사람이 처한 고통이 나 자신이나 나와 가까운 사람이 겪을 수 있는 상황이라는 사실에 눈을 돌리는 것이다. 서사적 상상력을 발휘해 자신과 동떨어진 타인의 삶에 개입할 수 없다면, 서로를 존중하는 관계를 맺기 어렵고 서로를 자신의 관심 범위 내에 있는 존재로 대우하기 위한 감정을 갖는 것도 불가능하다(누스바움, 2013: 17). 누스바움은 민주적 감정으로 동정심(compassion)을 든다. 동정심은 다른 사람이 겪고 있는 어려운 상황이 전적으로 그 사람의 책임만은 아니며, 우리가 비슷한 측면에서 취약하다는 믿음을 수반한다(누스바움, 2015b: 100~103). 사회적 소수자가 겪는 고통은 성적 지향, 인종, 젠더, 장애 등과 같은 특성을 지니고 있다는 이유만으로 평등한 존중을 받을 자격이 없는 존재로 대우받는 조건에서 비롯된다. 이들의 고통을 상상하고 아프게 받아들일 때에만, 그들을 동떨어진 '무언가'가 아닌 구체적인 '누군가'로 인식할 때에만 현실을 바꿀 수 있다. 그러나 혐오는 자신의 취약성을 부정하고, 이를 타인에게 전가하려는 감정이기 때문에 타인에 대한 공감이나 상상력으로 이어지지 않는다. 자신과 비슷하다고 상상하기도 싫은 역겨운 존재로 바라보기 때문에 도덕적 둔감성을 키운다. 그 과정에서 타인에 대한 폭력성과 공격성이 자라나는 것이다(누스바움, 2016: 26~27).

셋째, 자신의 선택에 따라 삶에 대한 자신의 계획을 발전시키고 펼칠 수 있는 자율성을 파괴한다(누스바움, 2016: 24~25). 우리는 종교나 성적 지향과 같이 자신의 삶에서 중요한 의미를 지니는 개인적 자유의 영역의 경우, 타인에게 위해를 주지 않는 범위에서 최대한 보장받을 때 존엄한 삶을 산다고 느낀다. 혐오는 그 대상이 되는 사람들의 인격을 부정할 뿐만 아니라, 이에 대한 그 사람의 '동의'를 강요한다. 혐오할 만한 속성을 가지고 있기 때문에 모욕을 당해도 마땅하다고 여기도록 만드는 것이다. 이는 인격의 개별적이고 본질적인 영역을 부인하는 것이라고 할 수 있다(김현경, 2015: 131). 개인의 사적 자율성을 중시하고 보호하는 자유주의 가치에도 어긋난다.

누스바움은 혐오의 정치에 대한 대안으로 인류애의 정치를 제시한다. 이는 인간성에 내재된 공통의 취약성을 인정하는 토대 위에서 상상력을 발휘하여 타인의 삶에 감정적으로 참여함으로써 타인을 동등하고 존엄한 존재로 대하려는 정치적 태도다(누스바움, 2016: 28~29). 우리는 왜 타인을 존중해야 하는가? 인간은 모두 돌봄을 필요로 하는 불완전하고 취약한 동물적 존재이기 때문이다. 우리는 이와 같은 자신의 불완전함과 결여를 받아들이고, 이기심이나 자기 중심주의에서 벗어나 타인의 취약함이나 필요에 관심을 가질 수 있다. 사랑의 감정에서 비롯되는 이러한 행위는 사회정의를 지탱하는 기반이 된다(누스바움, 2019: 592). 그래서 누스바움은 인종주의자, 성차별주의자, 흉악 범죄자에 대해 혐오로 대응하는 것에 반대하며, 그들의 잘못에 대해 분노해야지 그들을 혐오해서는 안 된다고 말한다.[13] 혐오는 이들을 평등한 시민적 지위를 갖는 존재로 바라보지 않으며, 그들의 변화가능성을 부정하고, 사회적으로 배제하려 하기 때문이다. "우리는 사람들과 그들의 행위를 주의 깊게 구분해서, 그들이 저지른 나쁘거나 유해한 행위를 비난해야 한다. 그렇지만 그들이 성장하고 변화할 수 있다는 점에서 인간으로서 그들에 대한 존중은 유지되어야 한다"(누스바움, 2015b: 199)라는 것이다. 그러나 이에 대해 다음과 같은 반박이나 비판도 존재한다.

첫째, 도덕적 혐오는 인간의 존엄성을 위협하지 않는다는 주장이다. 악행

---

13 보다 최근의 저작에서 누스바움은 분노가 쉽게 사람 자체를 향하며, 혐오나 복수심과 뒤섞이는 경우가 많다는 점을 인정하고 있다. 그래서 분노가 부당한 피해가 발생했다는 사실에 초점을 맞추고, 이러한 행위가 일어나지 않도록 하는 목표를 지닐 때만 긍정적으로 기능할 수 있다고 보면서 이를 '이행-분노(Transition-Anger)'라고 부른다(누스바움, 2018: 90~93).

을 저지른 사람을 "괴물"이나 "벌레" 등으로 보는 도덕적 혐오 반응은 도덕적 실패에 대한 비난과 책임을 담고 있을 뿐, 그 사람을 인류 공동체로부터 배제하는 것은 아니라는 것이다(고현범, 2016: 153~154). 인간성을 위한 도덕적 의무를 저버린 사람을 혐오하는 것은 그 사람을 인간성을 지닌 존재로 가정했기 때문이며, 이때 혐오는 그러한 부도덕성이 인간성에 위배된다는 것을 드러내는 표현으로 볼 수 있다. 또한 악행을 저지른 사람에 대해 '나도 그들과 같은 존재가 될 수 있다'고 생각하는 것은 오히려 자아 존중감을 떨어뜨릴 수 있다. 내가 그런 일을 저지를 수 있다고 상상하는 것은 자신을 악한 존재로 상상하는 것과 유사하며, 이는 악한 행동을 연습하는 것과 같다. 우리는 자신이 그런 행동을 할 수 있는 사람이 아니라고 믿길 바란다. 그런데 내 안의 악을 상상하게 되면, 그러한 악에 대한 거부감도 약해질 수 있다(모턴, 2015: 40~41). 우리 모두는 타인에게 위해를 가할 수 있는 잠재력을 가지고 있고, 이것도 인간성의 일부라고 할 수 있다. 하지만 누스바움이 말하는 인류애의 정치에는 인간성의 이러한 측면이 결여되어 있다(Jeonsuu, 2020: 126). 이런 시각에서 보면, 인간이 괴물이 되지 않는 이유는 우리 안의 악에 대해 혐오감을 갖기 때문이다.

둘째, 인류애의 정치는 혐오하는 주체에 초점을 맞추고 있으며, 타자를 혐오를 일으키는 대상으로만 바라보고 있다. '혐오를 일으키는 대상에 나는 어떻게 반응해야 하는가'라는 윤리적 질문에만 초점을 두는 것이다. 누스바움은 혐오를 주체-대상의 틀에서만 바라보고 있기 때문에 사회적으로 취약한 개인이나 집단을 상상과 관심의 '대상'으로만 국한시킨다. 이는 혐오를 통해 주체와 주체가 대면하는 기회가 생길 수 있는 가능성을 포괄하지 못한다는 한계가 있다. 혐오스러운 존재는 역겨움을 일으켜 기피하도록 만들기도 하지만, 매혹을 일으켜 우리의 마음을 끌기도 한다. 혐오스러운 존재가 끌어당기는 매혹의 요소에서 다른 윤리적 가능성을 이끌어 낼 수 있는 것이다(Jeonsuu, 2020: 37~39). 실제로 많은 현대미술 작품들은 혐오스럽고, 끔찍하고, 불편한 주제와 재료를 통해 새로운 예술적 경험을 만들어 내고 있다 (이문정, 2018).[14] 또한 퀴어 축제에서는 혐오스럽다고 여겨질 수 있는 퍼포 먼스를 통해 사회의 지배적인 가치나 문화에 대한 저항을 드러내기도 한다. 누스바움이 비판하는 것과는 다른 의미에서, 혐오의 정치가 가능하고 의미 를 지닐 수도 있는 것이다. 혐오에 혐오로 대항하는 경우도 주체화에 대한 요구를 담은 대항적 의미의 혐오를 타자를 대상화하기 위한 혐오와 동일한 차원에서 바라볼 수는 없다.[15] 예를 들어, 미러링 전략은 혐오의 대상을 남 성으로 바꿈으로써 여성혐오가 얼마나 부당하고 성차별적인지 드러내고, 여성혐오가 일상에 얼마나 만연해 있는지를 자각하게 만드는 효과를 지닌 다. 혐오의 은유를 수용하기 때문에 여성혐오와 자기혐오로 귀결될 수 있는 문제점을 갖지만, 성차별적 구조를 드러내고 전복하며 여성의 각성과 자기 치유를 가져온다는 점에서 일정하게 가치를 인정할 수 있다(김선희, 2018: 57~95; 김학노, 2020: 49~53).

셋째, 자신의 혐오 행위가 정당하다는 확신을 지닌 사람에게 혐오가 바람 직하지 않다는 계몽적 접근은 효과를 갖기 어렵다. 인류애의 정치는 기본적 으로 서사적 상상력을 발휘할 수 있도록 하는 매체나 교육을 통해 자신의 혐오에 담긴 믿음이 비합리적임을 인식함으로써 스스로 혐오를 자제하거나 분노와 같은 다른 감정으로 전환하는 방식을 취하고 있다. 장기적으로 인문 학 교육 등을 통해 비판적 사고를 키우고 인간성에 대한 이해를 늘리는 것 은 바람직하고, 필요하기도 하다. 문제는 이러한 접근이 자신의 믿음에 대 한 강한 확신을 가지고 있는 사람에게는 큰 효과를 갖지 않는다는 점이다

---

14 누스바움도 이러한 역할을 부정하지는 않았다. 하지만 이러한 작품에 혐오를 느낀다면, 그것은 예술 작품이 추구하는 가치를 보지 못한 것이라고 말한다(누스바움, 2015b: 258). 혐오가 매혹의 요소로 작용할 수 있음을 고려하지는 못한 것이다.
15 그래서 전자의 대항혐오를 정당한 분노로 해석하기도 한다(김학노, 2020: 50).

(박승억, 2021: 71~72). 이미 자신이 올바르다고 생각하는 사람들에게는 무지를 깨우쳐 주는 것이 아니라 정치적 올바름을 강요하는 것으로 여겨지기도 한다. 불안이나 두려움으로 자신의 취약성에 갇힌 사람들은 이를 숨길 수 있는 대상을 찾아 혐오하고, 이를 능력주의와 '공정성'의 이름으로 정당화한다(김학노, 2020: 45~46). 그 결과 인류애의 정치는 혐오를 주도하는 사람들의 사회적 영향력이 늘어나는 것을 방치하는 결과를 초래할 수 있다. 특히 최근의 혐오는 인터넷이나 SNS를 통해 집단적 감정으로 확산되는 과정에서 확증 편향이 강화되고 집단 극화되는 특징을 지닌다. 누스바움은 기본적으로 표현의 자유를 최대한 보장하고 개인의 자율적 판단에 맡기는 입장이지만, 이를 통해서는 소수자에 대한 혐오가 늘어나는 것을 막기 어렵다. 그래서 겔버는 누스바움의 역량 접근법[16]을 끌어와 혐오표현의 피해자들이 대응할 수 있도록 제도적·물질적·교육적 측면에서 지원하는 것을 주장한다. 표현의 자유를 인간의 기본 역량으로 본다면, 이런 역량이 실제로 발휘될 수 있도록 사회적 소수자가 혐오표현에 위축되지 않고 이에 대항할 수 있는 조건을 제공해야 한다는 것이다(겔버, 2019: 23~32).

---

16 누스바움은 인간의 존엄성을 존중하기 위해 모든 나라의 정부가 기본적으로 제공해야 할 사회적 최소 수준을 핵심 역량의 목록을 통해 제시한 바 있다. 그녀는 개발을 통한 '삶의 질'을 비교하는 준거로 1인당 국민총생산(GDP)처럼 경제성장에만 초점을 두는 지표가 사용되는 것을 비판하면서, 핵심적인 형태의 기능(functionings) 또는 활동을 하기 위한 역량의 목록을 작성해야 한다고 주장했다. 이때 역량이란 인간적인 삶을 영위하기 위해 필요한 최소한의 능력, 그리고 자신의 의지에 따라 자신이 원하는 바를 선택할 수 있는 능력을 말한다. 보다 자세한 내용은 누스바움(2015c: 32~63)을 참조.

5. 결론

현재 우리는 혐오의 시대를 살아가고 있다고 해도 과언이 아니다. 코로나19와 같은 전염병은 누구나 걸릴 수 있기 때문에 시민들 사이의 평등을 강화할 수 있다. 그러나 시민들이 편협한 두려움에 사로잡히게 되면 특정한 대상을 향한 혐오와 처벌적 분노가 늘어나 사회적 관계가 파편화되고 고립된 개인들이 늘어난다. 사람들은 이전에 누렸던 친밀한 관계와 따뜻함을 필요로 하면서도, 타인이 자신을 감염시킬 수 있다는 불신 때문에 이를 누리지 못한다. 방역을 위해 자유를 어느 정도 포기해야 한다는 것에 기꺼이 동의하고, 방역 수칙을 어긴 사람은 처벌받아 마땅하다고 생각한다. 일상생활 속에서 자칫 방심해서 남을 전염시키지 않도록, 그래서 비난받지 않도록 끊임없이 조심한다. '이제 끝날 때도 됐는데'라는 생각을 반복하면서 단조로운 감정만을 느낀다. 긴 이별은 우리에게서 사랑과 우정을 나눌 힘을 앗아간다. 카뮈는 이러한 상황을 『페스트』에서 다음과 같이 표현하고 있다.

> 페스트 환자가 되는 것은 피곤한 일이지만, 페스트 환자가 되지 않으려는 것은 더욱 피곤한 일이에요. 그래서 모든 사람이 피곤해 보이는 거예요. 오늘날에는 누구나 어느 정도는 페스트 환자거든요(카뮈, 2015: 295).

코로나19 시대를 살아가며 우리는 전염병으로부터 자신을 지키기 위해 부단히 노력해 왔지만, 많은 것을 코로나19가 사라진 미래로 유예하면서 무기력하게 유배와 같은 삶을 살아 왔다. 두려움과 무관심 사이에서 감수성이 무뎌지면서 타인에 대한 사랑보다는 혐오가 자라고 있음을 지켜봐 왔다. 그래서 우리는 무엇을 위해 싸워 왔는지 질문하게 된다.

> 페스트 속에서만 사는 건 너무 어리석은 짓이에요. 물론 인간이라면 희생자들을

위해 싸워야죠. 하지만 뭔가를 사랑하지 않게 된다면 투쟁은 해서 뭐하겠어요?(카뮈, 2015: 298).

우리는 우리가 전염병에 감염되어 죽을 수도 있는 취약한 동물이라는 사실, 타인의 돌봄과 애정을 필요로 하는 연약한 존재라는 사실을 체감했다. 누스바움은 이처럼 우리가 불가피한 취약성을 지닌 동물적 존재라는 것을 받아들이고, 희망이 없는 두려움에서 벗어나 서로에 대한 관심과 사랑으로 나아가라고 말한다(누스바움, 2020: 261~269). 그녀의 이러한 주장은 현재 우리 자신의 모습을 비판적으로 성찰하는 데 도움을 준다. 또한 감정에 대한 믿음이 타당한지 상호 주관적으로 숙고할 수 있도록 함으로써 공감이나 동정심과 같이 민주적 상호작용을 촉진하는 감정이 혐오의 자리를 차지할 수 있게 돕는다. 감정은 주체의 고유한 경험이지만, 감정에 담긴 믿음은 사회화 과정을 통해 형성되는 것인 만큼 이러한 믿음을 변화시킴으로써 기존의 감정을 (부분적이나마) 변화시킬 수 있는 것이다(조계원, 2019: 184).

물론 이것만으로 우리가 혐오의 시대에 맞서기는 어렵다. 사회적 불안이나 두려움이 커질 때 혐오가 늘어난다는 점을 고려하면, 사회경제적 불평등이 만들어 낸 상대적 박탈감과 심화된 경쟁에 대한 압박감을 줄여 줄 수 있어야 한다. 최근의 '공정성' 논란에서 볼 수 있듯이 자신이 이등 시민처럼 여겨지거나 그러한 위치로 떨어질 수 있다는 위기감이 팽배할 때, 사람들은 우대 조치나 보상을 받는 사회적 약자를 '무임승차자'로 혐오하고 불평등한 사회적 관계를 유지하는 정책을 지지할 수 있기 때문이다. 개인의 삶의 질을 높이기 위한 역량을 강조하는 누스바움의 주장(누스바움, 2015c)도 이 지점에서 만날 수 있다.

참고문헌

겔버, 캐서린(Katharine Gelber). 2019. 『말대꾸: 표현의 자유 VS 혐오표현』. 유민석 옮김.
　　성남: 에디투스.

고현범. 2016. 「누스바움의 혐오 회의론」. ≪철학탐구≫, 43집, 131~160쪽.

공유진. 2013. 「감정에 대한 인지주의의 수정과 확장」. ≪철학연구≫, 48집, 197~224쪽

곽준혁. 2021. 『경계와 편견을 넘어서』. 파주: 한길사.

구형찬. 2018. 「혐오와 종교문화: 한국 개신교에 관한 소고」. ≪종교문화비평≫, 33권 33호,
　　15~54쪽.

국가인권위원회. 2020. "코로나19와 혐오의 팬데믹". https://www.humanrights.go.kr/site/
　　program/board/basicboard/view?&boardtypeid=16&menuid=001004002001&boar
　　did=7605920(검색일: 2021.11.20)

김선희. 2018. 『혐오 미러링: 여성주의 전략으로 가능한가?』. 고양: 연암서가.

김영진. 2007. 「서얼, 케니, 그리고 감정의 지향성 이론의 정초」. ≪과학철학≫, 10권 1호,
　　57~78쪽.

김왕배. 2019. 『감정과 사회: 감정의 렌즈를 통해 본 한국사회』. 한울아카데미.

김학노. 2020. 「혐오와 대항혐오: 서로주체적 관계의 모색」. ≪한국정치연구≫, 29집 3호,
　　35~66쪽.

김현경. 2015. 『사람, 장소, 환대』. 서울: 문학과지성사.

누스바움, 마사(Martha C. Nussbaum). 2020. 『타인에 대한 연민』. 임현경 옮김. 서울: 알에
　　이치코리아.

_____. 2019. 『정치적 감정: 정의를 위해 왜 사랑이 중요한가』. 박용준 옮김. 파주: 글항아리.

_____. 2018. 『분노와 용서: 적개심, 아량, 정의』. 강동혁 옮김. 서울: 뿌리와이파리.

_____. 2016. 『혐오에서 인류애로: 성적지향과 헌법』. 강동혁 옮김. 서울: 뿌리와이파리.

_____. 2015a. 『감정의 격동 1: 인정과 욕망』. 조형준 옮김. 서울: 새물결.

_____. 2015b. 『혐오와 수치심: 인간다움을 파괴하는 감정들』. 조계원 옮김. 서울: 민음사.

_____. 2015c. 『역량의 창조: 인간다운 삶에는 무엇이 필요한가?』. 한상연 옮김. 파주: 돌베개.

_____. 2013. 『시적 정의』. 박용준 옮김. 서울: 궁리.

모턴, 애덤(Adam Morton). 2015. 『잔혹함에 대하여: 악에 대한 성찰』. 변진경 옮김. 파주:
　　돌베개.

박승억. 2021. 「혐오의 이중성에 대한 현상학적 분석」. ≪철학·사상·문화≫, 36호, 59~79쪽.

신은화. 2017. 「혐오와 지배」. ≪철학연구≫, 143집, 189~214쪽.

오성. 2008. 「감정에 대한 인지주의 이론의 경계 짓기: Nussbaum과 de Sousa의 논의를 중심으로」. ≪철학사상≫, 27권, 297~315쪽.

이문정. 2018. 『혐오와 매혹 사이: 왜 현대미술은 불편함에 끌리는가』. 파주: 동녘.

이재훈. 1999. 「인지주의적 감정이론에 관한 연구: Lyons의 감정이론을 중심으로」. ≪범한철학≫, 19집, 151~176쪽.

이창우. 2012. 「스토아적 감정이론: 추론적 구조, 동의 그리고 책임」. ≪인간·환경·미래≫, 8호, 91~120쪽.

조계원. 2019. 「'갑을' 관계와 분노: 마사 누스바움의 감정이론을 중심으로」. ≪인문과학연구≫, 37집, 177~198쪽.

_____. 2017. 「한국에서 증오범죄의 가능성과 규제 방안」. ≪법과사회≫, 55호, 65~97쪽.

조태구. 2020. 「코로나19와 혐오의 시대: '올드 노멀(old normal)'을 꿈꾸며」. ≪인문학연구≫, 60집, 7~36쪽.

최현철. 2017. 「혐오, 그 분석과 철학적 소고」. ≪철학탐구≫, 26집, 175~199쪽.

카뮈, 알베르(Albert Camus). 2015. 『페스트』. 유호식 옮김. 파주: 문학동네.

하홍규. 2020. 「냄새와 혐오」. ≪감성연구≫, 22집, 29~57쪽.

Deigh, John. 2010. "Concepts of Emotions in Modern Philosophy and Psychology." in Peter Goldie(ed.). *The Oxford Handbook of Philosophy of Emotion*. Oxford: Oxford University Press.

_____. 2006. "The Politics of Disgust and Shame." *The Journal of Ethics*, 10: 383~ 418.

Haidt, Jonathan, Paul Rozin, Clark McCauley, and Sumio Imada. 1997. "Body, Psyche, and Culture: The Relationship between Disgust and Morality." *Psychology and Developing Societies*, 9(1): 107~131.

Joensuu, Eleonora. 2020. *A Politics of Disgust: Selfhood, World-Making, and Ethics*. London and New York: Routledge.

Nussbaum, Martha C. 2006. "Replies." *The Journal of Ethics*, 10: 463~506.

_____. 2004. "Emotions as Judgments of Value and Importance." in Robert C. Solomon (ed.). *Thinking about Feeling: Contemporary Philosophers on Emotions*. Oxford: Oxford University Press.

Rozin, Paul, Jonathan Haidt and Clark McCauley. 2016. "Disgust." in Lisa Barrett, Michael Lewis and Jeannette M. Haviland-Jones(eds.). *Handbook of Emotions*, 4th Edition. New York and London: The Guilford Press.

Strohminger, Nina and Victor Kumar(eds.). 2018. *The Moral Psychology of Disgust*. London and New York: Rowman & Littlefield International Ltd.

5장

혐오에 대한 심리학적 접근

박준성

1. 심리학에서 혐오의 위치

혐오를 이해하기 위해서는 기본적으로 혐오를 포함하고 있는 상위 심리학 범주를 알아야 한다. 왜냐하면 혐오가 무엇인지, 그리고 어떤 기능을 하는지 알아야 하기 때문이다. 심리학에서는 혐오를 인간의 여러 정서 중 하나라고 언급하고 있다. 정서(emotion)란 일종의 심리 운동으로서 인간의 외부로 표현되는 운동을 말하고 있다. 일상에서 정서에 관해 언급할 때 행동과 더불어, 그리고 행동에 대한 설명으로 느낌을 언급하기도 한다(오늘 기분이 정말 별로야!). 경우에 따라 다르지만, 실제로 우리는 다른 사람들의 행동보다 기분에 더 신경을 쓰는 경우가 많다.

정서의 전형적인 정의로, 로버트 플러치크(Robert Plutchik)는 "정서는 자극에 대한 추론된 복합적인 반응의 연쇄로서 인지적 평가, 주관적 변화, 자율 체계 및 신경세포의 각성, 행동충동성 그리고 복합적인 연쇄를 유발시킨 자극에 영향을 주도록 고안된 행동을 포함한다"(Plutchik, 1982)라고 했다. 이 정의에서 알 수 있는 것은 첫째, 정서는 추론된 것이다. 사람들은 자기 자신의 정서를 느낄 뿐만 아니라 다른 사람들의 정서도 추론할 수 있기 때문이다. 둘째, 정서는 자극에 대한 반응이다. 혐오의 경우, 맛에서부터 벌레, 분비물이나 배설물에서부터 대인관계, 사회·도덕적으로 혐오를 느끼게 만드는 어떤 것을 사람들은 회피하고 거부하기 때문이다.

그렇다면 정서를 어떻게 표현할 수 있는가? 현대 심리학에서는 보편적으로 기쁨(joy), 슬픔(sad), 공포(fear), 분노(anger), 혐오(disgust), 경멸(contempt)을 인간의 기본 정서라고 언급(양현보·김비아·이동훈, 2020; Ekman, 1994; Izard, 1977)하는데, 혐오 또한 인간의 기본 정서에 포함됨을 알 수 있다. 더 나아가 걱정, 경외감, 당혹, 만족, 미움, 사랑, 수치감, 자부심, 질투, 집중, 혼동, 흥미, 희망 등도 정서에 포함시키기도 한다(Fredrickson, 2001; Hejmadi, Davidson, and Rozin, 2000; Keltner and Buswell, 1997; Rozin and Cohen, 2003; Shaver, Morgan, and Wu, 1996).

정서는 자극에 대한 복합적인 반응의 연쇄작용으로 인지적 평가, 주관적 변화, 자율 체계 및 신경세포의 각성 등 복합적인 행동을 하게 작동한다. 그러나 이 작동이 정서에만 적용되는 것은 아니다. 정서와 연결되어 있는 동기와 상호 작용하기 때문에 정서와 동기를 구분해야 한다. 정서에 대한 정의 중 '어떤 것을 하려는 충동'이란 내용은 동기의 정의라고 말할 수 있기 때문이다. 예로, 사람들이 정서가 작동할 때마다 동기 또한 작동하는 것으로서 혐오는 역겨움으로 피하려는 동기를 수반하고, 분노는 공격하려는 동기, 그리고 공포는 도피하려는 동기를 수반한다. 그러나 여기에는 분명한 차이가 있다. 첫째, 추동(drive)은 목표가 달성될 때까지 지속되지만, 정서는 시간이 지남에 따라 약화된다(Robinson and Clore, 2002). 예로, 역겨운 장면을 보게 되면 그 순간의 기분은 안 좋겠지만 그로 인해 만들어진 얼굴 표정은 오랫동안 지속되지 않는다. 대조적으로 허기와 갈증이 일어났을 때 이를 해결하기 위한 추동은 그 상황이 해결될 때까지 계속될 것이다.

둘째, 정서와 달리 추동은 신체의 요구를 반영한다. 갈증은 물을 마셔야 하기 때문에 목이 마른 것이고, 배고픔은 음식을 먹어야 하기 때문에 배가 고픈 것이다. 그러나 정서는 사람들의 외부의 사회적 환경에서, 즉 신체 밖의 어떤 것에 반응하는 것이므로, 누가 반갑게 인사를 하면 기분 좋고, 누가 인상을 쓰면 기분 나빠지는 이유가 여기에 해당한다. 이 경우 외부의 자극에 대한 정보 처리를 적절히 하지 못하면 오해와 갈등이 야기되는 경우를 볼 수 있다. 정서는 인간이 외부 자극에 반응하는 기제이므로 허기와 갈증 같은 내부 및 신체적 자극이 아니라 위협이나 모욕과 같은 외부 자극에 대한 반응이다(Keltner and Shiota, 2003).

또한 정서는 외적 자극에 대한 인지적 평가가 중요하다. 예로, 누군가 다쳤다는 말을 들었을 때의 반응을 보면, 누군가가 자신에게 가까운 사람인지, 친한 사람인지 또는 알지 못한 사람인지에 따라 인지적 평가가 달라지기 때문이다(Lazarus, 2001). 이처럼 정서는 외부 사건에 대한 복합적인 평가와 그것이 갖는 의미에 의존하여 평가한다.

심리학 연구에서는 정서 연구를 통해서 정서에 대한 목록을 만들고자 했다. 그렇기에 정서의 다양한 영역을 구분하고 정서의 세분화되고 가장 기본적인 개별 정서를 다루고자 '기본 정서' 또는 '일차 정서(primary emtion)'로 설명한다. 보편적으로 기쁨, 슬픔, 공포, 분노, 혐오, 경멸을 '기본 정서' 또는 '일차 정서'로 간주한다. 이들 정서는 인간의 기본 정서이자 보편적인 정서라고 말할 수 있고, 다음 절에서는 여러 정서 중에서도 특히 혐오에 대한 이해를 좀 더 구체적으로 도모해 보고자 한다.

2. 혐오 정서

혐오는 어떤 정서인가? 사람들은 슬프거나, 두렵거나 때로는 분노로 인해서 일상의 어려움이 야기될 때 도움을 구하고 이를 해결하고자 노력한다. 그러나 혐오 같은 경우 이로 인해서 도움을 요청하는 사람은 많지 않다. 이것이 여타 정서와 혐오가 다른 이유이다.

혐오에 대해서 찰스 다윈(Charles Darwin)은 불쾌감을 일으키는 어떤 것이라고 정의하며, 진화론적 관점에서 음식의 독을 막고, 감염이나 위험에 노출되는 것을 방지하기 위한 자연선택의 일환으로 진화되어 온 기제라고 했다(Darwin, 1872). 인간의 개체 발달 측면에서 보면, 유아기 때 혐오의 원인은 쓴맛이나 신맛에 제한되어 있다. 아동 청소년기에 혐오 반응은 심리적 반감, 그리고 불쾌하게 여겨지는 대상 모두에게 확대된다(Rozin and Fallon, 1987). 성인기에 이르면, 혐오는 신체적 오염(세균, 나쁜 위생 상태, 질환), 대인 간 오염(불미스러운 사람들과의 신체적 접촉, 더러운 침구 등), 그리고 도덕적 오염(아동학대, 근친상간, 불륜 등)을 포함해 어떤 방식으로든 오염된 것으로 여겨지는 모든 대상에 대해 나타난다. 즉, 혐오는 회피나 거부 시스템으로 발전해 왔음을 알 수 있다. 또한 혐오 유발 요인은 다른 대상을 쉽게 오염시킬 수 있다. 먹고 있던 음식에서 죽은 벌레를 발견하게 되면 혐오가 작동할 것이며, 정서적으로 접시 위 모든 음식으로 확대되어 다른 음식도 먹지 않게 될 것이다(Rozin, Millman, and Nemeroff, 1986).

1) 혐오는 무엇인가?

혐오(disgust)는 문자 그대로, 반대를 의미인 'dis'와 맛 또는 맛의 즐거움을 의미하는 'gust'로 이뤄진 단어이다. 그러나 혐오는 단순히 '불쾌한 맛'만을 뜻하지는 않는다. 사람들마다 좋아하지 않는 특정 음식이 있지만, 그렇다고 그 음식 자체가 혐오스럽다고 말하지는 않을 것이다. 또한 한 개인이 고수(채소)를 싫어한다고 해서 다른 사람이 고수를 먹는 모습조차 보지 않으려고 하지 않는다. 또한 먹고 있는 음식에서 적은 양의 고수가 나왔다면 고수를 골라내고 계속해서 음식을 먹을 수도 있다. 다른 예로 먹고 있는 음식에서 파리나 벌레가 나왔다고 가정한다면 어떤 느낌이 들 것 같은가? 벌레가 들어 있는 음식을 누군가 정신없이 먹고 있는 모습을 당신이 보았다면 아마도 이때 혐오를 느끼며 상상조차도 하고 싶지 않을 것이다.

심리학의 기본 정서의 입장에서 혐오는 '기분 나쁜 대상이 입에 닿을지도 모르는 순간에 경험하는 극도의 불쾌감'으로 정의된다(Rozin and Fallon, 1987). 혐오는 어떤 대상을 멀리하고자 하는 욕구, 특히 입 안에 있는 대상을 뱉어 내고자 하는 기본적인 욕구를 수반한다. 또한 혐오는 어떤 대상과 접촉하거나 이를 맛볼 생각조차 거부하고 싶은 욕구를 수반하기도 한다. 혐오는 대상과 떨어지도록 동기화한다는 점에서 보면, 공포나 분노와 유사하다. 그러나 혐오는 싸움-도주 반응(fight-or-flight response)[1]을 일으키지는 않는다. 단지 혐오를 야기시키는 대상으로부터 도망가지도 공격하지도 않고, 회피하거나 거부할 뿐이다.

심리학적으로 혐오가 정서로서 중요한 이유는 혐오의 가치가 분명하기 때문이다. '핵심적 혐오'라고 불리는 측면에서 상한 음식이나 분비물을 먹을지도 모르는 상황에서의 혐오는 사람들의 건강과 안전을 위한다. 그러나 알고 보면, 혐오는 단순히 먹는 상황에서의 표현보다 도덕성과 관련된 사회적인 측면에서 사용되어 왔다. 한 연구에서 보면, 미국인과 일본인이 언제 혐오를 느끼는지 상황을 확인한 결과, 연구에 참가한 사람들은 불쾌한 대상

---

1 싸움을 선택할 때 또는 도피를 선택할 때 나타나는 각성 상태처럼 스트레스 유발 요인에 대처할 때 나타나는 자율신경계의 반응이다. 이 반응은 신체 및 생리적 평형을 유지하도록 한다.

보다는 상대의 신념이나 행동 때문에 혐오를 느끼는 경우가 많았다(Haidt, Rozin, McCauley, and Imada, 1997). 즉, 이는 '도덕적 혐오'가 '핵심적 혐오'와 는 서로 다르다는 것을 시사한 결과이자, 실제로 이 둘 혐오는 서로 다른 기 능을 보인다. '도덕적 혐오'는 차별, 범죄, 공정 등과 같은 사회질서나 규범 을 위한 것이기에 핵심적 혐오와 다르다(강인구, 2018).

2) 혐오와 다른 정서와의 구분

이처럼 혐오는 우리에게 불쾌감을 주는 것으로서 그 대상이 상한 음식이 될 수도 있고, 도덕적 혐오(신념이나 가치관 등이 여기에 포함)가 될 수도 있지 만, 어찌 되었건 혐오는 정서적 반응이다. 이런 혐오가 우리에게 어떤 정서 반응을 일으키는지 살펴보면 다음과 같다. 앞서 언급한 것처럼 상한 음식이 나 분비물에 대한 혐오는 청결과 관련이 있기 때문에, 이것이 침해되면 혐 오가 작동한다. 즉, 불결한 무언가를 만지거나 마시고 먹었기에 혐오가 강 해지는 것이고, 이러한 혐오가 사회적으로 부도덕한 ░░░░와 연합░░면, 이 역시 ░░░를 강하게 불러일으킨다. ░░ 혐오처럼 분노나 경멸 또한 ░쾌감 을 유발하는 경우이지만, 분노는 개인의 권리가 침해된 경우, 즉 ░░율성이 나 권리(자격) 등을 박탈당하거나 물건을 빼앗겼을 경우 작동░░. 경멸은 공동체의 기준이 침해된 경우로, 사람들 사이에서 ░░░게 잘난 체를 하거 나 자랑하면 경멸이 작동하여 ░░░░ 유발한다.

그렇기에 혐오는 분명히 분노와 경멸과는 뚜렷하게 구별된다. 〈표 5-1〉 에 제시된 혐오, 분노, 경멸에 대한 얼굴 표정을 살펴보면 각각 다르다는 것 을 알 수 있다. 예로, 누군가 당신을 무시한다고 판단되면 분노를 느낄 것이 다. 그러나 상대의 행동이 당신에게 영향을 미치는 것이 아니라면 이 경우 에는 혐오나 경멸을 느끼게 될 것이다(왜 저래?). 더 나아가 혐오와 경멸을 구분함에 있어서 분명한 차이를 확인할 수 있다. 누군가 자신의 정신적 측

〈표 5-1〉 혐오, 분노, 경멸에 대한 얼굴 표정

• 혐오에 대한 표정

보통 이마가 일그러진다. 눈썹은 아래로 내려온다. 콧등 윗부분, 미간에 주름이 진다. 아래쪽 눈꺼풀이 경직된다. 입을 오므리거나 윗입술이 올라가면서 입이 살짝 벌어지기도 한다. 불쾌한 것을 보고 불결한 냄새를 맡고 역겨운 맛을 보는 것, 심지어 그런 것들을 생각하는 행위만으로 혐오가 유발될 수 있다.

• 분노에 대한 표정

미간에 주름이 잡히면서 눈썹이 아래로 내려온다. 위쪽 눈꺼풀이 처진다. 바라보는 시선이 점점 강렬해진다. 아래쪽 눈꺼풀이 팽팽하게 당겨지고 긴장된다. 콧구멍이 커진다. 때로는 입이 네모 모양으로 벌어진다. 입술이 경직되고 아랫입술이 두툼하게 튀어나온다.
피가 손으로 몰리는 느낌을 받는다. 심장박동도 빨라지고 혈압도 더욱 올라간다. 저절로 주먹을 꼭 쥐게 되고 손에는 땀이 친다. 사고를 내기 직전이다.

• 경멸에 대한 표정

코에 주름이 잡힌다. 비웃는 표정 때문에 한쪽 입술이 올라가는 경우도 많다. 위아래 입술을 앞으로 내밀 때도 있다. 입을 굳게 다문 채로 입꼬리만 살짝 올리기도 한다.

면에 피해를 주려고 한다면 그에게 혐오를 느낄 것이다. 그러나 어리석은 짓을 하거나 자신이 맡은 사회적 역할에 부적절한 방식으로 행동하는 사람에게는 경멸을 느낄 것이다. 다시 말해서 개인의 본성을 해치고 있다고 생각한다면 경멸보다는 혐오를 느끼게 될 것이다. 예로 윤리경영을 하고 있다는 한 CEO가 개인적인 스캔들로 인해서 망신을 당했다면 사람들은 그를 경멸할 것이지만, 만약 비자금을 형성했다고 밝혀진다면 사람들은 그 CEO를 부도덕하다고 혐오할 것이다. 왜냐하면 도덕적 혐오가 작동했기 때문이다. 이러한 결과는 국내 연구에서도 확인이 가능하다. 한 연구에서 피부 민감도를 측정하여 혐오와 공포를 구분하고자 했다. 공포는 피부 전도 수준, 피부 전도 반응의 수, 심박률, 호흡주기 관련 심박률, 호흡 수, 심박률 분산의 고주파수 성분에서 유의미하게 증가하는 패턴을 보였다. 그러나 혐오는 피부 전도 수준은 감소하고 피부 전도 반응 수는 증가하는 패턴을 보여 공포와 구분됨을 알 수 있었다(장은혜·손진훈·우태제·이영창, 2007).

이러한 구분을 검증하기 위해 연구자들은 자율성, 공동체 기준, 신성성을 해친다고 생각되는 몇 가지 행동 목록을 작성했고 미국과 일본의 대학생을 대상으로 목록에 제시된 행동들이 분노, 경멸, 혐오 중 어떤 정서를 불러일으키는지 구분하도록 한 다음, 얼굴 표정 중 하나를 선택하라고 지시했다. 대부분의 학생들이 자율성을 침해하는 행동에서는 화난 얼굴 표정을, 공동체의 기준을 어기는 행동에 대해서는 경멸을 나타내는 얼굴 표정을, 신성성을 해치는 행동에 대해서는 혐오를 나타내는 얼굴 표정을 선택했다(Rozin, Lowery, Imada, and Haidt, 1999).

3. 혐오에 대한 측정

혐오에 대한 심리학 연구를 위해서는 우선 혐오를 신뢰롭고 타당하게 측정하고 있는가에 대해 답해야 한다. 혐오는 일반적으로 얼굴 표정, 자기 보고식 설문, 그리고 행동 등을 통해 측정이 가능하다. 이 절에서는 혐오에 대한 얼굴 표정에 대해 알아볼 것이다.

혐오를 느낄 때 사람들은 코를 찡그린 채로 회피와 거부를 나타낸다. 또한 특정한 자세나 거부하는 듯한 신체 동작 등을 나타낸다. 신체를 통한 혐오의 표현은 얼굴 표정보다 덜 정확할 수도 있지만, 혐오를 나타내는 하나의 지표로 인식된다(Rozin, Taylor, Ross, Bennett, and Hejmadi, 2005). 그렇다면 앞서 언급한 것처럼 '핵심적 혐오'와 '도덕적 혐오'의 얼굴 표정은 다른 것인가에 답해야 한다. 한 연구에서 연구 참여자들은 쓰거나 신 음식을 먹었을 때, 또는 암모니아나 상한 고기 냄새를 맡았을 때처럼 좋지 않은 맛이나 냄새와 연관해서는 코를 찡그리는 것으로 알려졌다. 또한 윗입술을 살짝 올리면서 입술 모양을 일그러뜨리는 것은 포로 수용소 사진을 보거나 근친상간에 대해 생각할 때 같은 도덕적 혐오 상황에 적용된다고 했다(Rozin, Lowery, and Ebert, 1994). 이러한 결과는 과연 '핵심적 혐오'와 '도덕적 혐오'가 서로 분리된 정서라는 것을 말하는가 아니면 같은 정서에서 미묘하게 변형된 것들이라는 것을 의미하는가? 사실 '핵심적 혐오'와 '도덕적 혐오'는 분명하게 구분하기 어렵다.

4. 신경과학적 측면에서의 혐오

1) 생리심리학적 접근

혐오는 여러 정서 중, 뚜렷한 생리적 프로파일을 갖고 있다. 교감신경계의 각성(싸움-도주 반응)과 심장박동의 감소와 같은 부교감신경계의 활동이 명확하다(Sinha and Parsons, 1996). 혐오의 생리적 반응은 바로 메스꺼움이다. 이러한 결과를 통해서 알 수 있는 것은 혐오가 작동했을 때나 메스꺼움(심장박동과 혈압의 감소, 타액과 땀 분비의 증가 등 포함, 즉 교감신경계의 작동)을 경험할 때 관찰할 수 있는 교감신경계와 부교감신경계의 활동이다(〈표 5-2〉참조). 만약 당신이 불쾌함을 유발하는 어떤 것의 냄새를 맡거나 맛을 보았다면 아마도 당신은 그 물질을 회피하거나 거부할 것이다.

혐오에 관한 생리적 연구를 보면, 어떤 음식에 대해 혐오를 느끼게 학습

〈표 5-2〉 교감신경계와 부교감신경계에 대한 이해

교감신경계(각성)	↔	부교감신경계(이완)
동공 확대	눈	동공 수축
감소	침 분비	증가
축축함	피부	건조함
증가	땀 분비	감소
증가	심박 수	감소
억제	소화	촉진
스트레스 호르몬 분비	부신	스트레스 호르몬 감소
이완	방광	축소

시킬 수 있으며 메스꺼움이나 구토의 경험 또한 이러한 과정의 일부이기도 하다(섭식 장애에서의 거식증). 심지어 맛있고 좋아하는 음식의 경우에도 그 음식을 먹은 후 한 번이라도 심하게 구토 경험을 했다면 혐오 반응을 보일 것이고, 원래 친숙하지 않은 음식을 먹고 구토했다면 더더욱 그 음식에 대해 혐오 반응을 보일 것이다(Logue, 1985).

2) 뇌과학적 접근

한 개인이 혐오를 느끼거나 혐오를 표현하는 누군가를 보는 것이 뇌의 특정 영역을 활성화하는 것인가? 연구자들은 연구에 참가한 사람들에게 기능적자기공명영상법(fMRI)을 실시하는 동안 다양한 얼굴 표정을 제시하고, 그 얼굴 표정을 보라고 했다. 그 결과 혐오를 나타내는 얼굴 표정을 보았을 때 뇌의 여러 영역 중, 특히 섬피질(anterior insular cortex) 부위의 활성화가 가장 많은 것으로 확인되었다(Phillips et al., 1997). 이후 연구들도 혐오가 작동할 때 섬피질이 활성화된다는 것을 확증했다(Wicker, Keysers, Plailly, Royet, Gallese, and Rizzolatti, 2003). 이러한 결과는 누군가 혐오를 표현하는 것을 본다면 우리 자신도 마찬가지로 혐오를 경험한다는 것을 시사하는 바이다.

혐오와 섬피질 간의 관련성을 살펴보면, 섬피질은 미각과 관계가 높다. 즉, 섬피질은 미각에 대한 피질의 일차 수용 영역이고, 혐오는 맛과 관련된 단어이기 때문에 이 둘의 관계가 확인 가능하다. 뇌과학으로 증명된 정서로서의 혐오를 통해서 미각 피질(taste cortex)의 활성화 간 관계를 확인할 수 있었고, 명확하게 혐오가 다른 정서와는 다른 독립적인 개별 정서임을 알 수 있었다. 혐오는 어느 정도 강한 강박관념을 가진 사람들뿐만 아니라 강박증 환자들에게서도 강하게 나타나는 경향이 있다(Olatunji, Tolin, Huppert, and Lohr, 2005). 이는 많은 강박적인 사람들이 오염에 대한 두려움을 가지고 있으며 오염은 핵심적 혐오의 일부이기 때문이다(Olatunji, Sawchuk,

Arrindell, and Lohr, 2005).

5. 혐오가 표현되는 시점

혐오는 일반적으로 외부 사건에 대한 정서적 반응이다. 다른 정서와 달리 혐오가 작동하면 사람들은 기분 나쁜 표정을 지으며 불쾌한 대상으로부터 고개를 돌려 회피와 거부의 의사를 보일 것이고 그것을 만지거나 맛보지 않을 것이다. 만약 혐오 대상을 피하기에 이미 늦었다면(대상을 만졌거나 입속에 넣은 경우) 당신은 손을 마구 털거나 입에서 그 대상을 뱉어 내려는 행동을 계속할 것이다.

혐오의 핵심이 나쁜 맛이나 불쾌한 냄새라는 것에 동의하지 않는 사람은 없을 것이다. 더 나아가 곤충이나 피 묻은 신체 일부, 시체 같은 대상을 보거나 생각하는 것 자체만으로도 회피나 거부 반응이 강해진다. 곤충 먹기를 즐기는 사람들은 곤충의 맛이 좋다고 말한다. 하지만 보통 사람들은 곤충을 먹는 것에 대해 혐오스럽다고 생각하며 실제 맛이 어떤지와 상관없이 곤충을 먹게 된다면 불쾌감을 경험할 것이다. 냄새에 대한 우리의 정서적 반응도 이와 유사하다. 냄새 자체가 혐오에서 중요하기보다는 주로 냄새에 대한 우리의 생각이 혐오 여부를 결정하는 경우가 많다(Rozin and Fallon, 1987). 즉, 냄새 자체가 중요한 것이 아니라 그 냄새의 주인공이 무엇이냐에 따라 혐오 여부가 달라진다는 점에서 혐오의 대상에 대한 인지적 판단이 중요하다는 것을 알 수 있다.

당신은 벌레가 들어간 주스를 마실 수 있는가? 알고 일부러 마시는 일은 거의 없을 것이다. 벌레가 건강에 영향을 전혀 미치지 않는다고 하더라도 말이다. 왜냐하면 건강에 영향을 전혀 미치지 않는다고 하더라도 벌레는 벌레이기 때문이다. 즉, 우리는 벌레와 닿았던 것을 먹거나 마시는 생각을 하는 것만으로도 혐오를 경험하는 것이다(Rozin, Millman, and Nemeroff, 1986). 이러한 배경에서 혐오는 '한 번 접촉은 영원한 접촉'이라는 생각인 감염(contagion)으로서의 놀라운 속성을 갖고 있음을 알 수 있다. 예로, 당신이 먹으려던 음식 위를 벌레가 기어간다면 당신은 그 벌레가 사라진 후에도 벌레가 있던 음식에 대해 혐오스러워할 것이다(Rozin, Millman, and Nemeroff, 1986).

로진과 동료들은 우리가 혐오스럽다고 생각하는 거의 모든 것들이 자연의 속성상 동물이라고 했다. 즉, 벌레나 거미, 신체의 일부인 내장이나 분비물, 배설물, 그리고 시체 등이다. 또한 근친상간 같은 불미스러운 성적 행동이나 동물이 아닌 대상이 우리에게 어떤 동물이나 동물의 부분으로 연상될 때 혐오스러워진다고 했다(Rozin and Fallon, 1987; Rozin, Lowery, Imada, and Haidt, 1999). 즉, 우리는 스스로가 고상하고 깨끗하며 순수하다고 생각하고 싶어 하며 창자나 분비물, 배설물, 피 등은 우리 생활의 가장 질 낮고 더러운 모습을 연상시킨다고 생각하는 경향이 있다. 이 때문에 일반적으로 동물들이 공공장소에서 용변을 보거나 성관계를 하거나 우리가 숨기고 싶어 하는 것을 행할 때 혐오가 유발된다. 그렇다고 인간이 가장 좋아하는 동물들은 아니지만 쥐, 뱀, 벌레처럼 혐오스럽다고 생각하는 동물을 무조건 싫어하는 것도 아니다.

6. 혐오의 전형성과 도덕성

1) 혐오의 전형성

받아들이기 힘든 음식이나 맛으로 인해 발생하는 극도의 불쾌감을 일차 혐오 또는 '핵심적 혐오'라고 한다. 그러나 사람들은 혐오를 더 넓은 범위에

〈표 5-3〉 혐오에 대한 범주

- 이상한 맛의 음식
- 신체 분비물(예: 배설물, 소변, 콧물)
- 용인할 수 없는 성적 행위들(예: 근친상간)
- 피, 수술, 내장 기관의 노출
- 사회·도덕적 위반 행위(예: 나치, 음주 운전자, 위선자 등)
- 곤충, 거미, 뱀, 기타 불쾌감을 유발하는 동물들
- 먼지와 세균
- 시체와의 접촉

서 사회·도덕적으로 사용하기도 한다. 혐오에 대한 완전한 의미를 만들기 위해 연구자들은 연구에 참가한 20명에게 그들이 기억하는 강력한 혐오 경험을 모두 기술하라고 했다. 그리고 연구자들은 참가자들이 기술한 경험들을 취합하여 다음의 범주로 분류했다(Haidt, MaCauley, and Rozin, 1994)(〈표 5-3〉 참조).

여기서 보면, 사회·도덕적 위반 행위는 우리 몸에서 나온 분비물이나 음식보다는 추상적이다. 연구 결과를 보면, 연구에 참가한 사람들은 실제로 나치를 만난 적이 없음에도 불구하고 나치에 대한 혐오적인 입장을 취하고 있다. 그러나 사회·도덕적 위반 행위에 대한 반응을 정말 혐오라고 말할 수 있는가? 만약 우리가 무언가에 대해 '혐오스럽다'고 말한다면 이는 단지 그것에 대한 비난을 의미하는 것일 수도 있다. 그러한 경우 당신의 경험은 핵심적 혐오의 몇 가지 요소들을 포함할 수도 있지만, 분노와 경멸 또는 두려움이나 슬픔을 기술하는 것일 수도 있다(Marzillier and Davey, 2004). 이런 이유로 인해 이 연구의 연구자들은 혐오 유형 목록에서 사회·도덕적 범주를 제외했다(Haidt, MaCauley, and Rozin, 1994). 그러나 혐오는 여전히 사회·도덕적인 측면에 매우 중요하다.

2) 혐오의 도덕성

앞서 하이트와 동료들(Haidt et al., 1994)의 연구를 보면 혐오 유형 목록에서 사회·도덕적 범주가 제외되어 있다. 그러나 다시 한 번 큰 범주 차원에서 생각해 볼 필요가 있다. 정서가 선악의 개념과 밀접한 관련이 있음을 상기해 볼 필요가 있다는 점에서 우리를 행복하게 하는 것은 좋은 것이고, 우리를 슬프게 하는 것은 나쁜 것이다. 많은 경우에 혐오의 경험은 도덕과 부도덕의 개념과 연관되어 보인다(강인구, 2018). 예로, 다른 이유가 아닌 건강 때문에 채식주의자가 된 사람들은 고기를 먹는 행위나 고기를 먹는 사람들을 혐오스럽게 여기지 않을 것이다. 그러나 도덕적 이유로 채식주의자가 된 사람들은 고기를 먹는 행위나 고기를 먹는 사람들을 혐오스럽다고 생각할 것이다(Rozin, Markwith, and Stoess, 1997). '고기를 먹는다'는 자체를 혐오스럽다고 생각하는 채식주의자들은 어떠한 환경에 처하더라도 고기를 먹는 것에 대해 유혹을 전혀 느끼지 않는다.

이처럼 혐오의 핵심은 어떤 방식으로든 악화되거나 오염된 존재를 발견하는 데 있지만, 그 핵심은 사회·도덕적 범주로 확장될 수 있다. 신체적 오염은 전형적인 혐오 유발 요인이기는 하지만, 오염은 사회·도덕적 범주로 확장된다. 사회적으로 일탈 행동은 혐오를 유발할 수 있다(Rozin, Hadit, and Fincher, 2009). 부당한 처우 역시 상당한 혐오 유발 요인이다(Capman, Kim, Susskind, and Anderson, 2009). 생각이나 가치도 오염될 수 있으며 도덕적 혐오를 낳을 수 있다(Hadit, 2007). 특히, 사회적으로 낙인찍히는 소수자에게로도 확장된다(김성희 등, 2019). 이는 개인의 기호가 아니라 도덕적 가치에 반해 혐오스러운 것으로 여겨지는 것들이다(Rozin and Singh, 1999). 그중 하나가 흡연이다. 많은 사람들은 흡연을 혐오스럽고 다소 부도덕적인 것으로까지 간주하기 시작했다. 자신의 선택을 도덕적으로 설명하거나 불쾌한 선택을 혐오스럽다고 여길 때 나타나는 한 가지 결과는 바람직스럽지 못한 선택이 훨씬 저항하기 쉬워진다는 것이다. 즉, 사람들은 어떤 사건이나 대상을 혐오와 연결 지음으로써 그 사건이나 대상과 계속 상호 작용하려는 유혹에서 벗어나게 된다. 이를 도덕화(moralization)라고 한다(Rozin, 1999). 이러한 도덕화 과정은 채식주의자들이 고기에 대한 욕구가 없는 이유를 설명해 준다(Inbar, Pizarro, Knobe, and Bloom, 2009; Olatunji, 2008). 혐오에 민감한 사람들은 선천적으로 동성애 공포증이 있었다기보다는 도덕적으로 경계태세를 유지하는 경향이 있으며, 그에 따라 잠재적으로 도덕적 범죄자로 보이는 사람들과의 접촉을 피하는 데 역점을 둔다(Jones and Fitness, 2008).

이러한 결과들을 볼 때, 분명한 것은 사람들이 벌레나 배설물 등을 생각하거나 그들과 닮은 모양을 한 모형을 보는 것만으로도 혐오를 느낄 것이라는 점이다. 이는 추상적인 특성을 보이는 사회·도덕적 혐오를 유발하는 중요한 단서임을 알 수 있다.

7. 결론

앞서 언급한 것처럼 혐오는 거의 동물의 신체 일부나 동물의 분비물을 포함한다. 또한 많은 공포증도 동물들(거미, 뱀 등), 동물의 신체 일부나 분비물, 배설물과 관련이 있다. 몇몇 심리학자들은 어떤 공포증들은 두려움만으로 생기는 것이 아니라, 두려움과 혐오가 연합되었을 때 나타나는 것이라고 했다. 즉, 우리는 거의 항상 한 가지 정서가 아닌 연합된 정서 상태를 경험하는 것이다(Woody and Teachman, 2000).

사실 거미나 피에 대한 공포증을 가진 사람들은 그들이 이러한 것들을 공포스러워할 뿐만 아니라 혐오스러워한다고도 보고했다(Woody and Tolin, 2002). 회피나 거부하는 정도는 두려움보다 오히려 혐오와 상관이 더 높음을 알 수 있었다(Woody, McLean, and Klassen, 2005). 일반적으로 사람들은 그들이 거미를 많이 두려워한다거나 그다지 두려워하지 않는다고 보고할 때 거미가 얼마나 혐오스러운지도 함께 보고한다(Vemon and Berenbaum, 2004). 이와 유사하게, 고칼로리 음식을 혐오스럽고 공포스럽다고 평가한 여성들이 섭식 장애에 걸릴 가능성이 높다(Harvey, Troop, Treasure, and Murphy, 2002). 이러한 결과들은 혐오가 공포증의 강도를 높인다는 것을 시사한다. 공포증에 걸린 많은 사람들은 '한 번 접촉한 것은 영원한 접촉이다'라는 혐오의 특징인 주술적 사고를 한다. 거미 공포증에 걸린 사람들은 거미뿐만 아니라 거미줄 모양의 펜이나 장난감만 봐도 회피하거나 거부할 것이다(Wooy et al., 2005). 이러한 모습을 통해서 우리는 혐오가 어떤 심리적 기제를 갖는지 알 수 있다.

혐오에는 회피와 거부하고자 하는 속성이 있기 때문에, 일상에서 우리가 혐오를 느끼는 상황이 되면 오염된 대상을 피하려 한다. 또한 혐오 상황에 직면하는 것(그러한 상황이 발생하는 것)을 회피하거나 거부하는 데 필요한 대처 행동을 학습하게 된다. 사람들은 혐오스러운 상황에 놓이는 것을 원하지 않기 때문에 개인적 태도나 행동을 바꿀 것이다. 예로, 자신의 인지적 평가에서 혐오에 대한 자신의 생각이나 가치를 재평가할 것이고, 행동적으로 자신의 청결함을 위해 양치질과 목욕 등을 할 것이며, 외모에 대한 혐오가 일어나지 않도록 운동과 다이어트 등을 할 것이다. 외부적으로도 청결함을 유지하기 위해서 깨끗한 환경을 만들고, 이를 유지하기 위해 쓰레기를 버리는 등의 청결을 위한 행동에 힘쓸 것이다. 왜냐하면 손을 씻고 양치질 등을 하고, 예방 차원에서 일정 시기에 맞춰 병원에 가는 것과 같은 행동을 하면 종종 이전에 느꼈던 혐오는 사라지기 때문이다. 이는 혐오스러운 상황과 행동에 대해 후회를 하지 않기 위한 적극적 욕구라고 볼 수 있다(Zhong and Liljenquist, 2006).

이런 혐오를 버리기 위해서 우리는 혐오가 쉽고 빠르게 학습된다는 것을 알아야 한다. 사람들은 음식에서 구더기를 발견하는 것과 같이 딱 한 가지의 경험만으로도 혐오를 느끼게 된다(Rozin, 1986). 일단 어떤 대상이 동물이든 사람이든 혐오스러워지게 되면 그 대상에 대한 반응은 영속적이 된다. 언제 어디서나 혐오는 쉽게 작동하고 지속될 수 있다. 그렇기에 주의해야 한다. 그러나 만약 당신이 그 대상에 대한 혐오에서 벗어나고 이를 극복하고 싶다면 어떻게 해야 하는가?

이러한 이야기에 대해 몇 가지 제안이 있다(Rozin and Fallon, 1987). 이는 혐오의 핵심인 '맛'에서부터 '동물', '사람', 그리고 '대인관계'에 이르기까지 '핵심적 혐오'와 '도덕적 혐오'에 대한 적용이 다 가능하다. 그중 하나가 스스로 혐오의 얼굴 표정을 짓지 않도록 해야 하는 것이다. 얼굴 표정은 인간의 정서에 반응하는 행위로서 개별 정서를 연구할 때 중요한 연구 과제이기도 하다. 개별 정서에 대한 전형적인 얼굴 표정이 존재하므로 얼굴 표정을 보면 그 정서 상태를 파악할 수 있다. 반대로 한 정서에 대한 얼굴 표정을 유지하면 다른 정서가 쉽게 작동하지 않기도 한다. 그렇기에 혐오에 대한 내적 작동을 자제하기 위한 방법으로 혐오에 대한 표정을 짓지 않기 위해 노력함으로써 혐오에서 벗어날 가능성이 높아진다.

둘째, 생각의 전환이 필요하다. 인지적으로 대상에 대한 개념을 바꿀 필요가 있다. 예로, '내가 생각했던 것이 아니다'라고 스스로에게 말할 필요가 있다. 물론 쉽게 바꾸지 않을 것이다. 그러나 왜곡된 신념은 충분히 변화가 가능하다. 쉽지 않겠지만, 다름을 인정하고 수용할 때 전환의 기회가 찾아온다. 특히 어떤 대상에 대한 사회적 기준이나 소수자에 대한 고정관념에서 벗어날 때가 중요하다.

셋째, 스스로를 혐오 대상에 점진적이고 반복적으로 노출시킬 필요가 있다. 외국을 방문한 사람들은 때때로 어떤 음식이 혐오스럽다고 느끼지만, 처음에는 아주 조금만 먹어 보는 형식으로 몇 번 먹다 보면 그 음식도 꽤 먹을 만하다고 여기게 되고 그 음식을 계속 찾게 된다. 예로, 열대 과일 '두리안'의 경우를 생각해 보면 된다. 고약한 냄새 때문에 먹기 어렵다고 알려져 있지만 먹기만 하면 그 맛이 좋다고 한다. 그래도 웬만해서 먹기 어려운 것이 사실이다. 그러나 조금씩 먹기 시작하고 익숙해지면 그 맛을 즐기기 위해서 두리안을 찾기 때문에 혐오에 점진적이고 반복적으로 노출되는 것이 중요하다.

지금까지 혐오가 무엇인지에 대해, 혐오에서 벗어나기 위한 우리의 노력에 대해 언급했지만, 여기서 더 생각해 볼 문제가 있다. 그것은 혐오가 사람들에게 불필요한 정서인지에 대한 문제이다. 원점으로 돌아가 혐오는 인간의 개별 정서로서 인간이 생존하는 데 중요한 자원이다. 만약 정서로서 혐오가 없었더라면 인간은 생존이 가능했을까? 혐오가 없다면 인류의 오랜 역사에서 무엇을 마시고 먹어야 할지 모르는 상황 아래 '맛'에서 감별 능력이 없었을 것이고, 목마르고 배고픈 상황에서 감별해 먹어야 할 음료와 음식을 제대로 구분하지 못했을 것이다. 그러므로 혐오에 대한 편견 없는 이해와 함께 불필요한 혐오를 하지 않기 위한 노력이 필요할 것이다.

참고문헌

강인구. 2018. 「혐오성과 도덕양심신념 및 지각의 관계」. ≪중등교육연구≫, 66(1): 1~41.

김성희·성나경·성현준·김성현·김민선·이연제·권준성. 2019. 「혐오표현의 이해 및 특서에 대한 고찰: 해외 혐오표현 규정을 중심으로」. ≪한국경찰연구≫, 18(1): 3~26.

양현보·김비아·이동훈. 2020. 「혼합정서 얼굴표정의 범주적 지각에 미치는 정서명칭 효과」. ≪한국심리학회지: 인지 및 생물≫, 32(2): 235~248.

장은혜·손진훈·우태제·이영창. 2007. 「공포와 혐오 정서에 대한 아동의 생리적 반응」. ≪감성과학≫, 10(2): 273~280.

Chapman, H. A., Kim, D. A., J. M. Susskind, and A. K. Anderson. 2009. "In bad taste: Evidence form the oral origins of moral disgust." *Science*, 323: 1222~1226.

Darwin, C. 1872. *The expression of the emotions in man and animals*. London: J. Murray.

Ekman, P. 1994. "All emotions are basic." in P. Ekman and R. J. Davidson.(Eds.) *The nature of emotion: Fundamental questions*. New York: Oxford University Press.

Fredrickson, B. L. 2001. "The role of positive emotion in psychology: The broaden and build theory of positive emotions." *American Psychologist*, 56: 218~226.

Haidt, J., C. R. McCauley, and P. Rozin. 1994. "Individual differences in sensitivity to disgust: A scale sampling seven domains of disgust elicitors." *Personality and Individual Diffrences*, 16: 701~713.

Haidt, J., P. Rozin, C. R. McCauley, and S. Imada. 1997. "Body, psyche, and culture: The relationship between disgust and morality." *Psychology and Developing Societies*, 9: 107~131.

Harvey, T., N. A. Troop, J. L. Treasure, and T. Murphy. 2002. "Fear, disgust, and abnormal eating attitudes: A preliminary study." *International Journal of Eating Disorders*, 32: 213~218.

Hejmadi, A., R. J. Davidson, and P. Rozin. 2000. "Exploring Hindu Indian emotion expressions." *Psychological Science*, 11: 183~187.

Inbar, Y., D. A. Pizarro, J. Knobe, and P. Bloom. 2009. "Disgust sensitivity intuitive disapproval of gays." *Emotion*, 9: 435~439.

Izard, C. 1977. *Human emotins.* New York, NY: Plenum Press.

Jones, A. and J. Fitness. 2008. "Moral hypervigilance: The influence of disgust sensitivity in the moral domain." *Emotion*, 8(5): 613~627.

Keltner, D. and B. N. Buswell. 1997. "Embarrassment: Its distinct form and appeasement functions." *Psychological Bulletin*, 122: 250~270.

Keltner, D. and M. N. Shiota. 2003. "New displays and new emotions: A commentary on Rozin and Cohen." *Emotion*, 3: 86~91.

Lazarus, R. S. 2001. "Relational meaning and discrete emotions." in K. R. Scherer, A. Schorr, and T. Johnstone(Eds.). *Appraisal processes in emotion.* New York: Oxford University Press.

Logue, A. W. 1985. "Conditioned food aversion learning in humans." *Annals of the New York Academy of Sciences*, 443: 316~329.

Marzillier, S. L. and G. C. L. Davey. 2004. "The emotional profiling of disgust eliciting stimuli: Evidence for primary and complex disgusts." *Cognition and Emotion*, 18: 313~336. Bunmi O.

Olatunji, B. O. 2008. "Disgust, scruplosity and conservative attitudes about sex: Evidence for a mediational model of homophobia." *Journal of Research in Personality*, 42(5): 1364~1369.

Olatunji, B. O., C. N. Sawchuk, W. A. Arrindell, and J. M. Lohr. 2005. "Disgust sensitivity as a mediator of the sex diffcrences in contamination fears." *Personality and Individual Differences*, 38: 713~722.

Olatunji, B. O., D. F. Tolin, J. D. Huppert, and J. M. Lohr. 2005. "The relation between fearfulness, disgust sensitivity and religious obsessions in a non-clinical sample." *Personality and Individual Differences*, 38: 891~902.

Phillips, M. L., A. W. Young, C. Senior, M. Brammer, C. Andrew, A. J. Calder, et al. 1997. "A specific neural substrate for perceiving facial expressions of disgust." *Nature*, 389: 495~498.

Plutchik, R. 1982. "A psychoevolutionary theory of emotions." *Social Science Information*, 21: 529~553.

Robinson, M. D. and G. L. Clore. 2002. "Belief and feeling: Evidence for an accessibility model of emotional self-report." *Psychological Bulletin*, 128: 934~960.

Royzman, E. B. and J. Sabini. 2001. "Something it takes to be an emotion: The interesting case of disgust." *Journal for the Theory of Social Behavior*, 31: 29~59.

Rozin, P. 1999. "The process of moralization." *Psychological Science*, 10: 218~221.

_____. 1986. "One-trial acquired likes and dislikes in humans: Disgust as a US, food predominance, and negative learning predominance." *Learning and Motivation*, 17: 180~189.

Rozin, P. and A. B. Cohen. 2003. "High frequency of facial expressions corresponding to confusion, concentration, and worry in an analysis of naturally occurring facial expressions of Americans." *Emotion*, 3: 68~75.

Rozin, P. and A. E. Fallon. 1987. "A perspective on disgust." *Psychological Review*, 94: 23~41.

Rozin, P. and L. Singh. 1999. "The moralization of cigarette smoking in Amecarica." *Journal of Consummer Behavior*, 8: 321~337.

Rozin, P., C. Taylor, L. Ross, G. Bennett, and A. Hejmadi. 2005. "General and specific abilities to recognise negative emotions, especially disgust, as portrayed in the face and the body." *Cognition and Emotion*, 19: 397~412.

Rozin, P., J. Hadit, and K. Fincher. 2009. "From oral to moral." *Science*, 323: 1179~1180.

Rozin, P., L. Lowery, and R. Ebert. 1994. "Varieties of disgust faces and the structure of disgust." *Journal of Personality and Social Psychology*, 66: 870~881.

Rozin, P., L. Lowery, S. Imada, and J. Haidt. 1999. "The CAD triad hypothesis: A mapping between three moral emotions (contempt, anger, disgust) and three moral codes (community, autonomy, divinity)." *Journal of Personality and Social Psychology*, 76: 574~586.

Rozin, P., L. Millman, and C. Nemeroff. 1986. "Operation of the laws of sympathetic magic in disgust and other domains." *Journal of Personality and Social Psychology*, 50: 703~712.

Rozin, P., M. Markwith, and C. Stoess. 1997. "Moralization and becoming vegetarian: The transformation of preferences into values and the recruitment of disgust."

Psychological Science, 8: 67~73.

Shaver, P., H. J. Morgan, and S. Wu. 1996. "Is love a basic emotion?" *Personal Relationships*, 3: 81~96.

Sinha, R. and O. A. Parsons. 1996. "Multivariate response patterning of fear and anger." *Cognition and Emotion*, 10: 173~193.

Vernon, L. L. and H. Berenbaum. 2004. "A naturalistic examination of positive expectations, time course, and disgust in the origins and reduction of spider and insect distress." *Journal of Anxiety Disorders*, 18: 707~718.

Wicker, B., C. Keysers, J. Plailly, J. P. Royet, V. Gallese, and G. Rizzolatti. 2003. "Both of us disgusted in my insula: The common neural basis of seeing and feeling disgust." *Neuron*, 40: 655~664.

Woody, S. R. and B. A. Teachman. 2000. "Intersection of disgust and fear: Normative and pathological views." *Clinical Psychology: Science and Practice*, 7: 291~311.

Woody, S. R., C. McLean, and T. Klassen. 2005. "Disgust as a motivator of avoidance of spiders." *Journal of Anxiety Disorders*, 19: 461~475.

Zhong, C. B. and K. Liljenquist. 2006. "Washing away your sins: Threatened morality and physical cleansing." *Science*, 313: 1451~1452.

6장

'죽여도 되는' 사람*

인종혐오와 동물화

염운옥

1. 흑인의 생명은 소중한가?

2020년 5월 25일 인종폭력으로 사망한 조지 플로이드(George Floyd)는 백인 경관에게 목이 눌리는 동안 "숨을 쉴 수 없어(I can't breathe)"라고 계속해서 외쳤다. 미네소타 주 미니애폴리스에 거주하는 미국 시민 플로이드가 숨을 쉬든 말든 제압당하고 급기야 죽음에 이르게 된 이유를 '흑인'[1]이라는

---

*   이 글은 염운옥, 「'죽여도 되는' 사람은 어떻게 탄생했는가?: 인종혐오와 동물화」, ≪사총≫, 1054호(2022)에 게재된 논문을 수정·보완한 것이다.

1   이 글에서는 '흑인', '백인'이라는 용어가 여러 번 등장할 텐데, 일일이 '이른바'라는 수식어나 홑따옴표를 붙이지 않더라도, 인종을 생물학적이고 고정된 실체로 보지 않는다는 점을 미리 밝혀 둔다. 인종은 생물학적 실재의 반영이 아니라 사회적·역사적 구성물임에도 불구하고 굳이 '백인', '흑인' 같은 인종적 구분의 용어를 쓰는 이유는 그것이 현재 존재하는 인종주의를 발견하는 도구로서 여전히 유용하기 때문이다.

그의 조건을 떼어 놓고 생각할 수는 없을 것이다. 이 사건은 우연한 사고가 아니라 예견된 죽음이었다. "숨을 쉴 수 없어"라는 절규도 이번이 처음이 아니었다. 2015년에도 에릭 가너(Eric Garner)가 뉴욕에서 불법 담배판매 혐의로 조사를 받던 중 백인 경찰의 목조르기로 사망했다. 가너 역시 목이 눌린 채로 "숨을 쉴 수 없어"라는 말을 11번이나 토해 냈다(Hutchinson, 2020). 정착 식민주의(settler colonialism)와 인종주의(racism)를 안고 출발한 미국에서 흑인들은 법적·형식적 평등과 실질적 불평등이 공존하는 구조화된 인종차별 아래 놓여 있다. 한편에서는 피부색 차별은 이제 극복되었다며 '컬러블라인드니스(colorblindness)'를 말하지만, 여전히 흑인은 경찰의 불심검문을 당할 확률이 백인보다 몇 배나 더 높고, 교도소 재소자도 흑인이 훨씬 더 많다. 교육과 직업의 기회도 결코 평등하게 주어지지 않는다.

2020년 여름, 코로나19 팬데믹에도 불구하고 미국 전역에서 많은 시민들이 "흑인의 생명은 소중하다(Black Lives Matter: BLM)"를 외치며 거리로 나왔고, 전 세계에서 연대 시위가 벌어졌다. 인종차별에 항의하고 인종 정의(racial justice)를 외치는 BLM은 2013년부터 시작된 운동이다. 2012년 플로리다 주 샌퍼드에서 흑인 십대 소년 트레이본 마틴(Trayvon Martin)이 동네 자경단 조지 짐머만(George Zimmerman)의 총격으로 숨진 사건에서 짐머만이 무죄판결을 받은 것이 계기였다. 경찰이나 자경단에 의해 죽임을 당한 흑인이 십여 명이 넘는다는 사실, 그들을 죽음에 이르게 한 가해자의 처벌이 제대로 이뤄지지 않는다는 사실은 흑인이 함부로 해도 되는 생명, '죽여도 되는' 존재로 취급당하고 있는 현실을 폭로한다.

플로이드와 가너가 외친 "숨을 쉴 수 없어"는 의미심장한 말이다. 그들이 의식을 잃기 전까지 반복해서 힘들게 내뱉은 이 마지막 말은 목을 죄는 물리적 압박만을 가리키지 않는다. 백인 우월주의가 가치의 기본 값으로 공기처럼 스며 있는 사회에서 흑인에 대한 편견, 멸시, 혐오는 상존한다. 목을 누르는 직접적 폭력뿐만 아니라 일상에서 편히 숨쉬기 힘들게 만드는 간접적이고 '완만한 폭력(slow violence)'이 작동한다. 이런 현실을 철학자 가브리엘 아파타(Gabriel O. Apata)의 명명을 따라 '질식 인종주의(racism as suffocation)'라고 부를 수도 있을 것이다. 플로이드의 마지막 8분 46초는 카메라에 담겼지만, 천천히 가해지는 폭력으로서 '인종 질식(racial suffocation)' 과정은 잘 보이지도 않는다(Apata, 2020: 245~248).

2005년 허리케인 카트리나가 미국 남동부를 강타했을 때 일부 미디어는 피해가 집중되었던 루이지애나 주 뉴올리언스의 아프리카계 미국인들보다 집 잃은 개들에게 더 공감을 표해 비난을 받았다. 문제는 백인들이 개를 격정하는 데 있는 게 아니라, 재난으로 피해를 당한 아프리카계 미국인 빈민들의 안위를 걱정하지 않는다는 데 있다(Fielder, 2013: 488). 이런 정서적 단절의 밑바닥에는 인종혐오와 계급혐오가 깔려 있다고 보지 않을 수 없다. 특정 인종을 함부로 취급하고 심지어 '죽어도 되는' 사람으로 만드는 일은 어떻게 가능할까? 특정 인종의 안전을 걱정하지도 않고, 물리적·사회적 질식에 이르도록 방관하는 이 지독한 혐오의 메커니즘을 어떻게 설명하고 비판해야 할까? 이 글은 여기서 출발한다.

사실 혐오는 개인과 공동체가 내부와 외부를 나누고 안전을 유지하는 데 오랫동안 작용해 온 요소이다. 그런데 법철학자 마사 누스바움(Martha Nussbaum)이 지적하듯이, 혐오는 본능이 아니라 감정이다. 감정은 상황에 대한 인지와 사고의 산물이기 때문에 사회적 맥락을 갖는다. 혐오 감정도 마찬가지다. 누스바움은 배설물, 사체, 체액, 위험물 같은 대상에 대한 원초적 혐오와 특정 집단에 투사된 사회적 혐오 사이를 구분해야 한다고 지적한다. 혐오는 위험한 오염에 대한 두려움과 동물성에서 벗어나려는 인간 욕구에서 생겨나는데, 인간이 동물적 육체를 갖고 있음에 대해 느끼는 불쾌감을 사회적 약자에게 투사할 때 혐오 감정이 생겨난다고 누스바움은 보았다(누스바움, 2015: 144). 역사인류학자 윌리엄 레디(William M. Reddy)는 감정의 문화적 구속력을 중시한다. 레디는 생물학에 기초한 감정이론을 거부하고 감정 자체가 문화별로 상이하게 구성된다고 보았다. 그 증거로 레디는 남태평양 타히티 부족에게는 '슬픔'이라는 단어도 감정도 없다는 사례를 들었다 (레디, 2016: 67).

이 글에서는 누스바움과 레디의 구성주의적 감정이론을 비판적으로 수용해, 혐오를 감정이지만 감정으로 환원할 수 없는 권력과 지배의 문제로 보는 관점을 취하고, 비(非)인간화(de-humanization)의 수단으로서 노예화(enslavement)와 동물화(animalization, beastialization)를 중심으로 인종혐오의 생성과 작동의 역사를 살펴본다. 이를 위해 카메룬 출신의 철학자 아실레 음벰베(Archille Mbembe)의 '죽음정치(necropolitics)'2 개념을 가져와 근대 대 서양 노예제 시기부터 시작된 흑인 노예의 신체에 대한 통제와 폐기, 흑인 신체의 동물화에 대해 분석할 것이다.

혐오는 증상이지, 원인이 아니다. 증상으로서 혐오의 이면에 있는 심층 심리를 밝히는 접근법도 가능하겠지만, 이 글의 관심사는 아니다. 여기서는 역사적 접근법을 취하며 어떤 특정 시점에 특정 인종에 대한 혐오와 동물화가 생겨났고, 그것이 어떤 과정을 거쳐 공고화되었는지를 따라갈 것이다. 혹여 역사적 계보를 거슬러 가는 접근법이 오랜 혐오를 재확인함으로써 인종혐오라는 식은 인두를 다시 달구고, 혐오는 어쩔 수 없다는 비관론에 틈을 내주는 건 아닌지 자문해 본다. 이런 함정을 피하기 위해서는 '검은 피부'에 대한 혐오를 만들어 낸 백인 주체의 권력과 정치적·경제적 메커니즘의

---

2 '죽음정치'는 음벰베의 주저 제목이기도 하다. Archille Mbembe, *Necropolitics, translated by Steven Corcoran* (Durham & London: Duke University Press, 2019). 'necropolitics'는 '시신정치'로 번역되기도 한다. '네크로(necro)'는 '시체, 시신'이라는 뜻이다. 가령 네크로필리아(necrophilia)는 '죽음에 대한 사랑', '시신애호', '시신강간(屍身强姦)'을 뜻한다. 폭력으로 찢기고 피 흘리는 몸 자체를 강조하는 맥락에서는 '시신정치'가 적합하겠지만, 이 글에서는 장기적이고 구조적이며 천천히 죽음에 이르게 하는 폭력에 주목하기 때문에 '죽음정치'로 번역하기로 한다.

작동에 주목하면서도, 거기에 내재한 근원적 자의성, 부당한 권력 행사와 지배를 위한 폭력에 대한 비판의 칼을 날카롭게 벼려야 할 것이다.

2. 죽음정치, 노예화, 동물화

노예노동이 유용하고 생산적이기 위해서는 노예가 살아 있어야 했지만, 효용이 다한 노예는 물건과 다름없이 폐기 처분의 대상이 되었다. 살아 있되 죽은 것과 마찬가지인 삶이라는 모순적 조건은 흑인 노예의 생사를 좌우하는 가혹한 현실이었다. 1777년 노예선 종(Zong)호 선장이 난파 위기에 처한 배에서 흑인 노예 132명을 바다에 던져 죽게 하고, 보험금을 받아 내려 했던 악명 높은 종호 사건은 노예가 언제라도 '폐기 가능한 물건'으로 취급되었음을 증명한다(염운옥, 2019: 113~115). 종호처럼 중간항로 항해 중 폭풍우를 만난 극단적 위기 상황이 아니라면, 통상적인 플랜테이션 경제에서 노예의 가치는 노동능력으로 증명되었다. 따라서 눈에 띄는 신체, 정신, 인지 장애를 가진 노예는 '폐품 노예(refuse slaves)'라고 불렸으며 시장에서 잘 팔리지 않았다. 노예무역으로 북아메리카로 이송된 아프리카인들 중에서 장애가 있거나 장애를 입은 사람들은 '폐품'으로 취급되어 죽게 내버려졌다(닐슨, 2020: 108~111).[3]

---

3   흑인여성 SF 작가 옥타비아 버틀러(Octavia Butler)의 소설 『킨(Kindred)』에도 듣지 못하는 노예 소녀 캐리가 나온다. 노예주 톰 와일린은 세라의 세 아들을 모두 팔아 버렸지만 막내 캐리만은 팔지 않았다. 장애 때문에 제값을 받을 수 없었기 때문이다. 캐리의 청각장애는 엄마 세라에게 신의 은총이었다(버틀러, 2016: 139). 미국에서 '맹인' 여성 노예의 경우, 노예해방 이후에도 주인의 농장에 그대로 남아 집안일을 하는 경우가 종종 있었다. 사실상 노예노동의 계속이지만 노예 주인은 이를 시각장애인에 대한 자선과 시혜로 재구성했다(Downs, 2008).

음벰베는 신체와 생명을 권력의 처분 아래 놓으면서 유용성이 사라진 사람들을 죽음의 위협에 유기하는 권력을 죽음정치적 권력이라고 불렀다. 죽음정치의 기원을 설명하기 위해 음벰베는 대서양 노예제로 거슬러 올라간다. 그는 노예의 몸을 관통하는 죽음정치적 폭력이 노예를 "살아 있는 죽음"의 상태에 놓이게 한다고 썼다.

> 노예는 노동의 도구로서 가격이 매겨진다. 노예는 재산으로서 가치를 지닌다. 노예노동은 필요하고 유용하다, 따라서 노예는 살려 놓아야 한다. 그러나 노예는 살아 있지만, '손상입은 상태(state of injury)'에 있고, 유령과 같은 강렬한 공포와 잔인함과 모독의 세계에 놓인다. 노예적 삶의 폭력성은 노예 감독관이 휘두르는 잔인하고 참을성 없는 폭력과 노예의 몸이 느끼는 고통의 스펙터클로 표현된다. 여기서 채찍질 같은 폭력은 습관적 요소가 되고, 노예의 목숨을 앗아 가기도 한다. 노예의 삶은 여러 면에서 '살아 있는 죽음(death-in-life)'으로 존재한다. … 노예의 삶은 다른 사람에 의해 소유된 '물건(thing)'과 같은 것이기 때문에, 노예는 완전히 그림자 같은 존재인 것이다(Mbembe, 2019: 75).

사회학자 올랜도 패터슨(Orlando Patterson)의 표현을 빌리면, 노예가 된다는 건 사회로부터의 "완전한 소외(total alienation)", 일종의 "탈(脫)사회화"를 의미한다(Patterson, 1985: 67). 패터슨은 노예에게 성(姓)이 없고, 주인이 바뀔 때마다 새로 이름이 부여된다는 것이야말로 노예가 태생적으로 소외된 존재라는 증거라고 보았다(Patterson, 1985: 55). 그러나 대서양 노예무역에서 '노예가 된 아프리카인들(enslaved Africans)'은 처음부터 노예가 아니었다는 사실을 잊어서는 안 된다. 인간 약탈의 표적이 된 아프리카 여러 부족 사람들은 노예화와 인종화(racialization)를 거쳐야 아메리카 플랜테이션의 '흑인 노예'가 될 수 있었다. '살아 있는 죽음'과 '완전한 소외'를 생산하는 노예화와 인종화는 인간을 친족과 고향으로부터 떼어 내는 시초 폭력을 통해 탄생한 것이었다.

15세기 포르투갈 왕실 연대기 작가 고메스 이아네스 지 주라라(Gomes Eanes de Zurara)는 대서양 노예무역의 초기 모습을 기록으로 남겼다. 주라라는 연대기에서 1444년 포르투갈 남부의 항구 도시 라고스 외곽의 한 들판에서 열린 노예시장에 대해 서술했다. 서아프리카 기니에서 노예사냥꾼에게 포획된 아이제겐(Idzāgen)[4]인 235명이 남성, 여성, 아이 등 여러 그룹으로 나뉘어 팔려 나가는 모습을 기록한 것이다(Zurara, 1453: 132~135; More, 2019: 75 재인용). 노예시장에서 가족은 해체되고 부모와 자식은 각기 다른 곳으로 팔려 갔다. 인간의 상품화는 '사물화'인 동시에, 사회적 관계가 해체되고 생물학적 삶만 남는 것을 의미했다.

스페인·포르투갈 문화 연구자 안나 모어(Anna More)는 주라라의 연대기에 나오는 노예화를 분석하면서 '죽음경제(necroeconomics)'의 개념을 빌려온다. 포르투갈이 시작하고 영국, 네덜란드, 프랑스가 뒤따라 뛰어든 대서양 노예무역이야말로 이윤의 체계적 보장을 위해 '죽도록 내버려 두는' 혹은 '죽여도 되는' 인구가 상존하는 죽음경제였다는 것이다. 죽음경제는 비교문학자 워런 몬탁(Warren Montag)이 창안한 개념으로, 몬탁은 18세기 잉글랜드의 산업화 시기에 경제적 성취를 위해 노동자의 죽음을 당연시하는 경제가 성립되었다고 보고, 이를 죽음경제라고 개념화했다(Montag, 2005: 7~17). 몬탁의 죽음경제는 물론 음벰베의 죽음정치에서 영감을 받은 개념이다.

모어는 몬탁의 개념을 수용하면서도, 죽음경제가 처음 출현한 장소는 18세기 잉글랜드가 아니라 15세기 포르투갈의 노예무역항이었다고 수정한다. 노예무역을 경유해 확립되는 국가 주권과 시원적 자본축적은 산업화에 앞서 죽음경제의 도래를 알리는 첫 신호였다는 것이다(More, 2019: 77). 아울

---

4   아이제겐은 사하라 서부의 베르베르인을 가리킨다.

러 모어는 주라라가 노예가 된 아프리카인의 피부색이 다양하다는 데는 경탄하면서도 아이제겐인은 모두 '블랙(black)'이라고 표현한 대목에 주목했다(More, 2019: 88). 노예로 매매되는 사람은 '흑인'으로, 노예 매매로 이익을 얻는 기독교도 포르투갈인은 '비(非)흑인(non-black)'으로 표기함으로써, 주라라는 '검은 피부'와 '노예'를 연결 짓는 인종화를 수행하고 있었다. '검은 피부의 인간'이 포르투갈인과 구분되고, 가축처럼 팔릴 수 있고, 이윤을 위한 노동을 강제당하고, 쓸모가 다하면 폐기되는 '노예'로 탄생하는 순간이었다.

노예사냥과 인간 약탈의 희생자가 된 노예는 사회적 성원권을 제한당함으로써 인간 이하의 인간, 즉 비인간이 된다. 노예의 비인간화는, 우선 언어의 박탈을 통해 이뤄진다. 비인간화는 인간과 비인간 사이의 신성불가침한 구분 기준이라 여겨지는 언어를 상실함으로써 시작된다. 언어의 상실, 즉 로고스의 상실은 노예를 침묵하게 만들고 공감과 인정을 받을 자격을 주장할 수 없는 존재가 되게 한다(Seshadri, 2012: ix). 노예 주인이 노예의 글 배우기를 엄격히 금지하고, 노예를 벌할 때 입에 아이언 머즐(iron muzzle) 같은 재갈을 물렸다는 사실은 그래서 상징적이다. 인간의 언어를 빼앗김으로써 노예는 '말하는 짐승(Dictio Grex, talking animals, speaking livestock)'으로 전락하는 것이다.

비인간화의 다음 단계는 노예 지위의 세습을 통한 동물화이다. 대서양 노예제는 대물림에 기반하고 있었다. 지위의 세습을 통한 노예의 재생산은 가축의 경우처럼 모계 혈통을 따라 이뤄졌다. 1662년 버지니아 식민지 노예법에 나오는 '자손은 낳는 배를 따른다(partus sequitur ventrem)'는 원칙은 친족으로부터 체계적·조직적으로 분리된 사람이 노예제 계보 속에 재배치되는 과정에서 동물화가 어떻게 관여하는지 보여 준다.

'자손은 낳는 배를 따른다'는 원칙은 로마법과 중세법에서 기원을 찾을 수 있다. 로마법에서 노예 소유주는 여자 노예에게서 태어난 자녀에 대해 "소와 마찬가지"의 권리를 요구할 수 있었다. 중세 신학자 토마스 아퀴나스

(Thomas Aquinas)는 "경작지에 나는 생산물은 씨 뿌린 자의 소유다. 여자의 자궁과 씨의 관계는 땅과 씨 뿌리는 자의 관계와 같다"라고 했다. 또한 13세기 스페인 카스티야의 알폰소 10세가 만든 법령집 『7부 법전(siete partidas)』에는 "노예는 사람이라기보다 물건이기에 상업 거래 물품으로 여겨진다. 노예의 소유권은 물건과 마찬가지로 획득된다. … 따라서 노예 어머니에게 태어난 자는 아버지가 자유민이라도 노예가 된다. … 어머니를 소유한 자가 자식도 소유한다. 이는 양의 주인이 새끼 양의 주인인 것과 마찬가지"라고 명시되어 있었다. 로마법과 중세법, 13세기 남유럽의 『7부 법전』에서 노예와 가축을 연결하는 논리가 17세기 영국 식민지 정착민 입법자들에 의해 전유됨으로써, 노예의 모계 세습 원칙이 수립되었다(Morgan, 2018: 4).

노예라는 지위를 대물림하기 위해서는 노예 여성이 낳은 자식은 노예가 된다는 원칙을 명확히 할 필요가 있었다. 노예 여성의 재생산 능력과 모성 실현은 노예제의 인종적 의미가 구체화되는 데 필수적인 도구였다. 버지니아 식민지의 입법자들은 모계 세습의 원칙을 법에 새겨 넣음으로써, 정착 식민지 초기의 50여 년 동안 허용되던 자율성과 유동성을 종식하고 노예 세습과 인종과의 관계를 공고히 했다. 이로써 이미 대서양 세계에 널리 퍼지고 있었던 노예의 인종적 세습이 법에 기입되었다(Morgan, 2018: 1~2).

버지니아 식민지의 영국계 정착민 노예 소유주들은 1662년 노예법 제정으로 노예가 된 사람들의 지위는 부계가 아니라 모계를 따라 세습된다는 로마법과 중세법을 재확인했다. '자손은 낳는 배를 따른다'는 원칙이 법에 기입됨으로써 자식은 어머니가 자유민인가 노예인가에 따라 신분이 정해지게 되었다. 1662년 버지니아 노예법은 동물을 다루는 법의 언어가 인간의 법으로 옮겨 오는 과정을 통해 만들어졌다. 가족, 가문, 혈통이 아니라 재산과 가축의 언어에 뿌리를 두고 노예법이 만들어짐으로써 백인 자유민 아버지와 아프리카인 여성 노예 사이에 태어난 자식은 '사생아'가 아니라 '노예'로 규정되었다(Morgan, 2018: 3~5).

동물화가 비단 흑인에게만 해당되는 일은 아니다. 누군가를 향한 날선 적대와 잔혹한 폭력과 죽음의 처분이 그 누군가를 '인간 이하'로 규정하는 일과 맞물린다는 사실은 역사를 통해 충분히 입증된 바다(황정아, 2017: 85). 최근에는 나치 홀로코스트의 인간학살과 미국 공장식 축산업의 동물학살 사이의 연속성에 주목한 찰스 패터슨(Charles Patterson)의 『영원한 트레블링카: 동물에 대한 처우와 홀로코스트(Eternal Treblinka: Our Treatment of Animals and the Holocaust)』[5]를 비롯해, 비인간화 기제로서의 동물화와 동물학살에 대한 비판적 관심이 높아지고 있다. 그리고 이른바 '동물로의 전환(Animal Turn)'은 인간과 동물의 관계와 경계를 다시 보고 인간 중심주의와 종차별주의(speciesism)를 비판하는 출발점이 되고 있다.[6]

타자와 적을 비인간 동물에 비유함으로써 혐오해 온 데는 유구한 역사가 존재한다. 유럽에는 이교도와 비유럽인을 인간과 동물 사이의 경계적 존재, 인간보다 동물에 가까운 존재로 표현하는 오랜 전통이 있다. 동물에 가깝다는 것은 추하고 타락한 존재라는 뜻이었다. 중세 유럽 기독교 문화권에서 동물의 발굽과 뿔이 악마의 상징과 연관되고, 유대인이 동물로 묘사되는 경우를 종종 찾아볼 수 있다(Salisbury, 1994). 중세 『동물지(Bestiarium)』에서 유대인은 사람 고기를 게걸스레 탐식하는 전설의 동물 만티코라(Manticora)로 표현되었다(작가 미상, 2018: 406). 유대인은 또한 돼지의 젖을 빨고 배설물을 받아먹는 불결한 자들로 묘사되었다. '유대인 암돼지'라는 뜻의 '유덴

---

5 한국어 번역본은 찰스 패터슨, 『동물 홀로코스트: 동물과 약자를 다루는 나치식 방식에 대하여』, 정의길 옮김(서울: 휴(休), 2014).

6 서구 학계에서 '동물로의 전환'이 일어난 배경에는 인간 가까이 존재해 왔으나 보이지 않던 비인간 동물에 대한 관심이 환기되고, 인간과 동물을 나누는 경계라고 인식되었던 도구 사용, 의사소통 수단으로서의 언어 같은 요소들이 동물 연구, 동물학, 동물사 연구를 통해 심각하게 흔들리기 시작했다는 사실이 있다. 국내 논문으로는 송충기(2018: 212~241) 참조.

자우(Judensau)' 도상은 잘 알려진 사례다(Mills, 2006: 51). 백호주의를 표방하던 19세기 말 오스트레일리아에서는 중국인 이민자를 무엇이든 닥치는 대로 먹어 치우는 병든 메뚜기 떼에 비유함으로써 중국인 혐오를 노골적으로 드러내기도 했다(Evans, Saunders, and Cronin, 1975: 294).

흑인의 동물화는 다른 소수자의 동물화와 무엇이 다를까? 첫째, 근대국가의 생명정치와 죽음정치, 근대 자본주의와의 구조적 관련성이라는 점에서 다르다. 흑인의 동물화는 서구 문명이 함부로 '야만'으로 낙인찍은 비서구 세계를 정복하고 식민화하면서 폭력과 파괴를 일삼은 역사와 중첩되는 현상이고, BLM에서 보듯이 현재까지도 짙은 그림자를 드리우고 있다. 어떤 생명이 보호받을 가치가 있고 어떤 생명은 그렇지 않은지 결정하는 푸코적 생명정치(biopolitics)가 '인종'과 만날 때 흑인은 폐기 가능한 인구로 여겨지고(버틀러, 2020: 20~21), 음벰베가 말했듯이 죽음정치적 권력의 폭력 앞에 내던져지게 된다. 백인 권력에 의한 아프리카인의 노예화와 동물화라는 폭력 없이는 자본주의의 탄생을 논할 수 없을 만큼 노예제와 근대 자본주의 경제체제의 등장은 밀접히 관련된다. 근대 자본주의는 인종 자본주의(racial capitalism)로 출발했으며, 인종 자본주의 체제는 지금도 계속되고 있다. 인종 자본주의는 한마디로 하면, '인종주의 없이 자본주의 없다'는 문장으로 요약된다. 인종 자본주의 개념을 처음 제시한 이는 세드릭 로빈슨(Cedric J. Robinson)이었다. 로빈슨은 1983년『블랙 마르크시즘: 블랙 래디컬 전통의 형성(Black Marxism: The Making of the Black Radical Tradition)』에서 미국 자본주의를 인종적으로 위계화된 정치경제로 이론화했다. 로빈슨에 따르면, 인종 자본주의 정치경제는 전쟁, 군국주의, 제국주의적 축적, 지배를 통한 몰수, 과잉 노동착취로 구성되고, 인종 자본주의 아래 흑인성은 폐기가능성, 소모성, 평가절하의 상태를 의미한다(Burden-Stelly, 2020).[7] 그리고 더욱 중요하게는 노동시장이 인종에 따라 위계화되고 인종과 계급이 교차하는 현상이 전 지구적으로 전개되고 있으며 점점 더 심화되고 있다.

둘째, 흑인의 동물화는 19세기 인간 분류, 인종론, 진화론을 통해 합리화되고, 자연화(自然化)되었다는 점에서 다른 소수자의 동물화와 다르다. 이미 밝혀진 인종 분류와 인종 범주의 비과학성에 비쳐 본다면, '흑인', '백인', '황인' 같은 개념을 그대로 사용하는 것은 물론 적절하지 않다. 흑인의 피가 조금만 섞여도 흑인으로 분류하는 '한 방울 법칙(one drop rule)'에서 보듯이 인종 분류와 인종 범주의 자의성과 비과학성은 자명하기 때문이다.[8] 인종 개념의 자의성과 비과학성, 사회적 구성물로서의 인종을 전제한 다음 밝혀야 할 것은 타자를 분류하고 재단할 수 있는 권력을 가진 주체에 의해 인종이 어떻게 만들어졌는가이다. 18, 19세기 유럽 자연학자들과 인류학자들은 분류의 욕망에 충실했고 인종론(racialism)을 창안하고 체계화했다. 이 과정에서 흑인은 동물에 가까운 위치를 부당하게 할당받았다. 인종혐오와 연결된 동물화는 인간이 비인간 동물과 분류학적으로 갈라져 나와 '만물의 영장'으로 진화해 왔다는 계열화를 거꾸로 밟아 가는 과정, 진화 이면에 있는 퇴화(degeneration)에 대한 불안의 반영이었고, 이 불안을 인종적 타자 흑인에게 투사한 결과물이었다. 이른바 자연에서 '니그로(negro)'[9]의 위치를 놓고 각축했던 19세기 자연학과 인류학 담론의 역사에 대한 분석이 필요한 것은 이 때문이다.

자연에서 백인과 흑인의 위치에 관한 담론과 관련해, 노예제 폐지 담론에서 흑인의 동물성이 양가적으로 활용되는 방식은 주목할 만하다. 노예제 폐

---

7 인종 자본주의가 본격적으로 관심을 받기 시작한 것은 로빈슨이 새로 쓴 서문과 로빈 켈리(Robin D. G. Kelley)의 소개글이 포함된 신판이 2000년 출간되면서였다.

8 '한 방울 법칙'에 대해서는 염운옥(2019: 84~89) 참고.

9 '니그로'는 인간을 피부색으로 환원해 차별하는 19세기 생물학적 인종주의 시대에 유행한 차별어이다. 하지만 여기서는 19세기의 용법과 의미를 살리기 위해 '흑인'으로 바꾸지 않고 그대로 사용했다.

지 운동가들은 한편으로는 노예해방을 위해 노예와 동물의 유사성을 강조함으로써 대중의 동정과 연민을 얻는 전략을 구사했다. 예를 들어, 노예제 폐지 운동가 소저너 트루스(Sojourner Truth)는 노예의 비참한 처지를 가축동물에 비유함으로서 노예제를 비판하는 수사학을 선택했다. 트루스는 뉴욕 주에서 노예로 태어난 흑인 여성으로 1820년대 자녀들이 모두 노예로 팔리는 아픔을 겪었다. 트루스는 1851년 5월 29일 오하이오 주 애크런에서 열린 여성참정권 집회에서 「나는 여성이 아닌가요?(Ain't I a woman?)」라는 연설을 했는데, 이 연설은 노예제 폐지 운동과 여성참정권 운동을 접합해 인종과 젠더의 교차성 페미니즘의 길을 열었다고 평가받는다.[10] 그녀는 노예는 "말처럼 축축한 널판지 위에서 잠을 자고, 경매에서 수백 달러에 팔린다. 경매에서 팔리는 노예는 마치 양과 같은 처지"[Washington(ed.), 1993: 4, 14; Fielder, 2013: 493 재인용]라고 고발함으로써 대중의 공감에 호소했고 상당한 효과를 거두었다.

다른 한편으로 노예제 폐지 운동가들은 노예의 인간성과 흑인과 백인의 동질성을 주장함으로써 흑인 노예의 동물화에 반대하는 전략을 취했다. "나는 인간도 형제도 아닙니까?(Am I not an man or brother?)"라는 말은 영국과 미국의 노예제 폐지 운동을 상징하는 문구로 유명하다. 이 글귀는 노예는 동물이 아니라 백인과 같은 인간이기에 동물 취급은 잘못이라는 항변을 담고 있다. 1787년 영국의 도자기 제조업자이자 노예제 폐지 운동가였던 조사이아 웨지우드(Josiah Wedgwood)가 노예제 폐지 캠페인을 위해 이 문구를 흑백 카메오 메달에 새겨 제작한 것이 처음 시작이었다. 노예가 무릎을 꿇고 해방을 애원하는 도상과 이 문구는 영국과 미국에서 담뱃갑, 보석함,

---

10 소저너 트루스와 교차성 페미니즘에 관해서는 염운옥(2019: 184~189), 최재인(2018: 5~43) 참조.

설탕 그릇, 찻주전자 등 여러 물품에 널리 사용되어 노예제 폐지 운동의 아이콘이 되었다(염운옥, 2019: 134).

노예해방을 위해 한편으로는 노예와 동물의 유사성을 강조하고, 다른 한편으로는 노예의 동물성을 부정하고 인간성을 강조하는 이 전략을 어떻게 읽어야 할까? 흑인 노예도 백인과 같은 인간이라는 주장은 흑인과 백인 사이의 차이를 무효화하는 효과를 가져오는가? 역사적으로 보면, 노예제 폐지는 인종주의의 폐기를 가져오지 않았다. 오히려 이른바 '과학적 인종주의'라고 불리는 정교한 인종론이 전개된 시기는 영국과 프랑스에서 노예제가 폐지된 이후였다. 미국에서는 여전히 노예제가 존속하고 있었기 때문에 인종주의가 노골적인 노예제 옹호에 동원되었다. 노예를 동물처럼 취급해 매매하고, 모계에 따라 세습되는 지위로 간주하고, '죽여도 되는' 사람으로 대하는 관행은 흑인을 열등한 타자로 만드는 작용을 했고, 노예제가 폐지된 이후에도 영향을 남겼다. '과학적 인종주의'에서 동물을 인종론 구성에 참조하는 것은 단순한 비유가 아니었다. 인종적 타자를 동물화하는 것이야말로 인종 개념의 핵심적 구성요소였기 때문이다. 다음 절에서 살펴보겠지만, 백인과 흑인에게는 인류기원설에서 서로 다른 위치가 할당되었고, 종차별주의에 가까운 인종적 차이의 이론화가 체계적으로 이뤄졌다. 이러한 이론화는 흑인의 노예화와 동물화, 흑인 노예에 대한 죽음정치의 결과물이었다.

3. 자연에서 '니그로'의 위치

『짐을 끄는 짐승들: 동물해방과 장애해방(Beasts of Burden: Animal and Disability Liberation)』의 저자 수나우라 테일러(Sunaura Taylor)는 장애해방 운동가이자 동물해방 운동가이다. 선천적 다발성 관절 굽음증 장애인인 그녀는 어릴 때 원숭이를 닮았다는 놀림을 자주 들었다고 한다. 동물 중에 원숭이를 제일 좋아했던 테일러는 친구들의 그 말이 조롱이고 비하인 줄 나중에야 알았다고 했다(테일러, 2020: 188). 원숭이는 원숭이일 뿐인데, 어떤 인간에게 원숭이를 닮았다는 말은 왜 모욕이 되는가? 사람을 원숭이에 비유하는 것이 비하가 되는 이유는 어떤 상징과 연결되기 때문이며, 자연에서 인간의 위치에 대한 특정한 사고 체계가 그 상징에 전제되기 때문이다. 단계론적 진화의 사다리 위에 비인간 동물과 인간을 차례로 배치하는 속류진화론에 따라 인간과 원숭이 사이에 우열의 위계를 부여했을 때만, 어떤 인간을 원숭이에 비유하는 것은 모독이 된다.

흑인은 빈번하게 유인원에 비유되어 왔다. 미국 인류학자 조사이아 클라크 노트(Josiah Clark Nott)와 조지 로빈스 글리든(George Robins Gliddon)이 쓴 『인류의 유형(Types of Mankind)』(1854)에 삽입된 도판이 그 선명한 사례다. 노트는 19세기 미국에서 황열병 치료로 명성이 높았던 의사이자 인류학자로 노예제의 열렬한 옹호론자였다. 글리든은 이집트학 전문가였다. 『인류의 유형』에 수록된 한 도판은 18, 19세기 백인 우월주의 인종론을 집약적으로 보여 준다. 백인의 두개골을 나타내기 위해서 고대 그리스 조각인 벨베데레의 아폴로(Apollo Belbedere)상이 선택되었고, '니그로'의 두개골 옆에는 '니그로'의 옆모습을, 그 아래로는 어린 침팬지의 얼굴과 두개골을 놓았다(Nott and Gliddon, 1854: 458). 이 도판은 흑인이 그리스 조각으로 재현되는 백인과 태생적으로 다른 종임을 강조하고 있다. 흑인은 백인과 별개의 종(種)이고, 또 다른 종인 침팬지와 백인 사이에 존재한다는 표현이다. 흑인은 동물보다 위에 있지만 인간 중에서는 맨 아래 단계에 머물러 있다는 묘사이다. 그런데 왜 백인은 살아 있는 인간이 아니라 고대 그리스의 조각상으로 대표될까? 여기에는 백인 우월주의가 직조되는 과정에 해부학과 분류학뿐만 아니라 요한 요하임 빙켈만(Johann Joachim Winckelmann)의 미학이 작용했다는 역사적 경위가 있다.[11] 『인류의 유형』의 이 도판은 근대 인종주의 형성 과정의 여러 요소가 어떻게 결합했는지 종합적으로 보여 주는 흥미로운 사례인 것이다.

혹인의 동물화 담론의 또 다른 극단적인 사례는 영국인 에드워드 롱(Edward Long)의 악명 높은 저술이다. 자메이카 식민지 플랜테이션 소유주이자 행정관이었던 롱은『자메이카의 역사(The History of Jamaica)』(1774)에서 혹인은 오랑우탄에 가깝다고 결론 내렸다. 옮겨 적기에도 역겨운 문장이지만 인용해 보자면, 롱은 다음과 같이 주장하고 있다.

혹인과 나머지 인류 사이의 차이를 고려한다면, 혹인은 인류와 동일한 기원을 갖지만 상이한 종이라고 결론 내려야 하지 않을까? … 오랑우탄이 혹인보다 지적 능력에서 더 열등해 보이지 않는다. 혹인과 오랑우탄, 두 종 간에는 성행위가 빈번할지도 모른다. … 두 종은 호색함을 공유하는 것임이 틀림없다(Long, 1774: 356).

우습게 들릴지 모르지만, 나는 오랑우탄의 수컷이 호텐토트족 여인에게 수치스러운 상대라고는 생각하지 않는다. … 여러모로 보아, 그들은 인간보다 짐승에 더 가깝다. 피부색은 어둡고, 키가 작고 통통하다. 코는 납작하고, 마치 네덜란드 개와 같다. 입술은 두껍고 크다. 이빨은 기괴할 정도로 하얗다(Long, 1774: 364).

혹인을 인류와 다른 종일뿐 아니라 오랑우탄에 더 가깝고 심지어 성적 교섭도 가능할 것이라 보는 인식은 혹인 동물화 담론의 극단적인 사례라고 할 수 있다. 롱은 낮은 지능과 성적 문란함을 혹인 열등함의 근거로 삼는 억측의 원조인 격이다.

그러나 혹인을 동물과 연속선상에 놓는 롱과 같은 견해는 적어도 18세기

---

11 요한 요아힘 빙켈만의 고대 그리스 찬양과 백인 우월주의, 인종주의 미학의 관련성에 대해서는 염운옥(2019: 47~61) 참조.

까지는 지배적인 담론이 아니었다. 19세기 중반 '과학적 인종주의'가 확립되기 이전에도 검은 피부에 대한 부정적인 인식이 없었던 것은 아니지만, 흑인의 지성과 아름다움을 찬미하는 태도도 동시에 존재했다. 롱의 주장은 당시에도 너무 지나치게 노골적이고 선정적이라고 여겨졌다. 하지만 인간을 구분하는 기준이 점차 문화적 차이에서 신체적 차이로 옮겨 가고 생물학적 몸의 차이에 근거를 둔 인종이론이 체계화되면서 외모와 인격이 단단하게 연결되었고, 검은색은 열등함과 불결함의 상징으로 강등되고, 백색은 우월함과 순수함의 상징으로 등극했다(Mitter, 2000: 45).

흑인 동물화 담론의 보다 체계적이고 세련된 판본은 인류기원론 논쟁의 형태로 전개되었다. 19세기 인류학 담론에서는 인류의 여러 종족 간의 차이를 설명하는 데 있어서 인류일원설(monogenism)과 인류다원설(polyge-nism)이 대립했다. 인류일원설은 인류가 같은 조상에서 유래했지만 다른 지역에 거주하면서 환경의 영향으로 상이한 종으로 갈라졌다고 보는 입장으로, 성경적인 설명과 일치하기 때문에 초기 인류학 담론에서 더 많은 지지를 받았다. 한편, 인류 종족 간의 차이는 너무 크기 때문에 인류가 공통의 조상으로부터 시작되었다고는 보기 힘들고 각기 다른 지역의 다른 기원에서 유래했다고 보는 관점이 인류다원설이다. 앞서 언급한『인류의 유형』의 저자들은 인류다원설의 관점을 취했다. 그런데 인류일원설과 인류다원설이 노예제와 식민주의와 맺는 관계는 단선적이지 않다. 인류일원설은 노예제를 부정하고, 인류다원설은 노예제를 정당화한다는 단순한 해석도 가능하지 않다.

영미권에서 19세기 '과학적 인종주의'의 대표자로 거론되는 인물은 로버트 녹스(Robert Knox)이다. 녹스는 흔히 프랑스의 아르튀르 고비노(Joseph Arthur Comte de Gobineau)에 비견된다.[12] 염세주의자로서 혼혈을 문명의 쇠락 원인으로 보았던 고비노가 식민주의의 옹호자로 오해받았던 것처럼 녹스도 영국 제국의 팽창을 옹호하는 인종주의자라는 오해를 받아 왔다. 대서양 노예무역의 역사가 필립 커틴(Philip D. Curtin)은 녹스를 가리켜 "영국 인종주의의 진정한 창시자이며, 사이비-과학적 인종주의를 향해 가는 유럽의 지적 운동에서 중요한 인물"(Curtin, 1965: 377)이라고 평가했다. 커틴의 말처럼, 녹스가 인종주의 이론을 체계화한 인물인 것은 맞지만, 그렇다고 해서 녹스가 식민주의를 옹호한 것은 아니었다.

에든버러에서 존 바클레이(John Barclay)가 설립한 사설 해부학교 교사로 명성을 떨치고 있었던 녹스는 1827년 일어난 버크와 헤어(Burke and Hare) 시신 절도 사건13에 연루되어 수모를 겪었다. 해부용 시체를 얻기 위해 16명을 납치·살해한 범인 버크와 헤어는 처형되었다. 녹스는 그들로부터 정기적으로 시신을 구매했기 때문에 살인을 공모했다는 혐의를 받았으나 겨우 혐의를 벗을 수 있었다. 이 사건으로 녹스는 해임되었고 해부학자로서 생명도 끝이 났다. 이후 에든버러를 떠나 런던으로 이주해 1862년 사망할 때까지 녹스는 대중 강연과 저술로 생계를 꾸려야 했다(Richards, 1989: 377~378).

녹스는 인류다원설의 신봉자였지만 노예무역과 노예제, 식민주의에 반대했다. 인류일원설과 인류다원설이 각기 진보와 보수, 노예제 반대와 찬성에 대응한다고 단순하게 이해해서는 곤란하다는 실례가 바로 녹스의 인종론이다. 녹스는 인종과 기후와 환경을 연결했다. 녹스는 영토와 거주민의 관계를 생물화해서 인구를 영토에 고착시켰기 때문에 혼혈에 대해서도 부정적

---

12 예컨대 과학사가 마이클 비디스(Michael D. Biddiss)는 녹스를 영국의 고비노라고 말한다. 녹스와 고비노의 염세주의적 인종이론 사이에는 유사성이 존재하지만, 녹스의 저서는 고비노보다 시기가 앞선다.

13 이 사건은 시체 도굴과 매매를 금지하고 당사자와 친족의 동의를 명시하는 등 해부용 시신 공급에 대한 윤리적 규정을 처음으로 마련한 1832년 해부법(Anatomy Act)이 제정되는 계기가 되었다.

인 견해를 보였다. 그는 "자연은 노새를 만들지 않는다. 인간에게도 동물에게도 혼종은 없다. 우연히 출현할 수는 있어도 혼혈은 허약하고 불임이 된다"(Knox, 1850: 65~66)라고 했다.

각기 다른 기원을 갖는 인종은 태어난 기후와 환경에 적응해 왔기 때문에 태생의 장소가 아닌 다른 곳에서는 번성할 수 없다고 녹스는 보았다. 따라서 아프리카인을 아메리카로 이동시키는 노예무역은 부도덕할 뿐만 아니라 자연의 원리에 위반하는 일이라며 반대했다. 유럽인의 이주와 팽창에 대해서도 마찬가지로 부정적으로 보았다. 인종들에게는 자연이 각기 할당한 지리와 기후 환경이 정해져 있기에, 각 인종이 원래 살아온 공간에서 벗어나 이주하면 인종 간의 충돌은 피할 수 없게 된다고 전망했다. 백인이 진출한 열대에서 언젠가는 그곳에 태생적으로 적응한 인종인 '니그로'가 백인에 맞서게 될 것이고, 그렇게 되면 백인이 패배하는 것은 시간문제에 불과하다고 보았다. 녹스가 보기에 그의 시대에 생도맹그, 자메이카, 브라질에서 발생한 식민지 반란은 인종 전쟁의 대표적인 증거였다. 노예는 해방을 위해 투쟁할 것이고 그렇게 되면 백인과 흑인 간의 전쟁은 불가피해진다는 것이었다. 나아가 녹스가 보는 인류의 미래도 비관적이었다. 수많은 종이 자연에 굴복해 왔음을 화석 증거가 말해 주듯, 모든 종은 절멸할 것이며 인간도 거기서 예외일 수 없다는 것이다(Psomiades, 2010: 35~36).

그렇다면 녹스는 인종주의자가 아니라 인종평등론을 펼친 인물인가? 그렇지는 않다. 이 점에 대해서는 조금 더 설명이 필요하다. 녹스는 『인간의 인종(Races of Men)』(1850)에서 다음과 같이 말하고 있다.

흑인의 피부색에 관한 무모하고 공상적이고 한심한 이론들은 마치 흑인이 백인과 피부색에 있어서만 다른 것처럼 주장한다. 하지만 흑인은 피부색뿐만 아니라 모든 면에서 백인과 다르다. 흑인과 백인은 당나귀가 말이나 얼룩말과 다른 것처럼 다르다(Knox, 1850: 245).

녹스에게 있어서 인종은 동물의 종이 다르듯이 확고한 생물학적 차이에 기반하고 있는 실체였다. 나아가 녹스는 "인종은 체격보다도 지성의 면에서 더 다르다. … 인종의 지적 능력은 신체적 특성보다 훨씬 더 고정적이고, 영속적이고, 불변하며, 훨씬 더 중요"(Knox, 1873: 257~258)하다면서, 인종 사이의 신체적 차이만큼이나 도덕적·지성적 차이를 강조했다. 인간의 체격, 성격, 지성, 도덕성은 신에게서 주어진 것도 아니고 환경론적으로 만들어진 것도 아니고, "모든 것에 영향을 미치는, 불변하는, 인종이라는 신체적 특성"(Knox, 1850: 21)에 뿌리내리고 있다는 것이 그의 확신이었다. 이렇듯 녹스는 초기 생물학적 인종 개념의 확정과 전파에 중요한 역할을 했다.

흑인의 열등함과 동물성에 대해 녹스의 인식은 모순적이다. 모든 인종은 각기 자연적 권리를 갖기 때문에 흑인 노예가 해방되려는 노력은 불가피하다고 보았던 녹스의 관점에는 당시 관습적으로 받아들여지던 흑백 인종 간 우열을 부정할 가능성이 있었다. 그러나 『인간의 인종』에는 흑인의 열등성, 특히 남아프리카의 보즈먼(Bosjemen)족이나 호텐토트(Hottentots)족을 동물에 가까운 존재로 비하하는 서술이 나온다. 남아프리카 케이프 식민지에서 군외과의로 근무한 경력이 있는 녹스는 보즈먼이나 호텐토트에 대해 다음과 같이 말했다.

남아프리카의 동물이 남아메리카의 동물과 다른 것과 마찬가지로 인종도 다르다. 그들은 흑인종이다. 태양이 그들의 피부색을 어둡게 만든 것이 아니다. 예술도, 종교도, 어떤 종류의 문명도 없이, 진흙벽으로 지어진 집에 거주하며 들짐승처럼 살다가 멸망하는 데 만족한다(Knox, 1850: 164).

녹스가 남긴 텍스트의 모호함과 양가성은 결국 인종주의를 정당화하는 방향으로 수렴했다. 1850년대 녹스의 인종론은 인기를 끌면서 인종주의 정치를 뒷받침하는 논리로 수용되었으며, 아직 노예제가 있었던 미국에서는 노예제 옹호 논리로 활용되었다. 앞에서 살펴본 미국 인류학자 노트와 글리든의 『인류의 유형』이 바로 그런 사례였다. 영국에서는 인류다원설의 신봉자로 1863년 런던인류학회(the Anthropological Society of London)를 창립한 제임스 헌트(James Hunt)가 녹스의 인종생물학적 결정론을 계승해 빅토리아 시대 후기 '과학적 인종주의'를 전개했다. 녹스의 후계자를 자처한 헌트는 다음과 같이 주장했다.

> 니그로가 신체적·정신적·도덕적 특성을 원숭이로부터 상승했거나 아니면 완벽한 인간으로부터 하강했거나 간에 상관없이, 우리는 유럽 인종이 정신적·도덕적 본성에 있어서 아프리카 인종이 갖지 못한 것을 많이 갖고 있다는 사실을 알고 있다. … 지금까지 우리는 블루멘바하가 정립한 형질인류학에 따라 육체적 특성에 관심을 집중해 왔지만 이제 정신적·도덕적 특성을 보다 더 면밀히 조사할 필요가 있다. 유럽인과 아프리카인의 차이는 신체적 차이보다 정신적·도덕적 차이가 더 크기 때문에 심리적 조사와 신체적 조사를 동시에 병행해야 한다(Hunt, 1863: 3).

헌트는 자유주의자 존 스튜어트 밀(John Stuart Mill)과 대척점에서 밀의 흑인 참정권 주장을 어리석고 불합리한 견해라고 보았다. 헌트가 보기에 "니그로는 유럽인에게 자연적으로 종속되어 있고, 니그로 인종은 유럽 인종에 의해서만 인간화되고 문명화"(Hunt, 1864: 51~52)될 수 있기 때문이었다. 헌트에 의해 되살아난 녹스의 인종론은 흑인을 생물학적으로 백인과 별개의 종으로 인식하고, 흑인의 선천적 열등성을 주장함으로써 '니그로'의 자연에서의 위치를 백인 유럽인에게 종속되어 마땅하다는 억측을 정당화하는 데 활용되었다.

4. 증식하는 죽음정치와 혐오

2020년 4월과 5월, 미국에서는 대조적인 풍경이 펼쳐졌다. 백인 미국인들은 "골프 시즌을 취소하지 마라", "미용실 문을 열어라"라고 적힌 피켓을 들고 항의했던 반면, 흑인 미국인들은 "우리를 죽이지 마라", "숨을 쉴 수 없어"라는 피켓을 들어야 했다. 이 극명한 차이가 말해 주는 것은 무엇인가? 백인들이 팬데믹 위기 상황에서 국가가 수행하는 감염병 방역이 개인의 자유를 침해하는 것에 항의했다면, 흑인들은 공권력에 의해 자행되는 흑인 신체에 대한 폭력에 항의했다. 더 명확히 말하면, 백인은 국가의 생명정치에 항의했고, 흑인은 국가의 죽음정치에 항의했다. 어떤 생명이 보호받을 가치가 있고 어떤 생명은 그렇지 않은지 결정하는 생명정치가 '인종'과 만났을 때 백인과 달리 흑인은 폐기 가능한 인구로서 죽음정치의 대상이 되었다. 백인 미국인과 동등한 법적·사회적 권리, 공중보건과 복지서비스, 교육을 보장받을 때 생명정치의 규율 대상이 되었다고 말할 수 있는데, 흑인은 그렇지 못하다. 흑인은 백인 노예주, 흑백 분리주의자, 기업 소유주, 성직자, 의사, 국가권력이 생산하는 죽음정치의 대상이 되는 편에 놓여 있는 것이다(Rouse, 2021: 360~367).

음벰베는 미셸 푸코(Michel Foucault), 조르조 아감벤(Giorgio Agamben), 로베르토 에스포지토(Roberto Esposito)의 생명권력과 생명정치 논의를 계승하면서도, 이들 유럽 철학자에게 누락된 식민주의와 제국주의 문제와 대적함으로써 죽음정치적 폭력이 근대성의 역사 전체를 관통하고, 과거 제국주의와 현대 신제국주의에 내재해 있음을 폭로했다. 음벰베의 독창성은 푸코가 말하는 '긍정적인 권력', 즉 부정하고 제한하기보다는 생산하고 강화하는 권력인 생명권력과 생명정치는 '부정적 권력'이 없이는 완전히 행사되지 않는다는 점을 밝혔다는 데 있다. 긍정적 권력은 필연적으로 부정적이고 폭력적인 형태의 권력과 짝을 이룬다. 그런 의미에서 생명정치는 곧 죽음정치이고, 이것이 전개되는 맥락은 식민주의 역사와 그것의 연장으로서의 신제국주의라는 것이다. 푸코의 권력론은 유럽의 식민주의와 제국주의 시기를 다루면서도 식민주의와 정착 식민주의에 내재한 권력 문제를 완전히 누락했다는 비판을 받아 왔다(Breu, 2020: 505). 푸코와 달리 음벰베는 식민주의와 제국주의를 죽음정치를 이해하는 데 절대적으로 필수적인 요소로 들여와 이론화함으로써 흑인의 몸에 가해진 폭력을 해명하는 데 기여했다.

『죽음정치』에서 음벰베는 유럽과 미국의 생명정치는 식민지에서의 죽음정치적 '폭력'과 '채굴'과 '착취'를 고려하지 않고는 결코 이론화될 수 없다고 강조했다. 16~19세기 지구상에서 발생한 인구 이동에는 두 가지 방식이 존재했는데 바로 식민화와 노예무역이었다. 이는 인간 자체의 약탈과 자연 자원의 채굴, 서발턴 집단에 대한 노동 강제를 경제적·정치적 근간으로 삼는 방식이었다(Mbembe, 2019: 11). 노예제, 정착 식민주의, 자본주의적 이윤 추출 방식은 자유와 평등을 시민사회의 구성 원리로 삼는 계몽주의의 이면이자 대리 보충이었다. 아감벤과 에스포지토가 강제수용소와 홀로코스트를 생명정치의 가장 부정적인 발현 형태로 꼽았다면, 음벰베는 홀로코스트 예외주의를 비판하고, 수용소와 제노사이드 폭력을 전 지구적 현상으로서의 플랜테이션과 식민지를 포함하는 차원으로 확장했다. 이로써 죽음정치적 폭력은 근대성의 역사 전체와 겹쳐지는 현상이 되었고, 제국주의뿐만 아니라 신제국주의에 내장된 요소가 되었다(Breu, 2020: 506).

인종적 타자 흑인의 동물화는 근대 자본주의 경제체제의 발현 형태인 인종 자본주의를 지탱하는 요소였다. 인종 자본주의 아래 흑인은 쉽게 폐기 가능한 노동력, 함부로 다뤄도 되는 사람, 인종혐오와 인종폭력의 배설구로 전락한다. 그리고 '죽여도 되는' 사람, '죽여도 처벌받지 않는' 사람이 되는 것이다. 분류학과 인종론을 통해 정당화·자연화된 흑인의 동물화는 인종 자본주의 체제 아래서 흑인을 죽음정치의 대상으로 만들었다. 인종혐오는 이러한 죽음정치에 동반되고 죽음정치를 추동하는 감정이라고 할 수 있다.

흑인을 백인과 구별되는 종으로 분류하고, 흑인'종'은 인간보다 동물에 가깝다는 인식을 확산·지속하는 데서 대중문화가 수행해 온 역할 또한 간과할 수 없을 것이다. 인종주의적 대중문화는 동물화된 존재로서 흑인의 이미지를 반복해서 재생산하고, 무해한 것처럼 보이는 웃음과 버무려 인종혐오를 표출함으로써 흑인의 동물성과 열등함을 영속화하고 자연화하는 작용을 해왔다. 다른 몸을 가진 인간을 동물에 가까운 경계적 존재로 놓고 전시하는 프릭쇼(freak show), 짐 크로[Jim Crow, 백인 배우가 블랙페이스(blackface) 연기를 하는 흑인 캐릭터]가 출현하는 민스트럴쇼(minstrel show) 같은 장치를 통해 인종혐오는 웃음과 결합하고, 마치 자연의 질서에 맞는 합당한 감정인 양 일상에 스며들었다.

프릭쇼에 동원되었던 두 여성, 사르지에 바트만(Saartjie Baartman)[14]과 훌리아 파스트라나(Julia Pastrana)[15]의 경우를 떠올려 보자. 남아프리카 코이코이족 여성 바트만과 멕시코 인디언 여성 파스트라나는 살아서는 프릭쇼에 동원되었고, 죽어서는 해부학 표본으로 박물관에 전시되었다. 그녀들의 몸은 관람자와 과학자의 시선에 의해 낱낱이 해부되었으며, 그녀들의 시신은 박물관에 놓여 시신애호(necrophilia)의 죽음정치적 폭력을 견뎌야 했다. 바트만과 파스트라나에게는 원숭이와 인간 사이의 '잃어버린 고리(missing link)'라는 수식어가 붙여졌다. 진화를 진보와 동일시하고, 목적을 향해 가는 직선상의 상향 운동으로 진화를 이해하는 속류 다윈주의가 유행하면서 '진화의 잃어버린 고리'라는 상상은 대중적 인기를 끌었다. 인간과 유인원은 진화 과정에서 몇 만 년 전에 다른 길을 걸었기 때문에 잃어버린 고리 같은 것이 존재할 리 없다. 하지만 백인 관람자 대중은 비(非)백인 인종적 타

---

14 사르지에 바트만의 생애와 재현의 문제에 관해서는 염운옥(2019: 152~169) 참조.
15 훌리아 파스트라나에 관해서는 Garland-Thomson(2017: 35~49)와 본데손(1999) 참조.

자에게서 '잃어버린 고리'를 확인하고 싶은 욕망과 호기심을 채우기 위해 프릭쇼를 찾았다. 프릭쇼 감상은 단순한 여가 활동이 아니라 보는 주체의 정상성(正常性)에 대한 확인이고, 자신도 공유하는 인간의 동물성을 타자에게 투사하는 경험이었다. 인간도 동물이 틀림없는데 인간의 동물성은 왜 피하고 싶고 불쾌함을 낳는가? 동물성이 불쾌를 준다는 사고방식은 인간과 동물의 관계, 경계에 대한 특정한 사유 방식, 즉 인간 중심주의와 종차별주의를 전제했을 때만 성립한다. 노예와 인종적 타자의 동물화는 인간이 만들어 낸 동물들 사이의 위계질서를 재확인하는 일이었다.

오늘날 죽음정치는 비단 흑인만 겪는 일이 아니다. 근대 초 세계에서 흑인이 먼저 경험했을 뿐 누구나 '일회용' 노동자로 죽음에 내몰릴 위험에 처해 있다. 음벰베의 논의는 현대 자본주의에 의한 아프리카 대륙의 자원 약탈뿐만 아니라, 이스라엘의 팔레스타인 점령정치, 감시 기술과 수용 시설까지 죽음정치의 시야에 들어올 수 있게 했다. 현대 자본주의 체제에서 일회용 상품처럼 쓰고 쉽게 폐기되는 비정규직 노동자, 쓸모가 다하면 폐품처럼 버려지는 노동자는 점점 많아지고 있다. 쓸모없어진 사람들의 죽음이 아무렇지도 않게 일어난다. 죽음정치가 기승을 부리고 있지만, 이런 죽음들은 의미화되지 않고 거품처럼 사라지고 잊혀진다.

죽음정치가 전 지구적 차원으로 확장되고 생명정치를 포섭하는 양상이 심화되면서 이주민과 난민의 곤경도 심각해지고 있다. 아프리카와 유럽 사이의 지중해는 난민의 무덤이라 할 정도로 난민의 죽음이 일상화되고 있다. 라틴아메리카에서 미국으로 향하는 난민 행렬은 끝이 없다. 미국 샌디에이고와 맞닿아 있는 멕시코 국경도시 티후아나는 죽음정치의 수도라고 불릴 만한 공간이 되었다(발렌시아, 2021: 134).[16] 비자 없이 국경을 넘어 이동하는

---

16 원문에서는 티후아나를 고어(gore)의 수도라고 쓰고 있다.

미등록 이주자들은 '불법' 이주자로 낙인찍히고, '불법' 인간은 떼 지어 다니는 짐승으로 동물화된다. 동물처럼 떼로 몰려다니는 이주자들은 전염성 질병의 매개체 취급을 받기도 쉽다. 이주민과 난민을 동물화로 비인간화했을 때, '내가 왜 저들을 위해 내 것을 내주어야 하는가'라고 쉽게 반문하게 된다. 영국과 프랑스가 서로 책임을 떠넘기고 있는 동안 칼레에서 도버로 해협을 건너온 한 난민은 인터뷰하는 기자 앞에서 "난 이미 죽은 것 같다. 아무 쓸모도 없는 인간이 된 것 같다"(〈특파원 보고 세계는 지금〉, 2021년 12월 5일 241회)라며 울먹였다. 살아 있는 한 인간으로 하여금 자신은 이미 죽었다고 느끼게 만드는 상황, 이것이야말로 인종혐오와 죽음정치의 현주소이며, 우리가 맞서 넘어야 할 지옥이다. 전 지구적 차원에서 죽음정치가 심화되는 가운데 혐오에 맞서 연대해야 할 필요성은 더욱 절실해지고 있다.

참고문헌

누스바움, 마사(Martha Nussbaum). 2015. 『혐오와 수치심: 인간다움을 파괴하는 감정들』. 조계원 옮김. 서울: 민음사.

닐슨, 킴(Kim E. Nielsen). 2020. 『장애의 역사: 침묵과 고립에 맞서 빼앗긴 몸을 되찾는 투쟁의 연대기』. 김승섭 옮김. 서울: 동아시아.

레디, 윌리엄 (William M. Reddy). 2016. 『감정의 항해: 감정이론, 감정사, 프랑스혁명』. 김학이 옮김. 서울: 문학과지성사.

발렌시아, 사야크(Sayak Valencia). 2021. 『고어 자본주의』. 최이슬기 옮김. 서울: 워크룸프레스.

버틀러, 옥타비아(Octavia E. Butler). 2016. 『킨』. 이수현 옮김. 파주: 비채.

버틀러, 주디스(Judith Butler). 2020. 『연대하는 신체들과 거리의 정치』. 김응산·양효실 옮김. 파주: 창비.

본데손, 얀(Jam Bondeson). 1999. 『자연의 장난 원숭이 여인: 역사에 나타난 의학 미스터리 10가지』. 강주헌 옮김. 서울: 일빛.

송충기. 2018. 「역사학에서 '동물로의 전환': 짐승의 사회문화사에서 포스트휴머니즘 역사로」. ≪서양사론≫, 139호, 212~241쪽.

염운옥. 2019. 『낙인찍힌 몸: 흑인부터 난민까지 인종화된 몸의 역사』. 파주: 돌베개.

작가 미상. 2018. 『동물지』. 주나미 옮김. 인천: 오롯.

최재인. 2018. 「19세기 미국 여성운동의 시작과 노예제폐지운동」. ≪서양사연구≫, 59집, 5~43쪽.

테일러, 수나우라(Sunaura Taylor). 2020. 『짐을 끄는 짐승들: 동물해방과 장애해방』. 이마즈 유리·장한길 옮김. 파주: 오월의 봄.

〈특파원 보고 세계는 지금〉. 2021.12.5. 「영불해협 난민 보트 참사」, 241회. https://vod. kbs.co.kr/index.html?source=episode&sname=vod&stype=vod&program_code=T 2016-0337&program_id=PS-2021205203-01-000&broadcast_complete_yn=N&local _station_code=00&section_code=05&section_sub_code=06(검색일: 2021년 12월 6일)

황정아. 2017. 「동물과 인간의 '(부)적절한' 경계: 아감벤과 데리다의 동물담론을 중심으로」. ≪안과밖≫, 43권, 79~103쪽.

Apata, Gabriel O. 2020. "'I Can't Breathe': The Suffocating Nature of Racism." *Theory*

Culture & Society, Vol.37, No.7~8, pp.245~248.

Bergman, Jerry. 2002. "Darwin's Ape-men and the Exploitation of Deformed Humans." Technical Journal, Vol.16, No.3, pp.116~122.

Breu, Christopher. 2020. "Necropolitics Enfleshed." Symploke, Vol.28, No.1, pp.505~508.

Buckland, Francis T. 1888. Curiosities of Natural History. London: Richard Bentley and Son.

Burden-Stelly, Charisse. 2020.7.1. "Modern U.S. Racial Capitalism: Some Theoretical Insights." Monthly Review. monthlyreview.org/2020/07/01/modern-u-s-racial-capitalism/(검색일: 2021년 12월 10일)

Curtin, Philip D. 1965. The Image of Africa: British Ideas and Action, 1780-1850. London: Macmillan.

de Zurara, Gomes Eanes. 1453. Chronicle of the Discovery and Conquest of Guinea [Cronica do Descobrimento e Conquista da Guiné].

Downs, Jim. 2008. "The Continuation of Slavery: The Experience of Disabled Slaves duirng Emancipation." Disability Studies Quarterly, Vol.28, No.3. https://dsq-sds.org/article/view/112/112(검색일: 2021년 12월 11일)

Evans, Raymond, Kay Saunders, and Kathryn Cronin. 1975. Exclusion, Exploitation, and Extermination: Race Relations in Colonial Queensland. Sydney: Australia & New Zealand Book Company.

Fielder, Brigitte Nicole. 2013. "Animal Humanism: Race, Species, and Affective Kinship in Nineteenth-century Abolitionism." American Quarterly, Vol.65, No.3, pp.488~514.

Garland-Thomson, Rosemarie. 2017. "Julia Pastrana, the 'Extraordinary Lady'." Alter: European Journal of Disability Research, No.11, pp.35~49.

Gilbert, Olive and Margaret Washington(ed.). 1993. The Narrative of Sojourner Truth. New York: Vintage Books.

Hunt, James. 1864. The Negro's Place in Nature: A Paper Read Before the London Anthropological Society. London: Van Evrie, Horton.

_____. 1863. "Introductory Address on the Study of Anthropology." The Anthropo-

logical Review, Vol. 1, No. 1, pp. 1~20.

Hutchinson, Bill. 2020.6.6. "From Eric Garner to George Floyd, 12 Black Lives Lost in Police Encounters That Stoked Mass Protests." *ABC News*. https://abcnews.go. com/US/eric-garner-george-floyd-12-black-lives-lost/story?id=70999321(검색일: 20 21년 12월 12일)

Knox, Robert. 1873. "Ethnological Inquiries and Observations." *Anthropological Review*, No. 1, pp. 246~263.

_____. 1850. *Races of Men: A Fragment*. London: Henry Renshaw.

Long, Edward. 1774. *The History of Jamaica: Or, General Survey of the Antient and Modern State of the Island with Reflections on Its Situation Settlements, Inhabitants, Climate, Products, Commerce, Laws, and Government*, Vol. 2. London: T. Lowndes.

Mbembe, Archille. 2019. *Necropolitics*. by Steven Corcoran(trans.). Durham & London: Duke University Press.

Mills, Robert. 2006. *Suspended Animation: Pain, Pleasure and Punishment in Medieval Culture*. London: Reaktion Books.

Mitter, Partha. 2000. "The Hottentot Venus and Western Man: Reflections on the Construction of Beauty in the West." in Elizabeth Hallan and Brian V. Street(eds.). *Cultural Encounters: Representing 'Otherness'*. London & New York: Routledge.

Montag, Warren. 2005. "Necro-economics: Adam Smith and Death in the Life of the Universal." *Radical Philosophy*, No. 134, pp. 7~17.

More, Anna. 2019. "Necroeconomics, Originary Accumulation, and Racial Capitalism in the Early Iberian Slave Trade." *Journal for Early Modern Cultural Studies*, Vol. 19, No. 2, pp. 75~100.

Morgan, Jennifer L. 2018. "Partus sequitur ventrem: Law, Race, and Reproduction in Colonial Slavery." *Small Axe: A Caribbean Journal of Criticism*, Vol. 22, No. 1, pp. 1~17.

Nott, Josiah Clark and George Robins Gliddon. 1854. *Types of Mankind*. Philadelphia: Lippincott, Grambo & Co.

Patterson, Charles. 2001. *Eternal Treblinka: Our Treatment of Animals and the Holo-*

caust. New York: Lantern Books. [패터슨, 찰스(Charles Patterson). 2014. 『동물 홀로코스트: 동물과 약자를 다루는 나치식 방식에 대하여』. 정의결 옮김. 서울: 휴(休)]

Patterson, Orlando. 1985. *Slavery and Social Death: A comparative Study*. Cambridge & London: Harvard University Press.

Psomiades, Kathy Alexis. 2010. "Polygenist Ecosystems: Robert Knox's *The Races of Man* (1850)." *Victorian Review*, Vol.36, No.2, pp.32~36.

Richards, Evelleen. 1989. "The 'Moral Anatomy' of Robert Knox: The Interplay Between Biological and Social Thought in Victorian Scientific Naturalism." *Journal of the History of Biology*, Vol.22, No.3, pp.373~436.

Robinson, Cedric J. 1983, 2000. *Black Marxism: The Making of the Black Radical Tradition*. London: Zed Press; Chapel Hill: The University of North Carolina Press.

Rouse, Carolyn M. 2021. "NECROPOLITICS VERSUS BIOPOLITICS: Spatialization, White Privilege, and Visibility during a Pandemic." *CULTURAL ANTHROPOLOGY*, Vol.36, Issue 3, pp.360~367.

Salisbury, Joyce E. 1994. *The Beast Within: Animals in the Middle Ages*. New York & London: Routledge.

Seshadri, Kalpana Rahita. 2012. *HumAnimal: Race, Law, Language*. Minneapolis & London: University of Minnesota Press.

7장

혐오의 진화, 인간 진화에서의 혐오

임소연

 혐오란 무엇인가? 혐오를 표현하는 영어 단어는 'disgust, abhorrence, aversion, detestation, hate, repulsion' 등으로 다양하다. 영미권의 기존 논의에서 혐오는 쓰레기나 자연물의 고약한 냄새 혹은 징그러운 패턴 등을 회피하려는 즉각적인 거부 반응(disgust), 자신에게 위협이 되는 대상에 대한 두려움이나 공포(fear), 그리고 자신에게 과거에 위해를 가했던 대상이나 정당하지 않은 것에 대한 증오(hate) 등 의미에 따라 구분되기도 한다 (Kolnai, 2004; Mcginn, 2011). 미국 미시건대학교의 법학자 윌리엄 밀러 (William I. Miller)에 따르면, 혐오(disgust)는 영어 사전에서 메스껍고(repul-sive) 비위 상하는(revolting) 사물이나 행동을 뜻하거나 메스꺼움(revulsion) 과 증오(abhorrence), 역겨움(disgust)으로 묘사되는 반응을 일으키는 사물이나 행동을 나타내는 표현들을 포함하는 "복잡한 감정"을 가리키는 단어이다 (Miller, 1998). 이 장에서는 밀러의 이러한 정의에 따라서 혐오를 하나의 단일한 상태로 규정하기보다는 이 용어가 표현하고 있는 모든 상태들을 포괄하는 의미로 사용할 것이다.

진화론은 혐오를 이론화하는 작업에서 매우 중요한 위치를 차지한다. 혐오에 담긴 여러 가지 의미 그리고 혐오를 표현하는 여러 용어들 중에 'disgust'는 핵심에 자리 잡고 있으며, 이에 대한 논의가 진화론으로 잘 알려진 찰스 다윈의 『인간과 동물의 감정 표현』(1872)에서 시작된다는 사실에 주목할 필요가 있다. 대개의 과학이론이 그러하듯 진화론은 주로 혐오를 본질화하고 보편적인 것으로 만드는 것처럼 보인다. 이와 반대로 혐오를 특정 문화나 사회에서 구성되는 것으로 보는 이론도 존재한다. 이 장의 목적은 혐오가 생물학적으로 주어진 것인지 혹은 사회문화적으로 만들어진 것인지를 판가름하려는 데 있지 않다. 사실상 답은 이미 정해져 있지 않은가. 자연 대 양육의 케케묵은 논쟁을 혐오를 두고 다시 할 필요는 없을 것이다. 사회문화적인 영향을 완전히 배제하는 진화론과 생물학에서 완전히 자유로운 사회문화이론 둘 다 이 장의 관심사 밖에 있다. 문제는 혐오가 생물학적이면서도 사회문화적인 것이라는 사실을 '어떻게' 이해할 것이고 그 이해를 통해서 무엇을 할 수 있을지 고민하는 일일 것이다. 이 장은 혐오의 생물학적이고 진화적인 특성이 의미하는 바를 재확인하고 사회문화적인 도구로서 활용할 것을 제안하고자 한다.

1. 진화론에서의 혐오, 혐오의 생물학

진화론의 관점에서 혐오를 본다는 것은 혐오가 인류 보편의 감정이라는 전제에서부터 출발한다. 혐오뿐만 아니라 두려움, 분노, 슬픔, 기쁨 등의 감정 역시 보편적이라고 여겨진다. 고름, 구더기, 썩은 음식, 쥐 등을 실제로 보거나 떠올릴 때 혐오가 아닌 다른 감정을 느끼는 이를 상상하기란 어렵다. 진화론의 용어를 빌리면, 이러한 혐오 감정이라는 반응의 적응적 가치는 사람들이 오염되었거나 오염원에 접촉된 식품을 섭취하지 않게 하는 것이다. '오염'은 혐오를 일으키는 중요한 개념이며 혐오는 개체의 안전과 위생에 직결된 감정으로 볼 수 있다.

2004년 런던위생열대의학대학원의 과학자 발 커티스(Val Curtis)가 이끄는 연구 팀은 혐오가 감염을 피하고 질병을 예방하려는 동기와 연결되어 있다는 연구 결과를 발표한 바 있다(Curtis et al., 2004). 이 연구는 전 세계 165여 개국 출신의 7만 7천 명이 참여한 인터넷 설문조사를 근거로 했다. 설문조사 참여자들에게 20개 사진 이미지를 보고 느껴지는 혐오감을 1점부터 5점까지 점수로 표현해 달라고 요구했고 그중 14개 이미지는 2개 이미지가 짝을 이루도록 무작위로 배치되었다. 짝을 이루는 2개 이미지 중 하나는 질병과 관련되어 보이는 이미지로 다른 하나는 그와 유사한 이미지이지만 질병과 무관해 보이는 이미지로 구성되었다. 모든 이미지들은 디자이너가 오직 이 설문조사를 위해서 특별히 고안한 것들이었다. 이 대규모 설문조사의 결과를 분석한 결과, 연구 팀은 혐오에 대해서 다음과 같은 점들을 발견했다. 첫째, 잠재적으로 질병을 유발할 수 있을 것처럼 보이는 이미지에 대해 그렇지 않은 이미지보다 더 강한 혐오를 느꼈다. 둘째, 질병과 관련된 이미지에 더 큰 혐오를 느끼는 현상은 특정 국가나 사회에 국한되지 않고 세계 모든 지역에서 나타났다. 셋째, 여성이 남성보다 혐오에 대한 민감도가 높았다. 넷째, 나이가 들수록 혐오에 대한 민감도가 꾸준히 감소했다. 다섯째, 가까운 친척들의 체액보다 낯선 이들의 체액에 대해서 더 강한 혐오감을 느꼈다. 이러한 설문조사 결과는 인간의 혐오라는 감정이 감염이나 질병의 위험을 보여 주는 대상에 대한 반응으로서 진화해 왔음을 입증한다고 볼 수 있다.

혐오는 확장된 면역 체계로도 볼 수 있다. 엄밀히 따지면 면역이란 그것이 선천적으로 주어진 것이든 후천적으로 얻어진 것이든 일단 감염이 된 후에 생긴다. 즉, 질병에 대한 면역 체계를 갖추기 위해서는 먼저 그 질병에 걸리거나 감염이 되어야 하는 것이다. 그러나 혐오의 경우 감염이나 질병의 위험을 나타내는 대상을 접촉하기 전에 보는 것만으로도 미리 거부감이 들게 만들기 때문에 감염 자체를 회피할 수 있다. 위험을 감수하지 않아도 되는 면역 체계이기에 이런 면역 체계를 갖춘 개체가 생존에 유리할 것이다. 캐나다 브리티시컬럼비아대학교의 진화심리학자 마크 샬러(Mark Schaller)와 동료들은 혐오를 "행동면역계(behavioural immune system: BIS)"가 유발하는 "적응적 심리 반응"으로 보았다. 행동면역계란 병원균이나 오염 물질이 있다고 판단될 경우 작동하며, 그에 대한 반응으로 그 대상을 회피하는 행동을 일으키는 심리 상태를 가져온다(Schaller and Park, 2011). 혐오라는 심리 반응을 불러일으키는 신호로는 썩은 냄새와 같이 전염성 병원균의 존재를 분명하게 보여 주는 감각 신호도 있고 감염 우려가 있는 비위생적인 행위도 포함된다. 이러한 방식의 행동면역계는 감염의 위험 및 가능성에 대해 선제적으로 대응하는 개체의 전략으로 볼 수 있다.

그러나 이렇게 분명한 진화적 이점에도 불구하고 혐오는 인간 외의 다른 동물들에서는 뚜렷하게 나타나지 않는다. 물론 몇몇 동물들이 신맛이나 쓴맛의 먹이를 입에 넣었을 때 뱉거나 입에 넣기를 꺼리는 반응을 보인다. 그러나 인간처럼 살균한 바퀴벌레를 넣은 주스나 깨끗하게 닦은 변기에서 퍼낸 물을 마시기를 거부하는 종은 없다. 주스와 물 자체에 대한 혐오가 아니라 주스와 물이 어디에서 왔고 무엇과 접촉했는지에 대한 인지에 기반한 혐오이다. 미국 펜실베이니아대학교의 심리학자이자 혐오 연구자인 폴 로진(Paul Rozin)은 이러한 사례를 들어 인간이 갖는 혐오 반응이 원초적 혐오조차 인지적인 측면이 있다고 주장한다(Rozin and Fallon, 1987).

혐오의 인지적인 측면을 확장하면 사회적 혐오와 만난다. 인간의 언어는 원초적 혐오와 투사적 혐오 혹은 본능적 혐오와 사회적 혐오의 교차 지점을 잘 보여 준다. 로진의 제자이자 미국 버지니아대학교의 심리학자인 조너선 하이트(Jonathan Haidt)는 모든 문화와 언어에는 바퀴벌레나 똥과 같이 근본적인 혐오와 천박한 정치인이나 위선자와 같은 일종의 사회적 범죄 모두에 적용되는 적어도 하나의 단어가 있다고 말한다. 특정 인간에 대한 혐오는 썩은 음식에 대한 혐오와 마찬가지로 오염에 대한 두려움을 불러일으킨다. 로진은 한 실험에서 사람들에게 세탁한 히틀러의 스웨터를 입을 수 있는지 물었고 대부분은 그 질문에 부정적인 답변을 했다(Rozin, Haidt, and McCauley, 2000). 그는 혐오의 대상으로부터 오염의 두려움을 느끼는 것이 사회적 혐오에도 적용된다고 보고 이것이 모든 혐오의 근원이라고 말한다. 이는 히틀러에 대한 혐오 같은 사회적 혐오가 단지 언어와 비유의 문제가 아님을 보여 준다.

본능적 혐오와 사회적 혐오가 교차하는 영역은 언어적 차원에만 한정되지 않는다. 이 둘은 물질, 즉 인간의 신체로 연결되어 있다. 인간이 본능적 혐오를 느낄 때와 사회적 혐오를 느낄 때 몸에서 매우 유사한 변화가 일어난다. 대표적으로 들 수 있는 신체적 변화는 심장박동 수이다. 인간은 분노를 느낄 때는 심장박동 수가 올라가지만 혐오를 느낄 때는 반대로 심장박동 수가 떨어진다. 하이트의 실험을 살펴보자. 우선 사람들에게 미국의 네오나치와 같이 본능적 혐오와는 무관하지만 사회적 혐오를 일으킬 수 있는 대상을 영상으로 보여 주었다. 실험 참가자들은 이 영상에서 혐오감과 분노를 느꼈다고 말했고 평균적으로 심박 수는 떨어졌다. 혐오감을 강하게 느낀 이들일수록 심박 수가 더 급격히 감소했기 때문에 혐오와 심박 수 사이의 관계가 더 분명해 보였다(Sherman, Haidt, and Coan, 2006). 하이트는 이 실험이 사회적 혐오가 단지 은유나 분노가 아니라 본능적 혐오와 같은 신체적 반응임을 보여 주는 생리학적 증거라고 주장한다.

사회적 혐오와 본능적 혐오의 물질적 동질성을 보여 주는 더 강력한 증거는 뇌과학 연구에서 발견된다. 2005년 ≪인지행동신경학(Cognitive and Behavioral Neurology)≫에 "혐오의 도덕적 관계"라는 제목의 논문이 실렸다. 브라질 인지신경과학자 주르주 몰(Jorge Moll)의 연구진은 자기공명영상

(MRI)을 사용해 13명의 성인 실험 참가자들이 본능적 혐오를 느끼는 상황과 사회적 혐오나 분노를 느끼는 상황을 생각하게 하고 뇌의 혈류를 관찰했다 (Moll et al., 2005). 실험 결과 본능적 혐오와 사회적 혐오가 중복되는 뇌의 영역, 특히 안와전두엽의 측면과 내측을 활성화한다는 것이 발견되었다. 이는 이 두 혐오가 연관되어 있음을 시사한다. 안와전두엽의 측면과 내측은 불쾌한 감각 자극에 의해 활성화되고 편도체와 같이 다른 감정 관련 뇌 영역과도 연결되어 있는 부위이다. 몰의 연구진의 이 연구는 본능적 혐오와 사회적 혐오가 서로 동질적인 부분이 있지만 다르다는 점 또한 보여 준다. 두 혐오는 각각 다른 뇌의 부위를 활성화하기도 했기 때문이다. 특히 사회적 혐오가 본능적 혐오에 비해 더 최근에 진화한 부위에서 훨씬 큰 활성도를 보였다는 점이 의미심장하다. 그 부위는 더 추상적인 감정과 관련되어 있는 영역이다.

몰의 연구진은 2006년과 2007년에 연이어 추가적인 실험 결과를 내놓았다. 2006년에 공개한 실험에서는 참가자들이 낙태, 총기 규제 또는 사형과 같이 자신과 다른 도덕적 의제를 가진 자선단체에 반대할지 여부를 결정할 때도 안와전두피질 측면이 활성화된다는 결과가 나왔다(Moll et al., 2006). 인간의 뇌는 도덕적 갈등에 대해 생각하는 것만으로도 혐오감을 느낄 때와 유사하게 반응한다. 2007년의 연구는 2005년에 발표되었던 실험의 업그레이드 버전으로 사회적 혐오를 자극하는 영상에 본능적 혐오를 일으키는 요소, 예를 들어 쥐와 같은 대상이 포함되지 않았을 때도 여전히 사회적 혐오와 본능적 혐오가 동일한 뇌의 부위를 활성화한다는 결과가 재확인되었다 (Moll at al., 2007).

옥시토신이라는 호르몬 역시 혐오의 물질성을 잘 보여 준다. 옥시토신은 '포옹 호르몬'이라는 별명이 말해 주듯, 어머니가 아이를 분만할 때 대량으로 방출된다. 그러나 옥시토신은 공격성과도 연결되어 있어서 아이에게 위협이 되는 대상에게는 분노를 느끼게 한다. 이를테면, 옥시토신을 주입한 엄마 햄스터는 수컷이 위협적인 행동을 할 경우 더 공격적으로 물어뜯는다. 수컷 쥐 역시 암컷에게 구애할 때 옥시토신 분비가 증가하지만 동시에 경쟁 상대인 다른 수컷 쥐에게는 공격적인 행동을 보인다. 이는 옥시토신이 내측 전두엽피질의 신경세포를 결속시켜서 편도체가 받는 위험신호를 증폭시키고 사회적 상호작용을 하는 동안 내측 전두엽피질의 반응을 무디게 만들기 때문이다. 옥시토신은 쥐나 햄스터뿐만 아니라 인간의 행동에도 비슷하게 작용한다. 2019년에 발표된 한 실험에서, 돈을 거는 게임을 했던 실험 참가자들은 옥시토신을 코로 흡입한 후 같은 팀 사람들에게 더 많은 돈을 기부하고 다른 팀 사람들에게는 더 공격적인 모습을 보였다(Zhang et al., 2019). 옥시토신을 흡입한 후 다른 민족 집단의 사람들이 느끼는 공포나 고통에 더 둔감해진다는 실험 결과도 여럿 있다(Xu et al., 2009; Sheng et al., 2013). 반대로 고질적인 타민족 집단과 갈등이나 분쟁을 경험하는 지역에서 자란 청소년들의 체내 옥시토신 수치가 높으며 상대 집단에 대한 공감도가 낮다는 연구 결과도 있다(Levy et al., 2016).

2. 친화적 인간의 탄생, 사회적 혐오의 진화

본능적 혐오와 사회적 혐오의 교차는 혐오의 기능에서도 찾아볼 수 있다. 혐오의 물질성이 사회적 혐오가 물질적인 차원에서 본능적 혐오와 동일시될 수 있는 부분이 있음을 보인다면 혐오의 사회성은 본능적 혐오가 결국 나와 내가 아닌 존재 사이의 관계, 즉 사회적인 관계의 차원에서 작동함을 뜻한다. 본능적 혐오와 사회적 혐오 둘 다 결국은 나와 내가 아닌 것 사이의 '거리 두기' 감정이라는 점에 주목하자. 이때 내가 아닌 것은 오염물이고 혐오는 그 오염물을 회피하거나 제거하고자 하는 감정이다. 미국 하버드대학교의 심리학자 마크 하우저(Marc Hauser)는 영장류가 자신이 속한 집단과 그렇지 않은 집단을 본능적으로 구분하도록 진화하는 과정에서 혐오가 아주 적절한 도구로 사용되었다고 본다(Marc, 2006). 신체 외부에 존재하는 오염 물질을 회피하고 제거하려는 위생 관념이 그러하듯 나의 집단과 타인의 집단 사이의 거리 두기는 생존에 유용했기 때문에 자연선택에 맞서 적응적 가치를 지녔다고 볼 수 있다. 거리 두기는 인간에게서만 나타나는 것은 아니다. 많은 사회적 동물들에게서 자신이 속한 집단과 그렇지 않은 집단을 구분하는 것은 생존에 필수적이기 때문이다. 그러나 인간의 경우 이 거리 두기의 본능이 도덕적 판단과 연결된다. 하우저는 도덕적 문제가 결국 '안'과 '밖'의 문제와 깊이 연관되어 있다고 주장한다.

인간의 진화 과정에서 혐오가 담당했던 역할은 역설적으로 인간이 다른 어떤 종들에 비해서 친화력과 공감 능력이 뛰어나다는 사실에서 확인할 수 있다. 미국 듀크대학교의 진화인류학자 브라이언 헤어(Brian Hare)는 자신의 연구를 집대성한 공저서 『다정한 것이 살아남는다(The Survival of the Friendliest)』에서 혐오와 친화력의 공생관계를 잘 보여 준 바 있다(헤어·우즈, 2021). 헤어는 "적자생존"이라는 다윈의 용어가 신체적 능력이 뛰어난 개체가 살아남는다는 의미로 잘못 해석되어 왔다고 지적한다. 대신 다윈의 진화론에서 "자상한 구성원들이 가장 많은 공동체가 가장 번성하여 가장 많은 수의 후손을 남겼다"는 구절을 눈여겨보라고 주문한다. 미국 스탠퍼드대학교의 신경과학자 로버트 새폴스키(Robert Sapolsky)가 2005년에 발표한 연구에 따르면, 가장 덩치가 크고 힘이 세서 다른 개체를 제압하는 영장류는 스트레스에 시달린다(Sapolsky, 2005). 그리고 그 스트레스는 신체적 에너지를 고갈시켜서 면역 체계를 약하게 하고 결국 종족 보존에 부정적인 영향을 준다(Snyder-Mackler et al., 2016). 공격성이 높다는 것은 또한 싸워서 다치거나 목숨을 잃을 가능성도 높음을 의미하기 때문에 공격성이 높은 것이 무조건 개체에게 좋은 생존 전략은 아니다(Drews, 1996; Wilson et al., 2014).

친화력과 공감 능력은 여러 인간종 중에서 '호모 사피엔스'가 지금까지 살아남을 수 있게 하는 데 큰 역할을 했다.[1] 호모 사피엔스는 약 600만 년에서 900만 년 전 보노보와 침팬지 등에서부터 갈라져 나온 '호모'속에 속하는 여러 인간종 중 하나였다. 알려진 '적자생존'의 관점으로만 보자면 호모 사피엔스는 명백한 적자라고 보기 어려웠다. 반면 약 20만 년에서 30만 년 전 사이에 공존했던 호모 에렉투스는 훨씬 강해 보인다. 호모 에렉투스는 손도끼를 포함해 석기를 만들어 사용했으며 180년 전 아프리카를 떠나 지구 곳곳에 진출했고 불을 다룰 수 있었다. 7만 5천 년 전의 네안데르탈인 역시 유력한 후보였다. 네안데르탈인은 현재의 인간종보다 머리가 큰 근육질의 사냥꾼이었다. 운동신경과 사냥 기술이 뛰어나 인간보다 힘센 동물들도 사냥했고 동물의 가죽에 정교한 장식이 달린 옷을 만들어 입기도 했다.

호모 사피엔스의 경쟁력은 언뜻 기술에 있는 것으로 보인다. 5만 년 전부터 호모 사피엔스가 네안데르탈인을 제치기 시작한 것은 그들이 더 나은 도구를 가지고 있었기 때문이다. 투창기가 대표적인 예이다. 네안데르탈인이 사냥에 사용했던 나무 창에 호모 사피엔스는 자루를 붙였다. 이 자루 덕분에 창은 더 빨리 그리고 더 멀리 날아가 힘센 동물뿐만 아니라 날아가는 동물이나 물속의 동물도 잡을 수 있었다. 이들이 언어로 의사소통을 했을 거라고 보는 학자들도 있다. 2만 5천 년 전, 이들이 유목 생활을 끝내고 한곳에 정착하여 살기 시작하면서 삶에 필요한 기술은 더욱 발전했다. 그러나 호모 사피엔스의 최종 승리를 이끈 더 중요한 능력은 그들의 친화력이었다. 인간이 다른 인간과 공동의 목표를 이루기 위해 협력한다는 사실은 침팬지와 같은 영장류와 인간을 구분 짓는 가장 중요한 특징이다. 친화력은 단순

1 　호모 사피엔스의 생존과 친화력, 혐오에 대한 이어지는 두 문단은 『다정한 것이 살아남는다』의 해당 내용을 참조해 작성했음을 밝힌다.

한 인지능력을 넘어선다. 친화력이 높다는 것은 단순히 똑똑한 것을 넘어 개체에서 개체로, 세대에서 세대로 연결되는 인간관계와 문화를 유지하고 확장할 수 있음을 뜻한다. 호모 사피엔스는 네안데르탈인보다 더 작은 뇌를 가졌을지 몰라도 더 큰 무리를 가질 수 있었고 100명이 넘는 큰 무리를 이루어 살았던 그들에게 친화력은 무엇보다 중요한 생존 능력이었을 것이다. 호모 사피엔스는 더 높은 감수성과 더 복잡한 소통 능력, 그리고 더 뛰어난 문화를 가짐으로써 다른 인간종을 제치고 현재까지 살아남는 인간이 되었다.

친화력이 인간의 진화 과정에서 유용한 도구로 활용되어 왔다는 사실은 역설적으로 인간의 진화에서 혐오가 중요한 역할을 했음을 보여 준다. 집단과 집단 사이의 구분과 거리 두기를 추동하는 혐오가 다른 한편에서는 집단 내의 응집력을 높여서 서로 도울 수 있게 하기 때문이다. 가장 협력적인 집단이 가장 생존 성공률이 높다는 사실을 상기할 필요가 있다. 우리와 남의 상징적 구분을 본능적인 것으로 만듦으로써 공동의 타자에 대한 우리 집단의 협력을 끌어올릴 수 있다면 적응적 가치는 충분하다. 위생을 지향하는 행위가 나와 내가 아닌 물질의 구분에 근거한다면 협력을 지향하는 행위는 우리와 우리가 아닌 집단의 구분에 근거한다. 이런 의미에서 하이트는 본능적 혐오가 개인의 몸을 지켜 준다면 사회적 혐오는 집단의 몸을 지켜 주는 것이라고 보았다.

그러나 문제는 사회적 혐오가 거리 두기나 회피 혹은 거부 등을 넘어 다른 인간의 안전이나 생명을 위협하는 폭력으로 드러나는 경우다. 역사적으로 나치의 홀로코스트나 르완다에서의 집단학살, 노예무역 등이 대표적인 사례이며 최근 국내외에서 문제가 되고 있는 페미사이드도 그러하다. 자신이 속한 무리가 공동의 목표를 추구하며 협력한다는 것은 그 목표를 공유하지 않는 다른 무리의 구성원들에게 잔인해질 수 있음을 의미한다. 도대체 어떻게 이런 일이 가능한 것일까? 다른 인간을 대상으로 하는 혐오는 어떻게 이렇게 폭력적이고 잔인해지는 것일까?

미국 프린스턴대학교의 심리학자 수잔 피스크(Susan Fiske)와 라사나 해리스(Lasana Harris)는 MRI를 이용해서 약물중독자나 노숙자들의 이미지가 혐오를 유발할 때 뇌의 모습을 관찰했다(Harris and Fiske, 2006). 각각 공포와 혐오감을 느낄 때 작동하는 편도체와 인슐라가 활성화되었을 뿐만 아니라 사람과 사회적 상황을 생각할 때 주로 활동하는 내측 전두엽피질이 활성화되지 않았다. 이는 약물중독자나 노숙자를 사물로 여기고 있음을, 즉 '비인간화'하고 있음을 보여 준다. 영국 뉴잉글랜드대학교의 철학자 데이비드 리빙스턴 스미스(David Livingstone Smith)는 이러한 '비인간화'가 모든 문화권에서 발견되는 보편적인 현상이라고 말한다(Smith, 2011). 모든 인간이 생물학적으로 동일함에도 불구하고 어떤 인간이 다른 인간을 노예로 만들거나 제거하려고 할 때 상대 인간이나 집단을 '인간이 아닌 존재', 즉 '인간보다 하등한 존재'로 취급한다는 것이다. 스미스는 이런 비인간화가 특정 인간 집단이나 특정 과거의 문제가 아니라 시공간을 초월한 인간의 보편적인 문제이고 우리 모두 잠재적으로 비인간화의 대상이 될 수 있다고 보았다.

미국 하버드대학교의 사회심리학자 누어 크테일리(Nour Kteily)와 동료들이 미국인 500명을 대상으로 설문조사를 실시한 결과, 응답자 절반은 다른 민족 집단이 미국인보다 사람으로 덜 느껴진다고 답했다(Kteily et al., 2015). 100점을 만점으로 했을 때 무슬림은 미국인보다 10점 낮은 점수를 받아 가장 비인간화된 집단으로 나타났다. 예상 가능하겠지만, 중동에서 고문이나 드론 공격 등을 허용해야 한다고 답한 사람들의 비율은 무슬림을 비인간화한 사람들 집단에서 가장 높았다. 크레일리는 특정 집단을 비인간화하는 경향이 그 집단에게 위협을 느낄수록 높아진다는 점도 발견했다. 무슬림 극단주의자가 미국 보스턴 마라톤 대회에서 폭탄을 터뜨렸던 사건 전후를 비교해 보니 사건 이후 무슬림에 대한 비인간화 정도가 50% 정도 높아졌다 (Kteily et al., 2015). 이는 미국인에게만 해당하는 것은 아니다. 2014년 가자 전쟁 이후 팔레스타인과 이스라엘이 서로를 비인간화하는 정도를 조사했을 때도 결과는 비슷했다. 두 집단 모두 전쟁 이후 상대 집단에 대한 비인간화 경향이 대폭 증가했다(Levy et al., 2016; Brauneau and Kteily, 2017). 미국 예일대학교의 심리학자 필립 고프(Phillip A. Goff)는 비인간화에서 특히 유인원이 동원된다는 점을 강조한다. 미국에서의 인종혐오는 흑인을 유인원에 비유하는 '유인원화'가 인종편견보다 더 극단적인 차별과 폭력을 일으키는 기제가 된다고 본다(Goff et al., 2014). 인간이 다른 인간을 혐오하는 것은 인간 친화력의 부산물로 그 혐오의 대상을 동물로 여김으로써 그에 대한 친화력을 원천 차단한다. 사회적 혐오가 동반하는 대상의 비인간화는 인간에 대한 사회적 혐오와 비인간에 대한 본능적 혐오가 연결되는 또 다른 지점을 보여 준다.

3. 혐오와 함께 진화하기

진화론에서는 인간의 도덕적 판단 능력 역시 진화를 통해 얻어진 것이라고 본다. 도덕적 판단이 옳고 그름에 대한 판단을 가능하게 하는 심리적 체계라면 이것은 수백만 년에 걸쳐 진화해 온 뇌의 작동 체계와 분리하여 생각할 수 없다. 몰은 인간의 혐오 체계가 이데올로기나 정치적 관점과 같이 추상적인 개념 혹은 추상적인 개념과 연관되어 있는 사회집단에 대해 거부감을 갖도록 진화하는 과정에서 적응된 것이라고 본다. 이는 같은 추상적인 가치를 공유하는 집단에 친화력을 갖는 것과 자신의 집단에 위협이 되는 다른 집단을 혐오하는 것이 동전의 양면처럼 공존한다는 헤어의 이론과도 일치한다. 혐오가 인간의 진화 과정에서 적응된 감정이라는 사실은 혐오해도 괜찮다는 면죄부가 아니며 다만 혐오의 용도와 역할이 있음을 말해 줄 뿐이다. 이는 혐오가 바람직하지 않다고 해서 그것을 완전히 제거하거나 버릴 수 없음을 말해 주는 것이기도 하다.

대표적인 혐오이론가이자 철학자 마사 누스바움(Martha Nussbaum)은 혐오를 생물학적으로 주어진 '원초적 혐오'와 사회문화적 맥락에서 구성되는 '투사적 혐오'로 구분하는데 투사적 혐오는 그 표현이 말해 주듯 원초적 혐오가 특정한 개인이나 집단에게 확장된 경우이다(누스바움, 2015). 사회적 혐오가 본능적 혐오의 확장이라고 할지라도 이 둘의 '효과'는 분명히 구분된다. 고름처럼 보이는 물질이 묻은 수건을 보고 불쾌함을 느끼며 피하는 것과 접촉만으로는 전염되지 않는 질병을 가진 환자를 혐오하는 것은 효과 면에서 완전히 다르다. 현대사회의 인간은 감염병에 대한 많은 지식과 그것을 예방하거나 치료할 수 있는 기술을 가지고 있으며 모든 인간의 권리를 평등하게 존중해야 한다는 민주주의 제도를 발전시켜 왔다. 인간은 과거의 진화적 적응에 고정된 존재가 아니다. 따라서 본능적 혐오는 사회적 혐오를 정당화하는 데 사용되어서는 안 된다. 예를 들어 여성이나 장애인, 유색인종 등에 대한 혐오를 본능적 혐오와 연관시켜 정당한 혐오로 설명하는 것은 심각한 오류이다. 본능적 혐오와 사회적 혐오가 공유하는 물질성과 사회성은 인간이 혐오감을 느낀다는 것이 신체적으로 어떻게 나타나며 개체들이 어떠한 행동을 수반하는지 각각 보여 줄 뿐 한쪽이 다른 한쪽을 정당화하는 관계임을 말하는 것이 아니다.

2007년 ≪네이처(Nature)≫에 "혐오의 깊이"라는 제목의 글을 기고한 작가 댄 존스(Dan Jones)는 혐오를 완전히 제거하는 것이 불가능하다면 혐오의 역할을 인지하고 경계하며 감시할 것을 제안한다(Jones, 2007). 『트러블과 함께하기(Staying with the Trouble)』(2021)라는 도나 해러웨이(Donna Haraway)의 책 제목처럼 혐오란 결국 함께 살아가야 하는 "트러블"일지도 모른다. 21세기 과학기술 발전과 정치적 변화는 새로운 혐오의 역사를 쓰고 있기도 하다. 인공지능과 로봇 기술의 발전과 함께 등장한 여성형 인공지능과 로봇은 여성혐오가 수반한 여성에 대한 비인간화가 비인간의 여성화로 나타나고 있음을 보여 준다. 이는 사실상 동물화가 주었던 비인간화가 이제 사물화의 영역으로 넘어갔음을 예견한다. 페미니즘 리부트 세대 혹은 온라인 페미니스트라고 불리는 한국 여성들의 정치적 연대가 여성 집단을 위협하고 여성을 혐오하는 남성에 대한 혐오에서 촉발되었음을 상기한다면 혐오가 정치적 연대와 변화의 도구로 활용될 수 있는 가능성도 보인다.

혐오의 뿌리는 생각보다 깊다. 그것은 인간의 본성, 그리고 인간종의 진화와 맞닿아 있다. 그러나 인간은 여전히 진화 중이고 혐오 역시 그러하다. 그것을 적자생존이라 부르든 "우자생존"[2]이라 부르든 혐오를 적절하게 다룰 줄 아는 인간이 살아남아 진화하게 될 것임은 분명하다 하겠다.

2　『다정한 것이 살아남는다』를 감수한 신경인류학자 박한선은 감수의 글에서 적자생존 (the survival of the fittest)을 빗댄 "가장 다정한 것의 생존(the survival of the friend-liest)"을 "우자생존"이라고 번역한다.

참고문헌

누스바움, 마사(Martha C. Nussbaum). 2015. 『혐오와 수치심』. 조계원 옮김. 서울: 민음사.

해러웨이, 도나(Donna Haraway). 2021. 『트러블과 함께하기』. 최유미 옮김. 서울: 마농지.

헤어, 브라이언(Brian Hare)·우즈, 바네사(Vanessa Woods). 2021. 『다정한 것이 살아남는다』. 이민아 옮김. 서울: 디플롯.

Bruneau, E. and N. Kteily. 2017. "The Enemy as Animal: Symmetric Dehumanization During Asymmetric Warfare." *PloS one*, 12(7):e0181422.

Curtis, V., R. Aunger, and T. Rabie. 2004. "Evidence that Disgust Evolved to Protect from Risk of Disease." *Proceedings of the Royal Society of London. Series B: Biological Sciences*, Vol.271, pp.S131~S133.

Darwin, C. 1872. *The Expression of the Emotions in Man and Animals*. London: John Murray.

Drews, C. 1996. "Contexts and Patterns of Injuries in Free-ranging Male Baboons(Papio cynocephalus)." *Behaviour*, Vol.133, No.5~6, pp.443~474.

Goff, P. A., M. C. Jackson, B. A. L. Di Leone, C. M. Culotta, and N. A. DiTomasso. 2014. "The Essence of Innocence: Consequences of Dehumanizing Black Children." *Journal of Personality and Social Psychology*, Vol.106, No.4, pp.526~545.

Hare, B. and V. Woods. 2020. *Survival of the Friendliest: Understanding Our Origins and Rediscovering Our Common Humanity*. New York: Random House.

Harris, L. T. and S. T. Fiske. 2006. "Dehumanizing the Lowest of the Low: Neuroimaging Responses to Extreme Out-groups." *Psychological Science*, Vol.17, No.10, pp.847~853.

Hauser, M. 2006. *Moral Minds: How Nature Designed Our Universal Sense of Right and Wrong*. New York: Ecco Press.

Jones, D. 2007. "Moral Psychology: The Depths of Disgust." *Nature*, Vol.447, No.7146, pp.768~772.

Kolnai, Aurel. 2004. "The Standard Modes of Aversion: Fear, Hatred, and Disgust." in Barry Smith and Carolyn Korsmeyer(eds.). *On Disgust*. Chicago and La Salle, Illinois: Open Court.

Kteily, N., E. Bruneau, A. Waytz, and S. Cotterill. 2015. "The Ascent of Man: Theoretical and Empirical Evidence for Blatant Dehumanization." *Journal of Personality and Social Psychology*, Vol.109, No.5, pp.901~931.

Levy, J., A. Goldstein, M. Influs, S. Masalha, O. Zagoory-Sharon, and R. Feldman. 2016. "Adolescents Growing Up Amidst Intractable Conflict Attenuate Brain Response to Pain of Outgroup." *Proceedings of the National Academy of Sciences*, Vol.113, No.48, pp.13696~13701.

McGinn, C. 2011. *The Meaning of Disgust*. UK: Oxford University Press.

Miller, W. I. 1998. *The Anatomy of Disgust*. Cambridge: Harvard University Press.

Moll, J., F. Krueger, R. Zahn, M. Pardini, R. de Oliveira-Souza, and J. Grafman. 2006. "Human Fronto-mesolimbic Networks Guide Decisions About Charitable Donation." *Proceedings of the National Academy of Sciences*, Vol.103, No.42, pp. 15623~15628.

Moll, J., R. D. Oliveira-Souza, F. T. Moll, F. A. Ignácio, I. E. Bramati, E. M. Caparelli-Dáquer, and P. J. Eslinger. 2005. "The Moral Affiliations of Disgust: A Functional MRI Study." *Cognitive and Behavioral Neurology*, Vol.18, No.1, pp.68~78.

Moll, J., R. D. Oliveira-Souza, G. J. Garrido, I. E. Bramati, E. M. Caparelli-Daquer, M. L. Paiva, and J. Grafman. 2007. "The Self as a Moral Agent: Linking the Neural Bases of Social Agency and Moral Sensitivity." *Social neuroscience*, Vol.2, No.3~4, pp.336~352.

Rozin, P. and A. E. Fallon. 1987. "A Perspective on Disgust." *Psychological Review*, Vol.94, No.1, pp.23~41.

Rozin, P., J. Haidt, and C. R. McCauley. 2000. "Chapter 40. Disgust." in M. Lewis and J. Haviland(eds.). *Handbook of Emotions*, 2nd ed. New York: Guilford.

Sapolsky, R. M. 2005. "The Influence of Social Hierarchy on Primate Health." *Science*, Vol.308, No.5722, pp.648~652.

Schaller, M. and J. H. Park. 2011. "The Behavioral Immune System (and why matters)." *Current Directions in Psychological Science*, Vol.20, No.2, pp.99~103.

Sheng, F., Y. Liu, B. Zhou, W. Zhou, and S. Han. 2013. "Oxytocin Modulates the Racial Bias in Neural Responses to Others' Suffering." *Biological Psychology*, Vol.

92, No.2, pp.380~386.

Sherman, G. D., J. Haidt, and J. A. Coan. 2006. "Is Immorality Disgusting? Sociomoral Disgust, Throat Tightness and Heart Rate Deceleration." *Psychophysiology*, Vol. 43. pp.S89.

Smith, D. L. 2011. *Less Than Human: Why We Demean, Enslave, and Exterminate Others.* New York: St. Martin's Press.

Snyder-Mackler, N., J. Sanz, J. N. Kohn, J. F. Brinkworth, S. Morrow, A. O. Shaver, J.-C. Grener, R. Pique-Regi, Z. P. Johnson, M. E. Wilson, L. B. Barreiro, and J. Tung. 2016. "Social Status Alters Immune Regulation and Response to Infection in Macaques." *Science*, Vol.354, No.6315, pp.1041~1045.

Wilson, M. L., C. Boesch, B. Fruth, T. Furuichi, I. C. Gilby, C. Hashimoto, C. L. Hobaiter, G. Hohmann, N. Itoh, K. J. N. Koops, and R. W. Wrangham. 2014. "Lethal Aggression in Pan is Better Explained by Adaptive Strategies than Human Impacts." *Nature*, Vol.513, No.7518, pp.414~417.

Xu, X., X. Zuo, X. Wang, and S. Han. 2009. "Do You Feel My Pain? Racial Group Membership Modulates Empathic Neural Responses." *Journal of Neuroscience*, Vol.29, No.26, pp.8525~8529.

Zhang, H., J. Gross, C. De Dreu, and Y. Ma. 2019. "Oxytocin Promotes Coordinated Out-group Attack During Intergroup Conflict in Humans." *Elife*, 8: e40698.

8장

혐오에 대한 법적 대응*

홍성수

1. 들어가며

혐오(hate)라는 말이 한국 사회에 본격적으로 등장하게 된 것은 아주 최근의 일이다. 실제로 언론 기사에 언급된 키워드를 분석해 보면, '혐오'라는 단어의 사용은 2010년부터 급증하며, 이는 혐오와 차별, 혐오표현, 혐오범죄와 같은 용어가 널리 쓰이기 시작했기 때문이다. 혐오라는 말이 본격적으로 등장한 중요한 계기 중 하나가 '일간베스트 게시판'(이하 "일베")의 등장이다. 일베는 소수자·약자를 조롱하는 것을 놀이로 삼으며 엄청난 숫자의 이용자를 불러 모았는데, 특히 5·18 피해자·유족에 대한 모욕적 게시물이 문

---

* 이 글은 홍성수, 「혐오에 어떻게 대응할 것인가?: 혐오에 관한 법과 정책」, ≪법학연구≫, 30권, 2호(2019), 191~228쪽을 수정·보완한 것이다.

제가 되면서 언론에 크게 보도되었고, 정치권에서도 강력한 대응을 촉구하고 나섰다. 이때 '독일이었다면 일베 게시물은 헤이트 스피치로 간주되어 처벌받았을 것'이라는 이야기가 소개되기 시작했다. 여기서 헤이트 스피치(hate speech)를 번역한 말이 바로 혐오표현이다. 그 이후 여성혐오 반대를 표방하는 인터넷 커뮤니티 메갈리아가 등장하고, 2016년 강남역 여성 살해 사건이 발생한 이후, 여성에 대한 차별과 폭력을 일컫는 말로 '여성혐오'라는 말이 널리 쓰이기도 했다. 이때부터 혐오는 본격적으로 소수자에 대한 편견, 차별, 폭력 등을 일컫는 용어로 사용되기 시작했다.

혐오는 심각한 사회문제다. 혐오는 혐오표현, 차별, 혐오범죄, 집단살해로 드러나게 되며, 소수자 집단과 그 구성원에 대해 직접적인 해악을 끼칠 뿐만 아니라, 사회 갈등과 분쟁의 원인이 되기도 한다. 그래서 유엔을 비롯한 국제사회와 각 국가가 혐오와 차별 문제를 해결하기 위해 다양한 노력을 기울여 왔다.

그런데 이러한 혐오에 대응하는 방법은 결코 간단하지 않다. 대중요법부터 중장기적 해법, 기관별 대응부터 형사처벌까지 다양한 방법이 동원되어야 한다. 혐오가 야기하는 문제들은 다양한 층위와 여러 영역에서 동시다발적으로 폭발하기 때문에 어느 한 부분에 대한 대책을 마련하는 것으로는 결코 충분치 않으며, 범국가적·범사회적 차원의 대응이 반드시 필요하다. 이미 혐오의 심각성을 깨달은 세계 각국에서는 오랜 기간에 걸쳐 다양한 형태의 법적·제도적·사회적 대응책을 모색해 왔다. 한국에서도 혐오에 대응하기 위한 법제가 일부 있으며, 관련 법안들도 제출된 바 있지만, 산발적인 대응으로는 혐오 문제에 제대로 대응하기 어렵다. 혐오가 초래하는 다양한 사회문제를 정리하고 각 단계와 영역마다 포괄적이고 체계적인 대응 방법을 모색해야 하며, 이를 위한 입법조치도 필요하다. 이에 이 글에서는 혐오 관련 법제의 현황을 분석한 뒤, 현시점에서 필요한 법적 대응의 과제를 도출하고자 한다.

2. 혐오의 개념

1) 혐오의 일상적 의미와 사회현상으로서의 혐오

혐오(嫌惡)의 일상적인 의미는 어떤 대상을 싫어하고 미워하는 것이다. 혐오 식품이나 혐오 시설과 같이 거부감이 들거나 가까이하고 싶지 않은 어떤 것을 말하는 경우가 많다. 하지만 오늘날 사회현상으로서 '혐오'의 내용들은 개인적인 감정을 넘어서는 사회구조적인 문제로서 인식된다. 어느 한 개인의 특수하고 개별적인 감정이 아니라, 사회 전반에 퍼져 있는 집단적이고 역사적이고 사회구조적 문제를 뜻한다. 혐오는 쉽게 확산되어 여러 사람들의 마음속에 자리 잡는다는 점에서 집단적이고, 때로는 세대를 거쳐 전승되기도 한다는 점에서 역사적이며, 사회에서 학습되거나 이데올로기화된 태도나 인식이라는 점에서 사회구조적이라고 할 수 있다(김왕배, 2019: 302). '혐오주의'를 "혐오의 감정을 기저 감정으로 해서 표면화되는 여러 종류의 행위, 태도, 견해"(김용환 외, 2018: 1장)로 정의하는 것 역시 혐오가 단순히 개인 감정을 넘어서는 사회현상임을 전제한다. 또한 이러한 혐오는 소수자 집단에 대한 '차별' 문제와 관련이 있다(이승현, 2015: 11, 21).[1] 즉, 혐오는 단순히 어떤 특정 개인을 싫어하는 것이 아니라, 어떤 특정한 소수자 '집단'에 대한 배타적이고 부정적인 태도를 뜻한다.[2] 영어에서도 'hate'는 어떤 사람이나 물건을 매우 싫어하는 것(dislike)을 뜻하지만, 'hate speech, hate-monger, hate crime' 등으로 쓰일 때는 어떤 집단이나 그 구성원에 대해 적

---

[1] 여전히 '감정'이라는 말을 고집한다면, 혐오는 일종의 '차별 감정'이라고 할 수 있을 것이다(나카지마 요시미치, 2018).

[2] 혐오·혐오표현을 이런 식으로 이해하는 논의가 국어학계에서도 받아들여지고 있다(강희숙, 2018; 이정복, 2014; 2017).

대와 편견을 표현하는 것, 혐오를 하도록 부추기는 사람, 편견을 이유로 한 범죄를 뜻한다.

2) 혐오가 확산되는 원인과 발전 과정

오늘날 혐오가 확산되는 이유에 대해서는 다양한 분석들이 제시되어 왔는데, 이를 대략적으로 정리해 보면 다음과 같다. 먼저 경제적 원인을 들 수 있다. 현대사회에서는 불평등 구조가 악화되고 고용이 불안정해지면서 개인의 위치가 점점 불안해지고 있다. 이러한 개인들은 시기심이나 열등감, 불만, 우울, 공포 등의 상태에 쉽게 빠지게 된다. 이 같은 상태에서 사회나 권력자들에게 저항으로 나아가는 것보다는 손쉬운 상대를 골라서 책임을 전가하고 희생양으로 삼는 행태가 생길 수 있다. 이것이 바로 소수자 혐오의 중요한 배경이다. 집단정체성이나 획일주의 성향이 강한 사회문화적 배경에서는 이렇게 소수자 집단에게 책임을 전가하는 논리가 더욱 쉽게 확산될 수 있다. 여기에 어떤 선동가나 대중매체가 가짜 뉴스 등 허위 사실을 유포하여 대중을 현혹하고, 이를 정치적으로 이용하는 포퓰리스트 정치인이 등장하면, 혐오의 문제가 더욱 극단화될 수 있다.

이러한 혐오는 처음에는 사람들의 마음속에 머물러 있다가, 그것이 밖으로 표출되기 시작하면 걷잡을 수 없이 확산된다. 〈그림 8-1〉에서 보듯이 편견과 혐오가 혐오표현으로 표출되면, 그것이 다시 차별 행위로 이어지고, 더 나아가 혐오범죄 등의 폭력이나 집단살해로까지 발전해 나갈 수 있다.

〈그림 8-1〉은 흔히 '혐오의 피라미드'라고 불리며, 혐오가 발전해 나가는 단계를 설명한다(올포트, 2020; Anti-defamation League, 2018; 홍성수, 2018a: 84). 그 단계를 집단의 분리, 상징화, 차별, 인간성 말살, 조직화, 양극화, 학살 준비, 학살, 절멸, 부인의 10단계로 제시하기도 한다(Stanton, 1996). 이 그림은 혐오가 다양한 형태의 사회문제로 드러날 수 있음을 설명해 주는 데

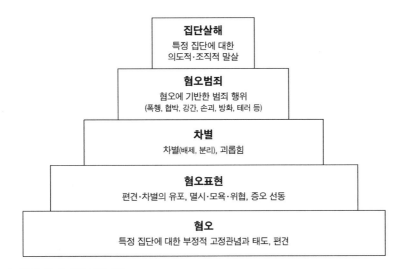

집단살해
특정 집단에 대한
의도적·조직적 말살

혐오범죄
혐오에 기반한 범죄 행위
(폭행, 협박, 강간, 손괴, 방화, 테러 등)

차별
차별(배제, 분리), 괴롭힘

혐오표현
편견·차별의 유포, 멸시·모욕·위협, 증오 선동

혐오
특정 집단에 대한 부정적 고정관념과 태도, 편견

〈그림 8-1〉 혐오의 피라미드

그 의미가 있다고 하겠다. 다만 이 그림이 단선적인 진화를 뜻하는 것은 아
니다. 편견과 혐오가 단번에 혐오범죄로 나아갈 수도 있고, 거꾸로 혐오범
죄나 차별이 만연함으로써 사회의 편견과 혐오가 더욱 강화될 수도 있다.

3) 혐오표현에서 혐오의 개념

혐오의 개념은 혐오 자체보다는 주로 '혐오표현'이라는 개념을 통해 발전
해 왔다. 따라서 혐오표현에 관한 논의를 참조하여 역으로 혐오의 의미를
밝혀 보고자 한다. 유럽평의회에서는 1993년 유럽평의회 각료위원회의
1997년 권고 20호를 기반으로 혐오표현을 "인종적 증오를 퍼뜨리고 선동하
고 고취하고 정당화하는 모든 형태의 표현, 제노포비아, 반유대주의, 또는
불관용에 근거한 또 다른 형태의 증오"(Council of Europe Committee of Mi-
nisters, 1997; Council of Europe)라고 설명하고 있다. 그러니까 이러한 정의
에 따르면 혐오는 단순한 개인적 감정이 아니라, 제노포비아, 반유대주의

등의 이데올로기에 기반하여 특정한 사람이나 집단을 대상으로 증오하는 것을 뜻한다(Weber, 2009: 3). 유네스코(UNESCO)가 발간한 2015년 '온라인 혐오표현에 대항하기'라는 문서에서는 혐오표현을 "특정한 사회적·인구학적 집단으로 식별되는 대상"에 대한 차별, 적의, 폭력의 선동으로 정의한다(Gagliardone, 2015: 103). 국제인권단체인 Article 19는 혐오표현을 "차별, 적대감, 폭력을 선동하는 국가적·인종적·종교적 증오에 대한 모든 옹호"라고 규정한다(Article 19, 2009).

국제인권조약 중에서는 시민적 및 정치적 권리에 관한 국제규약(International Covenant on Civil and Political Rights, 1966)과 모든 형태의 인종차별 철폐에 관한 국제협약(International Convention on the Elimination of All Forms of Racial Discrimination, 1965)에서 혐오표현의 개념이 규정되어 있다. 시민적 및 정치적 권리에 관한 국제규약 제20조 제2항은 "차별, 적의 또는 폭력의 선동이 될 민족적·인종적 또는 종교적 증오의 고취는 법률에 의하여 금지된다"라고 규정하고 있고, 모든 형태의 인종차별 철폐에 관한 국제협약 제4조는 "인종적 우월성이나 증오, 인종차별에 대한 고무에 근거를 둔 모든 관념의 보급"을 범죄로 선언하고 있다. 최근 유엔에서 발표한 '혐오표현에 관한 전략과 행동계획'에도 혐오표현에 관한 정의가 담겨 있다(UN, 2019).

> 혐오표현: 어떤 사람이나 어떤 집단과 관련하여 그들이 누구인가를 근거로, 달리 말하면 그들의 종교, 종족, 국적, 인종, 피부색, 혈통, 성 또는 기타 정체성 요소(identity factor)를 근거로 하여 이들을 공격하거나 경멸적이거나 차별적인 언어를 이용하는 말, 문서 또는 행동으로 하는 모든 종류의 소통.

거의 비슷한 시기에 한국 국가인권위원회에서 발간한 혐오표현 리포트(2019)에도 비슷한 개념이 제시되어 있다.

혐오표현: 성별, 장애, 종교, 나이, 출신지역, 인종, 성적 지향 등을 이유로 어떤 개인·집단에게, 1) 모욕, 비하, 멸시, 위협, 또는 2) 차별·폭력의 선전과 선동을 함으로써 차별을 정당화·조장·강화하는 효과를 갖는 표현.

이러한 혐오표현 개념을 참조한다면, 혐오란 성별, 장애, 종교, 나이, 출신지역, 인종, 성적 지향 등의 정체성 요소를 이유로 어떤 개인이나 집단에 대해서 경멸적·차별적·비하적 인식이나 태도를 갖는 것을 뜻한다고 할 수 있다. 이와 관련해 단순한 생리심리적인 원인에 근거하며 특정 대상에 정향되어 있지 않은 '혐오(disgust)'와 사회계층적인 원인에서 의해 발생하며 특정 대상을 향하는 '증오(hate)'를 구분하는 견해도 있다(이준웅·박장희, 2018: 4~10). 이러한 논법에 따르면, 앞에서 '사회현상으로서의 혐오'라고 개념화한 것은 '증오'에 해당한다고 할 수 있을 것이다. 하지만 나는 '혐오'라는 용어를 넓은 의미로 사용하는 것을 지지한다. 왜냐하면 현실에서는 혐오와 증오를 구분하는 것이 결코 쉬운 일이 아니며, 혐오와 증오를 구분해서 규제하는 것도 실익이 별로 없기 때문이다.3 혐오이건 증오이건 그것이 표출될경우 맥락에 따라 중대한 사회적 해악을 끼칠 수 있다는 점을 인식하는 것이 중요하다. 그렇게 본다면 혐오와 증오를 구분하기보다는 '혐오'라고 통칭하면서 그것이 표현되었을 때의 여러 행태를 유형화하는 것이 바람직하다고 생각한다. 최근에는 언론 보도는 물론이고, 공공기관, 학계, 시민사회에서 공히 혐오표현이라는 용어가 널리 사용되고 있음도 참조할 필요가 있다. 실제로 그동안 'hate speech'의 번역으로는 차별적 표현(서보건, 2015),

---

3　이준웅·박장희(2018: 11)는 혐오발언의 예로 "미친 사람의 말을 들을 필요 없다"를, 증오 발언의 예로는 "그들을 가둬 두어야 한다"를 들고 있지만, 후자가 전자보다 늘 더 해악이 큰 것은 아니다. 맥락에 따라서는 전자의 발언도 물리적 행동을 촉발하는 위험을 야기하는 것이 얼마든지 가능하다.

증오언설(최철영, 2015), 증오표현행위(박용숙, 2014), 증오표현언론(박배근, 2003), 증오발언(이준웅·박장희, 2018), 적의적 표현행위(조소영, 2002), 증오언론(심경수, 2007), 헤이트 스피치(류지성, 2016; 정소영, 2015), 혐오언론(이재진, 2000), 혐오발언(유민석, 2015; 이정념, 2016) 등이 사용되어 왔으나, 최근에는 법학계·사회과학계를 불문하고 혐오표현이라는 말이 더욱 널리 사용되고 있다(이준일, 2014; 김민정, 2014; 이주영, 2015; 홍성수, 2015; 박해영, 2015; 김지혜, 2015; 김수아 외, 2015; 이승현, 2016; 이승현, 2016; 박지원, 2016b; 문연주, 2017; 이광진, 2017; 박호현 외, 2017; 배상균, 2017; 이승선, 2018; 박용숙, 2018; 유민석, 2019; 박승호, 2019, 권경휘, 2020; 음영철 외, 2021). 공공기관의 각종 자료에서도 혐오표현이라는 말이 널리 사용되고 있다(이수연 외 2019; 방송통신심의위원회, 2014; 조소영 외, 2016; 박지원, 2016a; 조규범, 2016, 2017; 홍성수, 2016b; 박미숙·추지현, 2017; 국가인권위원회 혐오표현 리포트 작성 팀, 2019; 김영한 외, 2020).

4) 중간 결론

정리하자면, 혐오표현은 특정 개인이나 집단에 대해 고정관념이나 편견을 조장하거나, 멸시, 모욕, 위협하거나, 차별·폭력을 선동하는 행위로서 차별을 정당화, 조장, 강화하는 효과를 갖는 행위를 뜻하는 것으로 광범위하게 사용하는 것이 바람직하다. 그렇다면 '혐오'는 특정 개인이나 집단에 대한 차별적인 생각이나 태도를 뜻하는 것이라고 할 수 있다.

그렇다면 혐오는 구체적으로 어떤 식으로 발현되는 것일까? 이와 관련해 참고할 수 있는 것이 바로 혐오의 진화 단계를 보여 주는 '혐오의 피라미드'((그림 8-1))이다. 이 그림의 가장 아래에 있는 편견과 혐오를 밖으로 드러내어 발화하면 '혐오표현'이 되는 것이고, 그것을 실행으로 옮겨 차별하고 괴롭히고 배제, 분리를 하면 '차별'이 되는 것이다. 더 나아가 편견과 혐오에 기반해 범죄를 저지르면 '혐오범죄(hate crime)'가 되고, 그것이 제노사이드로 이어지는 경우도 있다. 이 그림은 편견과 혐오가 반드시 이렇게 단선적으로 진화한다는 것을 보여 주는 것은 아니다. 때로는 편견과 혐오가 차별이나 혐오범죄로 직결되기도 하고, 거꾸로 혐오범죄나 차별의 현실이 편견과 혐오를 강화하기도 하기 때문이다. 그보다는 편견과 혐오가 이렇게 다양한 형태로 발현될 수 있다고 이해하면 될 것이다.

한편 혐오대응이라는 측면에서 보면 어느 한 부분에 대한 대응보다는 체계적이고 종합적인 대응이 필요함을 보여 주는 그림이라고 할 수 있다. 혐오의 법제화라는 측면에서 보면 어느 단계에서 법적 대응 조치가 필요한지를 가늠해 볼 수 있는 그림이기도 하다. 다음 절에서는 각각의 단계에서 발현되는 혐오의 문제를 해결하기 위한 법령을 '혐오 관련 법제'라고 칭하고, 혐오표현, 차별, 혐오범죄에 관한 기존의 법령과 법안, 그리고 향후 과제를 차례로 진단하려고 한다.

3. 혐오 관련 법제의 현황

1) 혐오표현 관련 법제

혐오 그 자체를 규제하는 방법은 없다. 따라서 혐오를 밖으로 드러냈을 때, 즉 혐오표현에 이르렀을 때부터 그 대응이 가능하다. 현재 혐오표현에 관한 법규제가 부분적으로 시도되어 왔으며, 관련 법안도 몇 차례 발의된 바 있다.

(1) 법령
혐오표현을 직접적으로 규율하는 단일 법률이나 형법상의 구체적 내용은 없지만, 장애인차별금지 및 권리구제 등에 관한 법률(이하 "장애인차별금지법"), 방송법, 방송심의에 관한 규정(이하 "방송심의규정"), 방송광고심의에 관한 규정(이하 "방송광고심의규정"), 정보통신망 이용촉진 및 정보보호 등에 관한 법률(이하 "정보통신망법"), 정보통신에 관한 심의규정(이하 "정보통신심의규정"), 언론중재 및 피해구제 등에 관한 법률(이하 "언론중재법"), 언론중재위원회 시정권고 심의기준(이하 "언중위 심의기준"), 옥외광고물 등의 관리와 옥외광고산업 진흥에 관한 법률(이하 "옥외광고물법") 등에 혐오표현을 규율하는 내용이 담겨 있다.[4]

① 장애인차별금지법

장애인차별금지법에서는 "집단 따돌림, 방치, 유기, 괴롭힘, 희롱, 학대, 금전적 착취, 성적 자기결정권 침해 등의 방법으로 장애인에게 가해지는 신체적·정신적·정서적·언어적 행위"(3조 21호)를 괴롭힘이라고 정의하여 금지하고 있고(32조), 특히 학교, 시설, 직장, 지역사회에서 장애인(또는 장애인 관련자)에 대한 집단 따돌림, 모욕감 주기, 비하를 유발하는 언어적 표현·행동(32조 3항)과 장애인의 수치심을 자극하는 언어표현, 희롱(32조 5항)을 금지하고 있다. 즉, 장애인차별금지법상 금지되는 행위에는 장애인에 대한 모

---

4 최종선(2018: 36~38)은 혐오표현을 다루는 법률로 장애인차별금지법, 문화기본법, 방송법 등을 들고 있다. 다만, 문화기본법은 문화 표현과 활동에서의 '차별금지'를 다루고 있다고 보는 것이 적절하며, 혐오표현 관련 법령이라기보다는 차별금지 법령에 해당한다고 하겠다. 다른 한편, 박미숙·추지현(2017: 4장)과 정다영(2018: 146 이하)은 혐오표현 규제 입법으로 형법상 명예훼손죄·모욕죄, 장애인차별금지법, 정보통신망법을 들고 있다. 형법상 명예훼손죄·모욕죄, 장애인차별금지법, 형법상 명예훼손죄·모욕죄 등으로 혐오표현 중 일부를 처벌할 수 있기 때문에 서로 겹치는 부분이 있지만, 결과적으로 겹치는 영역이 있는 것일 뿐 규율 목적이 상이하기 때문에 혐오표현 관련 법령이라고 보기는 어렵다고 생각된다.

욕, 비하를 유발하는 언어적 표현, 수치심을 자극하는 언어표현, 희롱 등이 포함되어 있고, 이것은 장애인에 대한 혐오표현을 금지하는 조항이라고 할 수 있다.

② 방송 관련 법령

방송법에 따르면, 방송통신심의위원회가 방송의 공정성 및 공공성을 심의하도록 하면서 방송심의에 관한 규정을 제정, 공표(33조)해야 한다. 또한 이 심의규정은 "인종, 민족, 지역, 종교 등을 이유로 한 차별금지에 관한 사항"(33조 2항 8호)을 포함하도록 규정하고 있다. 이에 따라 제정된 방송심의 규정은 "방송은 지역 간, 세대 간, 계층 간, 인종 간, 종교 간 차별·편견·갈등을 조장하여서는 아니 된다"(29조)라고 규정하고 있다. 또한 성평등과 관련해 "성차별적인 표현을 하여서는 아니 된다"(30조 1항), "성별 역할에 대한 고정관념을 조장하여서는 아니 된다"(30조 3항)가 있으며, 문화다양성과 관련해서는 "특정 인종, 민족, 국가 등에 관한 편견을 조장하여서는 아니 되며, 특히 타민족이나 타 문화 등을 모독하거나 조롱하는 내용을 다루어서는 아니 된다"(31조)가 있다(전창영 외, 2018).

방송법에서는 방송통신심의위원회가 방송'광고'의 공정성·공익성에 관한 사항도 심의하도록 하고 있으며(32조, 33조), 방송광고심의에 필요한 사항을 별도 규칙으로 정하도록 하고 있다(4조 3항). 이에 따라 제정된 방송광고심의에 관한 규정에는 "국가, 인종, 성, 연령, 직업, 종교, 신념, 장애, 계층, 지역 등을 이유로 차별하거나 편견을 조장하는 표현을 하여서는 아니 된다"(13조)는 내용이 포함되어 있다.

요컨대, 현행 방송 관련 법령이 혐오표현을 직접 다루거나 그런 개념을 사용하고 있는 것은 아니지만, 위와 같은 규정에 따라 방송이나 방송광고에서의 혐오표현은 얼마든지 규제될 수 있다고 봐야 할 것이다.

③ 정보통신 관련 법령

정보통신망법에서는 정보통신망을 통한 불법 정보의 유통을 금지하면서, 방송통신위원회가 방송통신심의위원회의 심의를 거쳐 정보통신서비스 제공자 또는 게시판 관리·운영자로 하여금 그 취급을 거부·정지 또는 제한하도록 명할 수 있도록 하고 있다(44조의 7). 이러한 업무를 수행하기 위해 방송통신심의위원회는 정보통신심의규정(방송통신심의위원회 규칙)을 제정하고 있는데, 이 심의규정 8조는 선량한 풍속, 기타 사회질서를 위반하는 내용을 규정하면서 "특정 종교, 종파 또는 종교의식을 비방, 왜곡하거나 조롱하는 내용", "장애인, 노약자 등 사회적인 소외계층을 비하하는 내용", "합리적 이유 없이 성별, 종교, 장애, 연령, 사회적 신분, 인종, 지역, 직업 등을 차별하거나 이에 대한 편견을 조장하는 내용" 등을 사회 통합을 저해하는 것으로 보아, 그 유통을 금지하고 있다.

④ 언론 관련 법령

언론중재법 32조 1항에는 언론중재위원회가 "언론의 보도내용에 의한 국가적 법익이나 사회적 법익 또는 타인의 법익 침해사항을 심의하여 필요한 경우 해당 언론사에 서면으로 그 시정을 권고할 수 있다"는 규정이 있다. 이에 따라 언론중재위원회에서는 시정권고소위원회를 구성하여 언론 보도내용에 관한 심의를 하고 권고하고 있다. 이를 위한 시정권고 심의기준 중 차별금지 항을 두어, "개개인의 인종, 종교, 성별, 육체적·정신적 질병이나 장애를 이유로 편견적 또는 경멸적 표현을 삼가야 한다"(10조의 2 1항)고 규정하고 있다.

그 외에도 강제성이 있는 규정은 아니지만, 한국기자협회와 국가인권위원회가 만든 인권보도준칙(2011년 9월 23일 제정, 2014년 12월 16일 개정)에는 혐오표현에 관한 여러 가지 지침이 담겨 있다. "언론은 특정 집단이나 계층에 편향되거나 차별적인 보도를 하지 않도록 주의한다"는 일반적인 지침부터, 장애에 관해서는 "장애인을 비하하거나 차별하는 표현에 주의한다", "통상적으로 쓰이는 말 중 장애인에 대해 부정적 뉘앙스를 담고 있는 관용구를 사용하지 않는다", "장애에 대한 잘못된 고정관념과 편견을 강화할 수 있는 표현을 사용하지 않는다", 성별에 관해서는 "성별에 대한 고정관념을 야기하는 표현을 사용하지 않는다", 이주자에 관해서는 "특정 국가나 민족, 인종을 차별하거나 비하하는 표현을 사용하지 않는다", 성소수자에 관해서는 "성적 소수자에 대해 혐오에 가까운 표현을 사용하지 않는다", 북한 주민과 관련해서는 "북한 주민의 경제 상황이나 외부와 고립되어 형성된 독특한 문화를 비하하거나 희화화하지 않는다"는 등의 내용을 담고 있다.

⑤ 옥외광고물법

옥외광고물법에는 "인종차별적 또는 성차별적 내용으로 인권침해의 우려가 있는" 광고를 금지하는 내용이 포함되어 있다(5조 2항).

(2) 자치법규

지방자치단체 조례 중 특정 영역에서 혐오표현을 규제하는 경우가 있다. 먼저 서울특별시 학생인권조례에는 성별, 종교, 나이, 사회적 신분, 출신지역, 출신국가, 출신민족, 언어, 장애, 용모 등 신체조건, 임신 또는 출산, 가족형태 또는 가족상황, 인종, 경제적 지위, 피부색, 사상 또는 정치적 의견, 성적 지향, 성별정체성, 병력, 징계, 성적 등을 이유로 하여, "차별적 언사나 행동, 혐오적 표현 등을 통해 다른 사람의 인권을 침해"하는 것을 금지하고 있다(5조 3항). 이 조항은 차별받지 않을 권리 항목에 포함되어 있어, 혐오표현을 차별의 한 유형으로 보고 있음을 알 수 있다. "학생은 특정 집단이나 사회적 소수자에 대한 편견에 기초한 정보를 의도적으로 누설하는 행위나 모욕, 괴롭힘으로부터 자유로울 권리를 가진다"(6조 2항)는 조항도 혐오표현을 규율하는 조항으로 해석될 수 있다. 이 조항이 폭력으로부터 자유로울 권리라는 항목에 포함되어 있다는 점은 특기할 만하다. 이 조례는 소수자 편견 누설이나 모욕, 괴롭힘 등 혐오표현에 해당하는 행위를 체벌, 따돌림, 집단 괴롭힘, 성폭력 등 물리적·언어적 폭력의 일종으로 간주하고 있는 것이다.

(3) 법안

입법되지는 못했지만 혐오표현 규제 법안이 몇 차례 발의된 바 있다. 혐오표현 규제를 목적으로 하는 단일 법안으로 혐오표현규제법안(김부겸 의원 등 20인, 2018.2.13)이 발의된 바 있다. 이 법안에 따르면, 혐오표현을 "합리적인 이유 없이 행해지는 성별, 장애, 병력, 나이, 언어, 출신국가, 출신민족, 인종, 피부색, 출신지역, 용모 등 신체조건, 혼인 여부, 임신 또는 출산, 가족형태 또는 가족상황, 종교, 사상 또는 정치적 의견, 전과(前科), 학력(學歷), 고용형태, 사회적 신분 등의 특성에 따라 규정된 집단 또는 개인에 대한 행위"로서, "1) 개인 또는 집단이 가지고 있는 특성을 차별하거나 분리·구별·제한·배제하는 내용을 공개적으로 드러냄으로써 해당 개인 또는 집단에 대한 차별, 폭력 또는 증오를 선동·고취하는 행위, 2) 개인 또는 집단이 가지고 있는 특성을 이유로 해당 개인 또는 집단을 공개적으로 멸시·모욕·위협하는 행위, 3) 개인 또는 집단이 가지고 있는 특성을 차별하거나 제한·배제하는 내용을 유인물, 이미지 등의 형태로 공개적으로 보급하거나 인터넷, 미디어, 통신기기 등을 이용하여 게시·배포하는 행위, 4) 개인 또는 집단이 가지고 있는 특성을 이유로 해당 개인 또는 집단에게 수치심, 모욕감, 두려움 등 정신적 고통을 주는 행위"라고 규정하고, 국가·지자체의 혐오표현 대응·예방 임무, 혐오표현규제기본계획 수립, 혐오표현 피해자에 대한 구제 조치(인권위 진정, 시정명령, 이행강제금 부과, 손해배상책임 부과 등) 등을 규정하고 있다. 이 법안은 2016년 국가인권위원회 연구용역보고서에 담긴 혐오표현 개념과 유형을 반영한 것으로 보인다. 혐오표현을 국가인권위원회법상 차별금지사유에 따라 규정된 집단 또는 개인에 대한 행위로 보고, 증오 선동, 멸시·모욕·위협, 차별 유포, 괴롭힘 등 다양한 유형의 혐오표현을 포괄적으로 규정하고 있다는 점이 특징이다.

혐오표현을 형사처벌하는 법안이 제출된 바도 있었는데, 형법 일부개정법률안(안효대 의원 등 50인, 2013.6.20)은 형법에 "인종 및 출생 지역 등을 이유로 공연히 사람을 혐오한 자는 1년 이하의 징역 또는 1천만 원 이하의 벌금에 처한다"는 조문을 추가하는 내용을 담고 있다. 인종과 출신지역만을 혐오표현의 사유로 삼았다는 점과 "혐오한"이라는 포괄적인 구성요건을 활용하고 있다는 점이 특징이다.

그 외에 세부 영역에서도 관련 법안이 있었는데, 정보통신망 이용촉진 및 정보보호 등에 관한 법률 일부개정법률안(신용현 의원 등 10인, 2018.9.18)에서는 유통이 금지되는 불법 정보에 "인종, 지역, 성별, 신체적 조건 등을 이유로 반복적 혹은 공공연하게 차별하거나 이에 대한 편견을 조장하는 내용의 정보"를 포함시켰고, 공직선거법 일부개정법률안(진영 의원 등 12인, 2015.6.9)에서는 "누구든지 정당(정당의 구성원을 포함한다)·후보자(후보자가 되려는 사람을 포함한다. 이하 이 조에서 같다)·후보자의 가족 또는 선거사무관계자의 선거, 그 밖의 정치활동과 관련하여 특정 지역 또는 특정 지역 사람을 비하·모욕하여서는 아니 된다"는 규정을 두었다. 전자는 인종, 지역, 성별, 신체적 조건과 관련하여, 편견·차별 조장에 해당하는 유형의 혐오표현을 대상으로 하는 것이고, 후자는 선거와 정치활동과 관련하여 지역과 관련된 멸시·모욕·위협에 해당하는 혐오표현을 금지하는 법안이라고 할 수 있다.

이 외에도, 여러 차례 발의된 바 있는 차별금지법안은 괴롭힘(harassment)'을 차별 행위의 일종으로 간주하여 금지하고 있다.[5] 여기서 괴롭힘은,

---

5 차별금지법안(장혜영 의원 등 10인, 2020.6.29), 평등 및 차별금지에 관한 법률안(권인

성별, 장애, 연령, 인종, 성적 지향 등의 차별금지사유를 이유로 해서 적대적·모욕적 환경을 조성하는 등 신체적·정신적 고통을 주어 인간의 존엄성을 침해하는 행위를 말한다. 괴롭힘은 다양한 방법으로 가능하나 만약 발언 등 '표현'의 형태로 띤다면 혐오표현에 해당한다고 할 수 있다(이주영, 2015; 홍성수, 2019c). 다만, 차별금지법에서 괴롭힘은 고용, 재화·용역의 이용과 공급, 교육, 행정서비스 등의 영역에서 괴롭힘 행위를 규율하는 것이기 때문에, 이들 영역에서 발화되는 혐오표현만 규제 대상이 된다.

2) 차별금지 관련 법제

혐오가 실제 차별로 이어지는 경우에 법적 규제의 대상이 된다. 특히 고용, 서비스, 교육 영역에서의 차별이 주로 금지 대상이 되는데, 한국에서는 다음과 같은 차별금지 관련 법제가 있다.

(1) 법령

① 국가인권위원회법
국가인권위원회법은 국가인권위원회를 설립하기 위한 조직법으로서, 위원회의 구성, 운영, 업무, 권한 등을 규정하고 있다. 다만, 위원회의 조사 대상 등 권한을 정하기 위해 차별의 개념 정의 등을 규정하고 있어서 부분적으로 차별금지법의 역할을 하고 있다고 할 수 있다. 하지만 국가인권위원회법은 기본적으로 국가인권위원회라는 조직을 설립하기 위한 법이며, 차별

숙 의원 등 17인, 2021.8.31), 평등에 관한 법률안(박주민 의원 등 13인, 2021.8:9), 평등에 관한 법률안(이상민 의원 등 24인, 2021.6.16).

의 구체적인 내용 등을 규정하고 있지는 않다. 이 점은 포괄적 차별금지법의 제정을 통해 보완되어야 할 것이다.

② 개별적 차별금지법

개별적인 사유와 영역에 관련하여 차별금지법이 제정되어 있는 분야가 있다. 이것을 다양한 사유와 영역에 포괄적으로 적용되는 포괄적·일반적 차별금지법과 구분하여 개별적 차별금지법이라고 부른다(홍성수, 2018b; 안진, 2018).

개별적 차별금지법으로, 장애인 차별에 관한 장애인차별금지법, 남녀고용평등과 일·가정 양립 지원에 관한 법률, 양성평등기본법, 남녀차별금지 및 권리구제 등에 관한 법률(폐지), 고용상 연령차별금지 및 고령자고용촉진에 관한 법률, 기간제 및 단기간 근로자 보호 등에 관한 법률, 파견근로자 보호 등에 관한 법률 등을 들 수 있다.

이 외에도 각종 법제에 차별금지규범들이 산재해 있다. 예컨대, 노동조합 및 노동관계조정법, 근로기준법, 고용정책기본법, 아동복지법, 방송법, 교육기본법, 외국인 근로자의 고용 등에 관한 법률, 재한외국인처우기본법, 다문화가족지원법, 장애인복지법 등에도 차별금지조항들이 포함되어 있다(이준일, 2007: 169~176; 안진, 2018: 541~543).

(2) 조례

조례 중에도 차별금지에 관한 내용을 담고 있는 경우가 있다. 차별금지에 관한 내용을 포괄적으로 담고 있는 인권기본조례(예: 서울특별시 인권기본조례), 장애인 차별에 관한 기본조례(예: 대구광역시 장애인차별금지 및 인권증진에 관한 조례), 발달장애인 권리보장 및 지원에 관한 조례(예: 대전광역시 발달장애인 권리보장 및 지원조례), 고용차별에 관한 조례(예: 대전광역시 고용상의 차별행위 금지에 관한 조례), 성평등에 관한 조례(예: 경기도 성평등 기본조례), 외국인 인권보장과 차별금지에 관한 조례(예: 제주특별자치도 외국인 주민 인권보장 및 증진조례), 어린이·청소년 인권보장과 차별금지에 관한 조례(예: 서울특별시 어린이·청소년 인권조례), 비정규직 차별금지에 관한 조례(예: 경기도 비정규직 권리보호 및 지원에 관한 조례) 등을 들 수 있다.

(3) 법안

차별금지를 법제화하기 위해서는 포괄적 차별금지법이 필요하지만, 현재까지는 법안만 제출되어 있는 상황이다. 2006년 국가인권위원회 차별금지법 권고법안을 시작으로, 법무부 차별금지법안(2007년), 그리고 의원입법으로 발의된 여러 법안(2008년 노회찬 의원 대표발의, 2011년 박은수 의원 대표발의, 2011년 권영길 의원 대표발의, 2012년 김재연 의원 대표발의, 2013년 최원식 의원 대표발의, 2013년 김한길 의원 대표발의 등)이 있다. 21대 국회에서는 차별금지법안(장혜영 의원 등 10인, 2020.6.29), 평등 및 차별금지에 관한 법률안(권인숙 의원 등 17인, 2021.8.31), 평등에 관한 법률안(박주민 의원 등 13인, 2021.8.9), 평등에 관한 법률안(이상민 의원 등 24인, 2021.6.16) 등이 발의되었다.

그 외에도 개별적 차별금지법안으로는 정보소외계층차별금지법안[6], 성차별·성희롱금지법안[7], 학력차별금지법안[8], 인권기본법안[9], 지역차별금지

---

[6] 정보소외계층 차별금지에 관한 법률안(이철우 의원 등 10인, 2017.8.30), 정보소외계층 차별금지에 관한 법률안(이철우 의원 등 12인, 2014.4.10).

[7] 성차별·성희롱의 금지와 권리구제 등에 관한 법률안(김상희 의원 등 12인, 2018.3.26), 성별에 의한 차별·성희롱 금지 및 권리구제 등에 관한 법률안(남인순 의원 등 10인, 2018.3.13), 성차별·성희롱 금지 및 권리구제 등에 관한 법률안(유승희 의원 등 45인, 2015.4.10), 성차별·성희롱 금지 및 권리구제 등에 관한 법률안(김상희 의원 등 19인, 2013.11.20).

[8] 고용에서의 학력·출신학교 차별금지 및 권리구제 등에 관한 법률안(오영훈 의원 등 11인, 2022.1.25), 학력·출신학교 차별금지 및 권리구제 등에 관한 법률안(서동용 의원 등

법안[10] 등을 들 수 있다.

3) 혐오범죄 관련 법제

편견과 혐오에 기반한 범죄를 혐오범죄라고 한다. 넓게 보면 편견과 혐
오에 기반을 둔 폭력 일반(예컨대 성폭력)도 혐오범죄라고 할 수 있겠으나,
학계에서 논의되는 혐오범죄 개념이나 해외 법제의 법률상 혐오범죄는 편
견을 주된 동기로 한 범죄에 한정된다. 즉, 혐오범죄란 인종, 성별, 국적, 종
교, 성적 지향 등 차별금지사유를 이유로 하여 특정 집단에게 개인에게 범
죄 행위를 하는 것을 뜻한다(김지영·이재일, 2011). 이러한 혐오범죄를 법제
화하는 방법은 크게 두 가지로 나뉘는데, 일단 혐오범죄에 해당하는 경우에
법정형을 가중하도록 법에 명시하는 방법이 있고, 혐오범죄에 관한 통계 구

13인, 2021.9.2), 공정한 채용을 위한 출신학교 차별금지 및 직무능력중심 고용촉진에
관한 법률안(이수진 의원 등 13인, 2021.8.30), 출신학교 차별없는 교육공정성 실현에
관한 법률안(강득구 의원 등 12인, 2021.8.30), 학력차별금지 및 직무능력중심 고용촉진
에 관한 법률안(강길부 의원 등 25인, 2017.2.10), 학력·출신학교 차별금지 및 권리구제
등에 관한 법률안(오영훈 의원 등 18인, 2016.9.2), 학력차별금지 및 권리구제 등에 관한
법률안(나경원 의원 등 10인, 2016.11.28), 공공기관의 학력차별금지 및 기회균등보장에
관한 법률안(김해영 의원 등 24인, 2016.9.2), 고용상 학력차별금지 및 기회균등보장에
관한 법률안(김기현 의원 등 11인, 2013.4.18), 학력차별금지에 관한 법률안(김한길 의
원 등 34인, 2012.10.25), 학력차별금지 및 권리구제 등에 관한 법률안(김기현 의원 등
10인, 2012.6.26), 고용상 학력차별금지 및 권리구제 등에 관한 법률안(홍영표 의원 등
10인, 2011.11.23), 학력차별금지 및 권리구제 등에 관한 법률안(김기현 의원 등 14인,
2010.5.14).

9 인권정책기본법안(김영배 의원 등 12인, 2022.1.28), 인권정책기본법안(정부, 2021.12.
30).

10 출신지역 차별인사금지 특별법안(유성엽 의원 등 121인, 2017.9.27).

축과 대응정책 구축을 법제화하는 방법이 있다. 현재 한국의 법령이나 자치법규에는 혐오범죄에 관한 내용은 일절 찾아보기 어려우며, 경찰 범죄통계나 검찰 범죄분석에도 혐오범죄를 별도 항목으로 다루지 않고 있다.

입법이 되지는 않았지만 혐오범죄에 대한 법안은 두 차례 발의된 바 있다. 먼저 특정범죄 가중처벌 등에 관한 법률 일부개정법률안(이종걸 의원 등 11인, 2013.11.29)에서는 "출신지역, 출신국가, 인종, 사상 또는 정치적 의견 등을 이유로 한 개인적·사회적 편견에 의하여 생성된 혐오감을 표현하기 위한 목적으로" 살인, 상해, 폭행, 재물손괴, 명예훼손, 모욕 등의 범죄를 저지른 경우에 가중처벌하는 내용을 담고 있다. 증오범죄 통계법안(이종걸 의원 등 11인, 2016.12.12)은 증오범죄를 "국가나 사회에 대한 불만, 성별·종교·인종 또는 사회적 소수자에 대한 편견 등을 이유로 한 개인적 증오를 표현하기 위한 목적으로 저지른 범죄"로 규정하고, 국가가 증오범죄 통계를 집계, 관리, 분석, 공표하도록 했다. 한편, 대법원 양형위원회는 2019년부터 시행된 '명예훼손범죄 양형기준'에 혐오범죄의 일부를 가중처벌할 수 있는 근거를 마련했다. 허위사실 적시 명예훼손과 모욕죄의 양형 가중요소인 '비난할 만한 범행동기'에 "피해자에 대한 보복·원한이나 혐오 또는 증오감에서 범행을 저지른 경우"를 포함시킨 것이다. 여기서 혐오나 증오감이 혐오범죄의 동기로 해석된다면, 명예훼손과 모욕죄와 관련해서 혐오범죄법이 제정된 것과 비슷한 효과를 갖게 된다(홍성수, 2019d).

4) 집단살해 관련 법제

편견과 혐오가 가장 극단적으로 나타나는 것이 바로 집단살해(genocide)이다. 대한민국은 집단살해죄의 방지와 처벌에 관한 협약(Convention on the Prevention and Punishment of the Crime of Genocide, 1950)과 국제형사재판소에 관한 로마규정(Rome Statute of the International Criminal Court, 1998)에

가입한 바 있으며, 2007년 이를 이행하기 위해 국제형사재판소 관할 범죄의 처벌 등에 관한 법률(이하 "국제형사범죄법")을 제정했다. 이 법에는 집단살해죄와 인도에 반한 죄, 사람에 대한 전쟁범죄, 재산 및 권리에 대한 전쟁범죄, 인도적 활동이나 식별표장 등에 관한 전쟁범죄, 금지된 방법에 의한 전쟁범죄, 금지된 무기를 사용한 전쟁범죄, 지휘관 등의 직무태만죄, 사법방해죄 등에 대한 형사처벌을 규정하고 있는데, 이 중 집단살해죄와 인도에 반한 죄가 혐오에 기반한 범죄 행위로 분류될 수 있다. 이 법에서 집단살해는 "국민적·인종적·민족적 또는 종교적 집단 자체를 전부 또는 일부 파괴할 목적으로 그 집단의 구성원을 살해"한 것을 뜻하며, 인도에 반한 죄는 "민간인 주민을 공격하려는 국가 또는 단체·기관의 정책과 관련하여 민간인 주민에 대한 광범위하거나 체계적인 공격으로 사람을 살해"하는 행위, "민간인 주민을 공격하려는 국가 또는 단체·기관의 정책과 관련하여 민간인 주민에 대한 광범위하거나 체계적인 공격"으로 노예화, 신체 자유 박탈, 정신적 고통 등을 행하는 것을 말한다.

4. 혐오에 관한 법정책의 문제점과 과제

1) 현행 법제의 문제점

앞서 검토한 바와 같이 현행 법제에서 혐오에 관한 입법적 조치가 일부 있기는 하지만, 체계적으로 법제화된 것이 아니라는 점이 가장 큰 문제다. 사실 혐오표현보다는 차별과 혐오범죄에 대한 규제가 더 시급한 것일 수 있다. 혐오표현 규제는 표현의 자유를 제약할 수 있어 조심스러운 접근이 필요하고, 그 해악을 입증하기가 쉽지 않아 규제 대상으로 삼기 어려운 부분이 있다(홍성수, 2015, 2018a, 2019b). 그래서 미국 같은 경우에는 혐오표현에 대한 규제를 자제하는 대신, 차별과 혐오범죄를 규제하는 데 집중하고 있다. 그런데 한국은 차별에 대한 규제는 느슨하고 혐오범죄에 대한 규제는 전혀 없는데, 오히려 혐오표현에 관한 규제는 장애인차별금지법, 방송법, 정보통신망법, 언론중재법, 옥외광고물법 등에 부족하나마 존재한다. 전체적으로 어떤 전략과 선택에 의해서 혐오 관련 법제화가 진척되어 왔는지 이해하기 어렵다. 이런 식으로는 혐오에 관한 체계적인 대응책을 마련하기가 어렵다.

차별금지사유가 각 법령에 제각각 규정되어 있는 것만 봐도, 전체 혐오 관련 법령이 체계적으로 정비되어 있지 않음을 알 수 있다. 차별금지사유와 관련해, 방송법에는 "인종, 민족, 지역, 종교 등을 이유로 한 차별금지"가 명시되어 있고, 방송심의에 관한 규정에는 "지역 간, 세대 간, 계층 간, 인종 간, 종교 간 차별·편견·갈등의 조장"과 "인종, 민족, 국가 등에 관한 편견의 조장"이 언급되어 있다. 방송광고심의에 관한 규정에는 "국가, 인종, 성, 연령, 직업, 종교, 신념, 장애, 계층, 지역 등을 이유로 차별하거나 편견을 조장하는 표현"이, 정보통신망법에는 "성별, 종교, 장애, 연령, 사회적 신분, 인종, 지역, 직업 등을 차별하거나 이에 대한 편견을 조장하는 내용"이 언급되어 있다. 언론중재위원회 시정권고 심의기준에는 "인종, 종교, 성별, 육체적·정신적 질병이나 장애를 이유로 편견적 또는 경멸적 표현"이라고 되어 있고, 옥외광고물법에는 "인종차별적 또는 성차별적 내용"이 금지되어 있다. 법안의 경우도 제각각이다. 혐오표현규제법안에서 혐오표현이 될 수 있는 사유는 국가인권위원회법상 차별금지사유와 유사한데, 인권위법의 차별금지사유 19개 중 "성적 지향"은 빼고, "고용형태"와 "언어"를 추가하여 20가지의 사유를 규정했다. 하지만 국가인권위원회법상 차별금지사유인 성적 지향을 군이 제외할 이유가 없으며, 한국 사회에서 그동안 동성애자 등 성소수자에 대한 혐오표현이 특별히 심각했다는 점을 고려하면 더욱 이해할 수 없는 부분이다. 혐오죄 법안에서는 인종 및 출생지역만 이유가 될 수

있도록 했는데, 왜 이 두 사유에 의한 혐오표현만 형사처벌되어야 하는지
그 이유를 가늠하기 어렵다(정다영, 2018: 155). 물론 차별금지사유는 각 영
역마다 다르게 정해질 수 있다. 하지만 그 이유는 분명하게 제시되어야 한
다. 그러나 현행 법령과 법안에서는 어떤 근거와 명분에서 그렇게 한 것인
지 알 수 없는 상황이다.

2) 혐오대응을 위한 체계적인 입법조치

체계적인 법적 대응을 위해, 어떤 법이 더 필요하고 정비되어야 하는지를
살펴보기에 앞서 혐오에 대한 대응 방법에 무엇이 있는지 알아볼 필요가 있
다. 먼저 혐오와 차별대응에 관한 대부분의 연구와 보고서들은 포괄적(holi-
stic, comprehensive)이고 다층적인(multi-layered) 접근의 중요성을 특별히 강
조한다는 것을 확인해 둘 필요가 있다. 편견과 혐오에 뿌리를 둔 혐오표현,
차별, 혐오범죄 등의 문제는 서로 긴밀히 연결되어 있어서 대책을 세울 때
도 포괄적이고 체계적인 대응이 절실하기 때문이다. 법적 대응 역시 그렇게
포괄적이고 체계적이어야 함은 물론이다. 각 영역에서 필요한 법을 나열해
보면 〈표 8-1〉과 같다.
각 단계마다 철저한 대응이 요구됨에도 불구하고, 현재 한국의 법령과 자
치법규는 혐오에 관한 부분적이고 체계적이지 않은 일부 법령이 있을 뿐이다.
각 단계에 대응하는 법령을 제정할 필요가 있는 상황이다. 사실 〈표 8-1〉에
서 맨 아래 칸에 있는 혐오에 대처하는 것이야말로 가장 근본적인 대응법이
다. 범국가적·범사회적 차원에서 편견과 혐오에 대응하는 교육, 홍보, 정
책, 지원, 연구를 수행하는 것이야말로 근본적인 문제해결 방법이다. 이것
은 직접적인 규제는 아니지만 혐오와 편견이 싹틀 수 있는 기반을 제거하는
역할을 한다. 이를 위해서는 특별한 어떤 단일 법률이 필요하다기보다는,
여러 관련 법제들에 편견과 혐오에 반대하는 내용이 담겨야 한다. 예를 들

〈표 8-1〉 혐오에 대응하기 위한 법률

	대응 법률	현행 법률	비고
집단살해	집단살해죄법	국제형사범죄법	국제형사재판소에 관한 로마규정의 국내 이행을 위한 법률
혐오범죄	혐오범죄법	없음	
차별	차별금지법	없음	국가인권위원회법과 일부 영역에 대한 차별금지법이 부분적으로 역할을 하고 있음
혐오표현	혐오표현금지법	없음	방송, 방송광고, 언론, 정보통신, 옥외 광고 등에 관한 일부 규정과 학생인권 조례에 관련 규정이 있음
혐오	차별금지법 등	없음	편견·혐오대응 교육, 홍보, 정책, 지원, 연구를 위한 근거 법률이 필요함

어, 교육기본법에 차별금지에 관한 내용을 구체적으로 명시함으로써 여러 교육과정에 편견과 혐오에 대한 내용이 들어갈 수 있는 근거 규정을 만들고, 기업 관련 법률에 평등에 관한 기업의 사회적 책임을 명시하는 것도 가능할 것이다. 그리고 이러한 법률에 대한 '기본법'으로서 차별금지법이 제정되는 것이 중요한데, 이것은 항목을 바꿔서 이야기해 보도록 하겠다.

3) 혐오에 대응하기 위한 차별금지법의 필요성

차별금지법은 차별에 해당하는 행위를 자세히 규정하고 차별에 대한 구제를 강화한다는 측면에서 그 자체로 의의가 있지만, 평등과 차별금지에 관한 일종의 '기본법'으로서의 의미를 갖고 있다. 개별적 영역에 대해, 그리고 혐오가 표출되는 각 단계마다 법적 대응이 있어야 한다. 하지만 그런 법에도 불구하고 어디엔가 빈틈이 있을 수밖에 없기 때문에 여러 혐오 관련 법제들에 관한 일반적인 근거가 되는 기본법이 필요한데 그것이 바로 포괄적 차별금지법이다. 〈표 8-1〉에서 보듯 혐오에 관한 대응 법률이 전반적으로 제정되지 않은 상황이지만, 특히 차별금지법이 없는 것은 치명적이다.

빈틈을 메우기 위해서뿐만 아니라, 차별에 관련된 여러 문제, 특히 편견과 혐오에서 기인하는 문제들에 대한 종합적인 대책을 세우기 위해서도 차별금지법은 필요하다. 실제로 차별금지법은 국가와 지방자치단체의 차별금지정책 수립에 대한 근거 규범으로서 그 의미를 갖는다. 국가와 지방자치단체가 혐오와 차별에 대응하는 정책을 수립, 집행하고 관련 법령을 정비하는 데 있어서도 차별금지법은 중요한 역할을 할 수 있다. 차별금지법은 편견과 혐오를 해소하기 위한 교육, 문화, 홍보 정책을 마련하기 위한 기반을 제공하는 것이다. 요컨대, 차별금지법은 혐오 문제 전반에 대응하기 위한 기본적·중심적인 법률로서 그 중요성을 갖고 있다고 할 수 있다.

5. 나아가며

혐오에 관한 사회적 대응이 중차대한 과제로 떠오르고 있다. 민족주의적 정서나 집단주의적 문화가 강한 한국 사회는 소수자에 대한 차별과 혐오가 확산되기에 용이한 조건을 갖고 있다. 당장 문제가 심각하지 않더라도 언제 어떻게 문제가 확장되어 폭발할지 알 수 없는 일이다. 혐오에 관한 연구자들은 경제적으로 어렵고 불평등이 심화되는 상황에서 사람들이 혐오를 일종의 도피처로 삼는 경향이 있다고 지적한다. 경제적인 어려움과 불평등의 책임을 소수자 집단에게 전가하고 소수자를 공격하는 경향이 생긴다는 것이다. 저성장 시대와 불평등의 문제가 단시간에 해결될 수 없다고 한다면, 여기서 기인하는 혐오의 확산도 단기간에 해결하기 어려운 고질적인 문제가 될 것이다.

그러하기에 더 늦기 전에 혐오에 대응하기 위한 체계적인 법정책이 절실히 필요하다. 하지만 한국은 여전히 혐오에 관한 체계적이고 포괄적인 대응이 부재하고 관련 법령도 충분히 마련되어 있지 못한 상황이다. 법이 모든 것을 해결해 주는 것은 아니지만, 체계적인 입법조치가 문제 해결에 도움이 되리라는 것은 두말할 필요가 없다. 하지만 위에서 살펴봤듯이, 일부 부분적인 차별금지에 관한 법률을 제외하면, 혐오와 차별에 관한 법적 조치는 거의 없다고 해도 과언이 아니다. 특히 중요한 것은 차별금지법의 제정이다. 차별에 관한 일반적인 내용을 담은 기본법으로서의 포괄적 차별금지법은 그 자체로 강력한 법적 근거가 될 수 있을 것이고, 차별금지에 관한 범국가 차원의 확고한 의지를 드러내는 중요한 출발점이 될 수 있을 것이다.

참고문헌

강희숙. 2018. 「혐오표현의 특징 및 변주 양상」. ≪호남문화연구≫, 64, 33~64쪽.

국가인권위원회 혐오표현 리포트 작성 팀. 2019. 『혐오표현 리포트』. 국가인권위원회.

권경휘. 2020. 「혐오표현의 수행성과 그것에 대한 저항: 표현을 통하여 무언가를 행하는 법」. ≪법과사회≫, 63, 151~188쪽.

김민정. 2014. 「일베식 '욕'의 법적 규제에 대하여: 온라인상에서의 혐오표현에 대한 개념적 고찰」. ≪언론과 법≫, 13(2), 131~163쪽.

김수아. 2015. 「온라인상의 여성혐오 표현」. ≪페미니즘연구≫, 15(2), 279~317쪽.

김수아 외. 2014. 『온라인상의 여성혐오 표현 모니터링 보고서』. 한국여성단체연합.

김영한 외. 2020. 『청소년의 혐오표현 노출실태 및 대응 방안 연구』. 한국청소년정책연구원 연구보고서.

김왕배. 2019. 『감정과 사회: 감정의 렌즈를 통해 본 한국사회』. 한울아카데미.

김용환 외. 『혐오를 넘어 관용으로-관용: 혐오주의에 대항하는 윤리』. 서광사.

김지영·이재일. 2011. 『증오범죄의 실태 및 대책에 관한 연구』. 한국형사정책연구원.

김지혜. 2015. 「차별선동의 규제: 혐오표현에 관한 국제법적·비교법적 검토를 중심으로」. ≪법조≫, 64(9), 36~77쪽.

나카지마 요시미치(中島 義道). 2018. 『차별 감정의 철학』. 김희은 옮김. 바다출판사.

누스바움, 마사(Martha Nussbaum). 2015. 『혐오와 수치심: 인간다움을 파괴하는 감정들』. 조계원 옮김. 민음사.

류지성. 2016. 「최근 일본에서 헤이트 스피치 규제에 관한 연구: 일본 오사카시의 규제조례를 중심으로」. ≪법제≫, 672, 26~50쪽.

문연주. 2017. 「인종차별적 혐오표현에 대한 일본사회의 법제도적 대응」. ≪일본학≫, 44, 105~132쪽.

_____. 2014. 「일본의 혐오표현과 규제: 교토지방법원의 '가두선전금지 등 청구사건' 판결 사례를 중심으로」. ≪일본연구논총≫, 39, 89~124쪽.

박미숙·추지현. 2017. 『혐오표현의 실태와 대응방안』. 한국형사정책연구원.

박배근. 2003. 「국제인권법상의 언론의 자유와 증오표현언론에 대한 규제」. ≪언론과 정보≫, 9, 27~54쪽.

박승호. 2019. 「혐오표현의 개념과 규제방법」. ≪법학논총≫, 31(3), 45~88쪽.

박용숙. 2018. 「혐오표현에 대한 규제방법의 모색을 위한 시론적 연구」. ≪법학논총≫, 38
(2), 27~64쪽.

_____. 2014. 「미국에서의 증오표현행위의 규제에 관한 판례경향」. ≪강원법학≫, 41, 467~
509쪽.

박지원. 2016a. 「혐오표현(Hate Speech)의 규제에 관한 입법론」. ≪국회도서관≫, 433, 46~
49쪽.

_____. 2016b. 「혐오표현의 제재 입법에 관한 소고」. ≪미국헌법연구≫, 27(3), 103~136쪽.

박해영. 2015. 「혐오표현(Hate Speech)에 관한 헌법적 고찰」. ≪공법학연구≫, 16(3), 137~
169쪽.

박호현·장규원·백일홍. 2017. 「혐오표현의 규제 가능성에 대한 논의」. ≪피해자학연구≫,
25(3), 177~205쪽.

방송통신심의위원회. 2014. ≪방송통신 심의동향: 이슈 in 포커스 인터넷과 혐오표현≫.

배상균. 2017. 「일본의 혐오표현 형사규제에 관한 검토: 헤이트 스피치 해소법을 중심으로」.
≪형사정책연구≫, 28(2), 65~93쪽.

서보건. 2015. 「차별적 표현 규제를 위한 일본의 인권옹호법안의 검토」. ≪유럽헌법연구≫,
19, 121~154쪽.

심경수. 2007. 「증오언론과 십자가 소각에 관한 판례경향: R. A. V. v. City of St. Paul 및
Virginia v. Black 사건을 중심으로」. ≪미국헌법연구≫, 18(1), 39~80쪽.

안진. 2018. 「포괄적 차별금지법의 입법쟁점에 대한 일고찰: 현행 차별금지법제의 문제점을
중심으로」. ≪법학논총≫, 38(1), 537~589쪽.

올포트, 고든(Gorden Willard Allport). 2020. 『편견: 사회심리학으로 본 편견의 뿌리』. 석기
용 옮김. 교양인.

유민석. 2019. 「혐오표현의 해악: 월드론의 확신 논변」. ≪윤리학≫, 8(2), 35~59쪽.

_____. 2015. 「혐오발언에 기생하기: 메갈리아의 반란적인 발화」. ≪여성이론≫, 33, 126~
152쪽.

음영철 외. 2021. 「재한 조선족 혐오표현과 타자화 연구: 영화 〈청년경찰〉과 〈범죄도시〉를
중심으로」. ≪동서 비교문학저널≫, 57, 225~251쪽.

이광진. 2017. 「혐오표현과 표현의 자유」. ≪법과 정책연구≫, 17(1), 321~346쪽.

이상경. 2015. 「사이버공간에서의 표현의 자유와 반사회적 혐오표현의 규제」. ≪헌법학연구≫,
21(4), 197~239쪽.

이승선. 2018. 「공적인물이 발화하거나 방송에서 발생한 혐오표현의 특성에 관한 탐색적 연구」. ≪언론과학연구≫, 18(2), 107~146쪽.

이승현. 2016. 「혐오표현 규제에 대한 헌법적 이해」. ≪공법연구≫, 44(4), 133~166쪽.

_____. 2015. 「혐오표현에 대한 헌법적 고찰」. 연세대학교 박사학위논문.

이재진. 2000. 「가상공간에서의 혐오언론의 문제: 미국의 경우를 중심으로」. ≪사이버 커뮤니케이션 학보≫, 6, 104~146쪽.

_____. 1999. 「혐오언론(hate speech) 현상에 대한 법제론적 고찰」. ≪언론학보≫, 19, 99~125쪽.

이정념. 2016. 「온라인 혐오발언과 의사표현의 자유: 유럽인권재판소의 최근 판결을 중심으로」. ≪저스티스≫, 153, 37~56쪽.

이정복. 2017. 「한국어와 한국 사회의 혐오, 차별 표현」. ≪새국어생활≫, 27(3), 9~23쪽.

_____. 2014. 『한국 사회의 차별 언어』. 소통.

이주영. 2015. 「혐오표현에 대한 국제인권법적 고찰: 증오선동을 중심으로」. ≪국제법학회논총≫, 60(3), 195~227쪽.

이준웅·박장희. 2018. 「모든 더러운 말들: 증오발언 규제론 및 규제반대론 검토」. ≪서울대학교법학≫, 59(3), 1~43쪽.

이준일. 2017. 『차별금지법』. 고려대학교출판부.

_____. 2014. 「혐오표현과 차별적 표현에 대한 규제의 필요성과 방식」. ≪고려법학≫, 72, 65~90쪽.

전창영 외. 2018. 「방송통신심의위원회의 혐오표현 통신심의에 대한 탐색적 고찰: 온라인 혐오표현의 실태 및 규제 현황」. ≪방송통신연구≫, 104, 70~102쪽.

정소영. 2105. 「인종차별적 Hate Speech의 제한에 대한 입법적 검토」. ≪연세법학≫, 26, 77~98쪽.

조규범. 2017. 「혐오표현(Hate Speech) 규제의 국제적 동향과 입법과제」. 현안보고서 Vol. 306.

_____. 2016. 「혐오표현에 대한 입법적 과제」. ≪이슈와 논점≫, 제1231호.

조소영. 2016. 「표현의 자유의 현대적 쟁점에 대한 헌법적 고찰: 온라인에서의 적의적 표현행위(hate speech)에 대한 규제를 중심으로」. ≪공법연구≫, 45(1), 239~262쪽.

_____. 2002. 「적의적 표현행위(hate speech)의 헌법적 좌표」. ≪공법연구≫, 30(4), 119~134쪽.

조소영 외. 2016. 『인터넷에서의 혐오표현(hate speech) 규제개선방안 연구』. 방송통신심의
　　위원회.

최은희. 2014. 「독일의 인터넷 혐오표현에 대한 논쟁과 법적 규제」. ≪방송통신 심의동향≫,
　　2014-1, 44~56쪽.

최종선. 2018. 「국내외 혐오표현 규제 법제 및 그 시사점에 관한 연구」. ≪법학논총≫, 35
　　(3), 33~57쪽.

최철영. 2015. 「미국연방헌법의 표현의 자유와 일본의 증오언설: 일본의 증오언설에 대한 국
　　제형사법 적용가능성」. ≪미국헌법연구≫, 26(3), 299~325쪽.

홍성수. 2019a. 「혐오에 어떻게 대응할 것인가?: 혐오에 관한 법과 정책」. ≪법학연구≫, 30
　　(2), 191~228쪽.

_____. 2019b. 「혐오표현의 해악과 개입의 정당성: 금지와 방치를 넘어서」. ≪법철학연구≫,
　　22(3), 27~64쪽.

_____. 2019c. 「차별금지법상 차별적 괴롭힘에 관한 연구」, ≪법학연구≫, 59, 1~28쪽.

_____. 2019d. 「명예훼손범죄 양형기준의 주요 내용: 혐오 또는 증오감에 의한 범행 가중처
　　벌을 중심으로」. ≪언론중재≫, 151(여름호), 90~93쪽.

_____. 2018a. 『말이 칼이 될 때: 혐오표현은 무엇이고 왜 문제인가』. 어크로스.

_____. 2018b. 「포괄적 차별금지법의 필요성: 평등기본법을 위하여」. ≪이화젠더법학≫, 10
　　(3), 1~38쪽.

_____. 2016a. 「사이버상 혐오표현의 법적 쟁점과 규제방안」. ≪언론중재≫, 140(가을호),
　　44~57쪽.

_____. 2015. 「혐오표현의 규제: 표현의 자유와 소수자 보호를 위한 규제대안의 모색」. ≪법
　　과 사회≫, 50, 387~336쪽.

홍성수 외. 2018c. 『혐오표현 예방·대응 가이드라인 마련 실태조사』. 국가인권위원회.

_____ 외. 2016b. 『혐오표현 실태조사 및 규제방안 연구』. 국가인권위원회.

Anti-defamation League. 2018. "Pyramid of Hate." https://www.adl.org/sites/default/
　　files/documents/pyramid-of-hate.pdf(검색일: 2021. 2. 1)

Article19. 2009. "Camden Principles on Freedom of Expression and Equality." https://
　　www.article19.org/data/files/pdfs/standards/the-camden-principles-on-freedom-o
　　f-expression-and-equality.pdf(검색일: 2022. 2. 1) [국제인권소식통 옮김. 「표현의 자유
　　와 평등에 관한 캄덴 원칙」. http://www.tongcenter.org/ccpr/cp11-2(검색일: 2022. 2. 1)]

Council of Europe. "Hate Speech." https://www.coe.int/en/web/freedom-expression/hate-speech(검색일: 2022.2.1)

Council of Europe Committee of Ministers. 1997. "Recommendation No.R(97) 20 of the Committee of Ministers to Member States on 'Hate Speech'." 30 October 1997.

Gagliardone, Iginio et al. 2015. "Countering Online Hate Speech." UNESCO.

Stanton, H. 1996. "The Ten Stages of Genocide." https://www.genocidewatch.com/tenstages(검색일: 2022.2.1)

UN. 2019. "United Nations Strategy and Plan of Action on Hate Speech." https://www.un.org/en/genocideprevention/documents/advising-and-mobilizing/Action_plan_on_hate_speech_EN.pdf(검색일: 2022.2.1) [김종서·김은희 옮김. 2021. 「혐오표현에 관한 국제연합의 대응들」. ≪민주법학≫, 75, 203~212쪽]

Weber, Anne. 2009. *Manual on Hate Speech*. Council of Europe Publishing.

9장

동일자의 얼굴, 타자의 얼굴,
구별 불가능한 얼굴*

한의정

1. 우리 시대의 얼굴

얼굴은 자신이 누구인지를 드러내는 중요한 표현 방식으로 기능한다. 얼굴의 특징을 통해 인간은 이름을 갖게 되고, 타인과 구별되고, 사랑받고 때로는 경멸받기도 한다. 물론 몸도 구별의 표지로 사용될 수 있으나, 얼굴만큼 개인의 특징을 설명하지는 않는다. 일찍이 아리스토텔레스는 얼굴을 관찰해 사람들의 성격(character)을 판단하는 것이 가능하다고 여겼다. 그는 친구를 선택하거나, 노예를 사거나, 여자와 결혼할 때도 인상학(physiognomy)에 기초해야 함을 강조했다(아리스토텔레스, 2014: 99 이하, 125 이하).[1]

---

* 이 글은 한의정, 「소멸하는 얼굴의 표현」, ≪현대미술사연구≫, 41집(2017), 95~117쪽을 수정·보완한 것이다.

1 아리스토텔레스의 『관상학(인상학)』은 아리스토텔레스류(Pseudo-Aristotelian)로 분류

즉, 얼굴에 나타나는 공통적 또는 개별적 징후는 사회적 문화적 집단에서 타인들과 관계 맺기 위해 필요한 것이다. 사회의 소통 네트워크에서 얼굴은 하나의 주체로서 기능한다고 볼 수 있다. 여기서 얼굴은 말하고 바라보는 얼굴이며, 어떤 눈에 의해 끊임없이 주시되는 얼굴이다. 그러므로 얼굴은 서사 작용과 의미 전달의 기본적인 도구이자, 자기정체성과 감정의 중심축이라 할 수 있다(오몽, 2006: 107). 이러한 얼굴에 대한 중요성과 의미 부여는 오랜 역사 동안 동서양의 사상과 일상에 스며들어 있었다.

그런데, 오늘날 우리 사회에서 '얼굴'은 이와 같은 동일한 기능을 하고 있을까? 특히 한국 사회는 과도한 외모의 강조로 인해 성형수술이 범람하고 있다. 그 결과 우리는 광고판과 미디어에서 쉽게 구별되지 않는 비슷비슷한 얼굴들을 만나곤 한다. 우리 시대의 '얼굴'은 유일성의 가치를 더 이상 보여 주지 않고 비슷하게 복제될 뿐만 아니라, 이미지 기호로 대체되기도 한다. 첨단 기술의 가속화와 함께 나와 타인의 얼굴은 아바타, 이모지와 같은 가상의 얼굴들로 손쉽게 저장, 변형되고, 네트워크를 통해 빠르게 전달된다. 최근 코로나 시대를 거치며 이러한 가상공간 속 '상호-접속들(inter-faces)'의 연결과 이탈의 반복은 일상이 되었다. 이와 같이 우리는 더 이상 '나'와 '얼굴'을 동일성 또는 정체성이라는 틀로 묶을 수 없는 '소멸하는 얼굴'의 시대를 살고 있다.

이러한 얼굴의 소멸은 주체의 사라짐을 의미하는 것일까? 장 보드리야르(Jean Baudrillard)는 『사라짐에 대하여』에서 "의지의, 자유의, 재현의 기관으로서 주체, 권력의, 지식의, 역사의 주체"는 사라져도 유령처럼, 실체 없는 주체성의 모습으로 "끊임없는 이미지 재생의 그물망 속"을 떠돌고 있다고

된다. 아리스토텔레스가 직접 썼다기보다 기원전 3세기경 두 사람 이상의 제자가 이를 기록했을 가능성이 높기 때문이다.

말한다(보드리야르, 2012: 33~35). 우리의 얼굴은 유령처럼 이미지 네트워크 사이를 떠도는 가운데 희미해졌을지 모르나, 타자의 얼굴을 구별짓고 범주화하면서 발생되는 혐오정동은 희미해지지 않았다. 오히려 사라질 수 있고 바꿔치기할 수 있는 얼굴 뒤에 숨어, 나와 다른 인종, 젠더정체성, 취향의 정체성을 드러내는 얼굴들을 향해 불편한 감정과 혐오표현을 내뱉기를 서슴지 않는다.

이러한 혐오정동이 흐르는 우리 시대의 얼굴은 어떠한 형상으로 그려질 수 있을까? 많은 현대 예술가들은 정적이고 아름다운 얼굴 대신, 공포와 상실감을 보여 주는 난해하고, 뒤틀리고, 분열된 얼굴 초상을 내놓고 있다. 이 글은 '우리 시대의 얼굴' 표현의 지형도를 그리기 위해, "얼굴=주체"의 공식을 만들었던 진원지부터 되짚어 보고자 한다. 특히 인상학이 다루었던 주제들, 즉 성격과 감정, 표정, 정신 등을 '표현과 이미지'라는 관점에서 재해석하고자 한다. 이를 이미지의 양상에서 확인하려는 것은, "얼굴=주체"의 소멸이 의미 생성의 영역에서 벗어나는 것이기 때문이다.

2. 자기동일성의 얼굴

얼굴이 주체와 동일시되었던 서구 인상학의 전통은 아리스토텔레스로 거슬러 올라갈 수 있다. 아리스토텔레스는 신체와 영혼이 하나라는 고전적 믿음에 근거하여 외양을 보고 성격을 추론하는 학문을 정립하는데, 이것이 인상학의 원형이 된다(아리스토텔레스, 2014: 77; 설혜심, 2002: 50 이하). 아리스토텔레스가 제시한 관상의 원칙은 세 가지로 요약될 수 있다. 첫째, 동물과의 비교를 통해 인간 신체의 특성과 성격을 추론하는 것, 둘째, 인종별 특색을 찾는 것, 셋째, 표정이 의미하는 감정을 찾는 것이다(아리스토텔레스, 2014: 81 이하; 설혜심, 2002: 50).

이 중 첫 번째는 아리스토텔레스 본인이 뛰어난 동물학자였던 사실과도 연관이 있을 것이다. 동물과의 비교를 통한 인상학의 논리는 논리학의 삼단 논법과 동일하다. 동물을 분류하고, 동물에게 인간의 덕성을 부여한다. 그리고 그 동물과 닮은 사람은 그에 해당하는 덕성을 갖고 있는 것으로 간주한다. "사자가 용맹하다. X는 사자를 닮았다. 그러므로 X는 용맹하다"는 식이다. 이러한 인간과 동물의 유사성을 강조하는 방법은 인간과 동물을 구별하는 중세 기독교의 영향으로 위축되었다가, 근대 인상학에서 잠바티스타 델라 포르타(Giambattista della Porta)의 강조로 다시 부활한다.

두 번째는 인간을 아이깁토스인, 트라키아인, 스키티아인처럼 인종에 따라 나눔으로써, 인간 자체의 유(類)에 근거해서 관상학적 연구를 수행하는 것이다. "북쪽에 사는 사람은 용감하고 뻣뻣한 머리카락을 가지고 있지만, 남쪽에 사는 사람들은 겁쟁이고 부드러운 머리카락을 가지고 있다"는 식으로 기술된다(아리스토텔레스, 2014: 93). 이 인종의 비교에 근거한 관상학적 방법이 후에 인종차별에 대한 이데올로기를 만들어 내게 된다.

세 번째 얼굴 표정(expression)은 영속적이지 않고 수시로 변할 수 있으며, 또한 표정을 통해 자신의 성격을 감출 수도 있다는 점에서 사실 아리스토텔레스의 인상학에서는 비판의 대상이었다. 표정이 인상학의 주요 대상이 되는 것은 인간에 대한 관심이 증폭되는 르네상스 이후이다. 기존 인상학이 고착적인 성품, 즉 천성만을 다루었다면 근대 인상학에서는 순간순간 바뀌는 감정이 어떻게 표정으로 나타나는가에도 관심을 가지며 인상 자체의 범주가 확대된다.

근대 인상학의 포문을 연 것은 델라 포르타의 『인간의 인상학에 대하여 (De humana physiognomia)』(1586)였다. 그는 천지창조물에 드러나는 보편적 징후들의 체계가 있다는 믿음 아래, 고대 인상학의 동물 비교 원칙을 따른다. 사자, 독수리, 낙타 등 동물의 머리와 유사한 인간의 얼굴을 보여 주기 위해 삽화의 형식이 최초로 도입되었다(〈그림 9-1〉). 시각 자료의 삽입이

〈그림 9-1〉 델라 포르타의 『인간의 인상학에 대하여』(1586)에 실린 삽화

〈그림 9-2〉 르브룅의 강연(1671)에서 제시된 감정에 따른 표정의 예시들

델라 포르타 저서를 성공으로 이끄는 데 큰 역할을 한 것은 분명하지만, 아직까지 텍스트와 이미지 사이의 긴장이 남아 있는 상태였다. 텍스트에서 설명하는 얼굴의 표현적인 움직임의 징후들이 삽화의 경직된 얼굴에서는 묘사되지 않기 때문이다.

반면, 샤를 르브룅(Charles Le Brun)은 움직이는 표정의 묘사에까지 이른다. 르브룅은 영혼을 표현하는 표정의 모범적 형식들을 도출해 내고자 했다. 그에게 무엇보다 중요한 것은 "예술은 자연 질서의 모방"이라는 모토를 가진 고전주의를 따르는 것이었다. 즉, 그는 자연의 질서인 정신과 그것의 양상인 감정(정념)에 따라 육체의 표현들을 설명하고자 했다. 그는 "몸을 작동시키는 정신"이라는 데카르트의 사상을 토대로 감정이 근육 운동과 얼굴 표현의 원인이라고 확신했다(Hartley, 2001: 15f). 데카르트는 『정념론』(1649)에서 여섯 가지 정념(놀람, 사랑, 증오, 욕망, 기쁨, 슬픔)을 다루면서, 이 정념들이 외부로 드러나는 징후들(눈과 얼굴의 작용, 색조의 변화, 떨림, 무기력 상태, 웃음, 눈물, 신음, 한숨)을 기술했다. 르브룅은 이에 근거해 정념을 표현하는 표정을 회화의 영역에 도입하는 원칙을 제시한다. 르브룅이 1671년 3월 7일과 28일 '회화 조각 왕립 아카데미'에서 행한 강연에서 제시한 표정의 범형들(〈그림 9-2〉)은 시사하는 바가 크다(Nivelon, 2004: 334).[2] 그는 숭배

(vénération), 감탄(admiration), 황홀(ravissement), 사랑(amour), 증오(haine), 공포(frayeur), 의심(crainte), 고통(douleur), 분노(colère) 등의 언어-개념적 분류에 따라 감정을 구분하고 그것에 대한 표정들의 범형을 제시했다(Le Brun, 1702: 17f).

사실 고대 인상학이 초점을 맞추고 있었던 개인의 성격은 고정적인 것으로, 사건을 경험할 때 느끼는 일시적인 정념과는 다른 것이었다. 그러나 화가에게 이 둘의 차이는 중요하지 않다. 성격이든 정념이든 표현이 가시적인 형태로 드러나는 것이 중요하다. 그래서 르브룅 식의 이러한 얼굴 표현-표정 분석은 유형론(typology)으로 귀결되기 마련이며 한계를 드러냈다. 게다가 우리의 실제 현실에서는 성격이나 정념이 늘 표현으로 드러나는 것은 아니다. 자신의 성격이나 감정을 감추기 위해 의도적으로 표정을 짓지 않는 경우가 있기 때문이다. 그러나 회화에서 이러한 무표정(l'inexpressif)은 예를 들면 인간혐오(misanthropie)의 얼굴이지, 성격이나 감정을 감추기 위한 것으로 해석되지는 않는다.[3]

이후 18세기 요한 카스파어 라바터(Johann Caspar Lavater)는 당시 개인주의적 특성을 반영하여, 고정적인 생김새가 사람의 본성을 드러낸다고 보았다. 라이프니츠의 영향을 받은 라바터는 개인을 단자(monade)의 형태를 띠는 것으로, 즉 단일성과 유일성을 지닌 개체, 자족적 전체로 본다. 이런 점

---

2   이 강연의 전체 텍스트는 사라졌고, 요약본의 형태로만 남아 있지만, 강연에 사용된 250점의 데생은 남아 있어 현재 루브르 박물관에 보관되어 있다.

3   그리하여 르브룅은 인간의 표정 등에서 보이는 심리적·물리적 특징 외에 또 하나의 표현을 덧붙인다. 이것은 얼굴에 움직임이나 살아 있는 듯한 인상을 주는 것으로, 핍진성(versimilitude), 사실임직한(vraisemblable) 특성을 가지게 하는 것이다. 이러한 표현으로 "형상들은 움직임을 가지는 것 같아 보이며, 가짜가 진짜처럼 보인다". 그러나 이것은 실제 대상의 성질이 아니라, 예술가의 테크닉에 속하는 것이며, 문자 그대로 표현의 가치이다(Le Brun, 1668: 334).

〈그림 9-3〉 라바터의 『인상학에 관한 에세이』(1840)에 삽입된 그림자 관상

에서 본다면 얼굴의 형태는 언어보다 자아를 더 잘 나타낼 수 있는 궁극적
인 표지가 된다. 의사소통을 위한 언어는 실용성 위주로 쓰이므로 제한이
있고, 내면을 감출 수 있지만, 생김새는 내면을 그대로 드러내기 때문이다.
따라서 라바터는 얼굴이야말로 "모든 언어 가운데 가장 아름답고, 가장 유
창한 언어로, 지혜와 미덕을 드러내는 자연의 언어"라고 말한다(Lavater,
1775: 96). 라바터의 인상학에서 주목할 점은 얼굴의 정적인 특징을 연구하
는 인상학을 동적인 특징을 연구하는 감정표출학과 구분했다는 점이다. 그
는 고정된 생김새는 진정한 순수과학의 영역에 들어가지만, 표정이란 개인
이 사회로 들어갈 때 생기는 세속적인 것으로 보았다. 라바터가 보기에 표
정은 개인이 사회에 들어갈 때 생기는 후천적인 것이며, 본성을 투영하지
않는다. 이런 관점에서 그는 움직이는 요소들이 나타나지 않는 실루엣 관상
(〈그림 9-3〉)을 주장한다(Lavater, 1840: 143). 이것은 그림자 관상이라고 불리
는 것으로, 턱, 코, 두개골을 이루는 그림자 형상을 본다. 그림자는 표정이
나 얼굴의 빛깔 등을 최대한 배제할 수 있기 때문에 사람의 본성을 그대로
드러낸다는 것이다. 그의 분류에 따르면 이마에서 눈썹까지는 이해력을, 코
와 턱은 도덕적이고 감각적인 삶의 이미지를 나타낸다. 눈이 그림자 관상에
서는 나타나지 않기 때문에, 이마를 가장 중요한 성격의 표지로 보았다.[4]

　라바터 이후 표정을 만들어 내는 얼굴의 근육에 대한 연구는 모로 드 라
사르트(L. J. Moreau de la Sarthe), 찰스 벨(Charles Bell), 찰스 다윈(Charles

Darwin) 같은 과학자들의 생리 현상에 대한 연구로 넘어가게 된다. 1791년 프란츠 요제프 갈(Franz Joseph Gall)이라는 의사가 제창한 뇌와 성격의 직접적인 관계에 관한 이론인 골상학(phrenology)은 곧 인상학의 자리를 차지하지만, 19세기 말 신경학자와 해부학자들의 새로운 과학적 발견들로 골상학의 오류들이 밝혀지면서 급속한 쇠퇴의 길을 걷는다.

3. 구별짓기의 인상학

그러나 골상학을 비롯한 인상학은 20세기를 거쳐 현재 21세기에도 계속되는 문화적 맥락이라 할 수 있다. 이것은 개인의 성격과 감정을 설명하는 인상학이 다른 한편으로 한 사회에서 이방인, 비정상인, 야만인 등을 축출해 내어 배제하는 권력의 패러다임으로 기능했기 때문이다. 인간을 유형별로 범주화하는 분류학으로서 인상학은 서구인의 문화적 우월성에서 비롯된 것이다. 라바터도 인종 간 우열의 차이를 뛰어넘을 수 없는 것으로 보았다. 그는 황인종과 흑인을 비하하면서 인종의 열등함은 외형적 표지로 분명히 나타난다고 했다. 이때 흑인의 얼굴을 읽기 위해 동원되는 비교 대상은 인간이 아닌 동물이었다. "흑인의 튀어나온 입은 원숭이들에게서 나타나는 현상으로, 뜨거운 기후 때문에 지나치게 성장하고 부어오른 것"이라는 식이다 (Lavater, 1840: 345, 349~350).

얼굴이 그 사람의 본질을 드러낸다는 인상학의 대전제는 이런 식으로 가

---

4   하지만, 그도 계속 반복되는 정념의 기호가 영구히 얼굴에 남게 된다고 생각했다. 즉, 나이가 들면서 반복적인 표정에 따라 얼굴의 근육과 주름의 발달이 달라진다는 원리를 포용하는 것이었다. 라바터가 17~18세기 근육의 움직임에 대한 연구들을 수용하고 있었음을 보여 주는 부분이다.

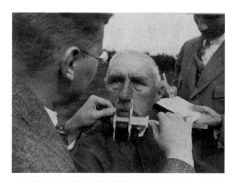
〈그림 9-4〉 나치 '인종과학자'가 유대인을 가려내기 위해 신체 각 부분을 측정하는 모습

치의 우열을 매기는 역할을 했다. 아름다운 외모는 미덕을 보여 주고, 추한 외모는 악덕을 드러낸다고 보았기 때문에, 인상학이 인종과 계급을 구별하는 표지로 기능할 때, 이것은 차별을 정당화하는 근거가 되었다. 이후 제국주의 국가들이 식민지를 건설하고, 전체주의 국가들이 반유대주의를 강화시켜 나갈 때 인종적 정형화를 통한 얼굴 분류법은 그 근거가 되었다(〈그림 9-4〉). 아리안족의 "금발, 큰 키와 긴 두개골, 갸름한 얼굴, 우뚝 솟은 높은 턱, 높고 뾰족한 코, 부드러운 직모, 큼직하고 연한 색깔의 눈, 하얀 연분홍 피부"는 이상화되고, 유대인의 "검은 머리, 안짱다리, 매부리코, 엄청나게 큰 성기"는 육체적으로 혐오감을 일으키는 경멸의 대상으로 취급되었다. 나치 독일이 1934년부터 시행한 강제 불임법을 비롯한 인종보존 정책 뒤에는 외모를 통해 사람의 가치를 매기는 매우 극단적인 인상학이 전제로 자리하고 있었다. 그러나 실제 유럽에 살고 있던 유대인들이 이렇게 구별되는 모습을 하고 있었던 것은 아니다.[5] 오히려 인종주의와 인상학의 결합은 특정 집단의 신체적 이미지를 개념화하고 그를 통해 차별과 박해의 정당성을 확보해 가는 일종의 '마음속 정형화' 작업이라 할 만한 것이었다(피카르, 1994: 227).

---

5 '예쁜 아리아인 아기 선발대회'에서 1등을 차지해 1935년에 나치의 선전 잡지인 ≪집안의 햇살(Sonne ins Haus)≫의 표지를 장식한 헤시 레빈슨 태프트(Hessy Levinson Taft)가 유대인이었다는 사실이 80년이 지나 밝혀졌다. 이 이야기는 유대인과 아리아인을 구별하기가 얼마나 어려운지를 보여 주는 예이다(염운옥, 2019: 216~217).

범죄의 원인을 신체적 특성과 결합시키는 범죄인상학(criminal physiog-nomy)도 그 기원을 델라 포르타에게서 찾을 수 있다. 그는 범죄자의 신체적 특성과 범죄 유형 사이의 분명한 관계를 지적하면서, 도둑들은 "작은 귀, 짙은 눈썹, 작은 코, 자주 움직이는 눈, 날카로운 시선, 벌어진 입술, 길고 가는 손가락"을 가졌다고 기록한 바 있다(설혜심, 2002: 303 재인용). 이후 이탈리아의 체사레 롬브로소(Cesare Lombroso)는 범죄의 원인을 신체적 특징과 연결시키는 범죄인류학을 창시했다. 그는 두개골, 귀의 모양, 안면 뼈, 머리카락, 이마, 입술, 치아 등이 범죄성을 특징짓는 중요한 요소라고 했다. 롬브로소는 수많은 사례들을 분류하고, 통계를 동원하는 과학적 실증주의를 내세웠는데, 이러한 경향은 이후 범죄학 분야에 엄청난 영향을 끼친다(Hooton, 1939: 376f).

인상학이 이렇게 큰 영향을 끼칠 수 있던 것은 인상 자체가 본래 나와 타자를 구별하고 배제하려는 '타자화'의 과학이기 때문이다. 우리 사회는 늘 타자화를 필요로 하고 또 습관적으로 해왔던 것이다. 포스트모더니즘 시대의 사회학자, 철학자들은 이러한 타자화에 대해 각자의 방식으로 논평을 내놓는다. 부르디외는 얼굴을 잣대로 우열을 정하고 우리와 다른 문명권을 차별하고 배제하는 '구별짓기(distinction)'의 역사에 대해 폭로하고(부르디외, 1995: 103f), 레비나스는 타자의 고통스러운 얼굴을 보면서 연민의 윤리학을 펼친다(Levinas, 1968: 229). 들뢰즈는 얼굴의 역사를 타자성을 동일성의 기제로 포섭한 것으로 평가하며 비판의 목소리를 낸다(들뢰즈·가타리, 2001: 340). 특히 들뢰즈는 가타리와 함께 '얼굴성(visagéité)'이라는 추상 기계6가 개별적·구체적 얼굴들을 생성한다고 설명한다. 이 얼굴성의 기제가 작동하

---

6   들뢰즈는 모든 개별적 개체를 기계(machine)라고 부르는데, 구체적인 기계들이 작동하는 방식을 '추상 기계(machine abstraite)'라는 개념 도구로 설명한다. 서로 다른 형식들을 출현시키는 '비형식적으로 작동하는 힘의 상관관계'가 바로 추상 기계이다.

는 방식은 두 가지로 나뉜다. 첫 번째 방식은 일대일 대응관계로서 남자/여자, 부자/가난한 자, 성인/아이와 같은 이분법적 구도를 만들어 내는 것이다. 이러한 기본 얼굴 단위들의 조합에 따라 개별적이고 구체적인 얼굴들이 나오는 것이다.

두 번째 방식은 선별화 작업을 통해 이원적 관계를 생산하는 것으로서, 이때 얼굴은 '서구-백인-남성'을 표준으로 삼아 인간을 범주화하고 유형화하는 분류 체계로 작동한다. 들뢰즈와 가타리에 따르면, 유럽의 인종주의는 비유럽인을 단순히 배제함으로써 (즉, 타자를 설정함으로써) 나타난 것이 아니다. 오히려 흑인 얼굴, 유대인 얼굴과 같은 '일탈'들을 받아들여 동일성의 기제로 포섭함으로써 완수되었다. 이는 차이들을 동일성으로 흡수시키고 "삭제하기 위해 그것들을 통합하는 척하는" 얼굴성의 작동 방식이다(들뢰즈·가타리, 2001: 340). 모든 타자성이 사라질 때까지 동일화, 즉 얼굴화만 작동시키는 것이다. 이렇게 구성된 얼굴은 다양한 표현의 형식과 실체들을 억압하고, 하나로 고착화하는 배타적인 표현이다.

또한, 얼굴성의 기제는 독재적이고 권위적인 권력에 의해 작동하는데, 이로부터 의미 생성과 주체화 과정이 얼굴에 새겨진다. 즉, 얼굴에는 권력의 메커니즘과 사회적 코드가 새겨진다. 이것이 얼굴이 갖고 있는 문명의 부정적 측면이며 들뢰즈와 가타리는 이에 대한 비판으로 얼굴 해체를 주장한다.

4. 들뢰즈의 얼굴 해체와 '되기'

얼굴의 해체는 곧 주체성과 절대적 의미화로부터의 해체이다. 인간을 지배적인 사회질서 안에 고착, 고정시키는 의미화와 주체화로부터 벗어나는 것이다. 인간에게서 얼굴을 지우는 것, 얼굴성의 특징들을 상실하게 만든다는 것은 다른 체제로 진입한다는 뜻이다. 들뢰즈가 주목했던 프랜시스 베이컨(Francis Bacon, 1909~1992)의 회화가 이러한 양상을 잘 보여 준다. 베이컨 작품에서 인물의 얼굴 형상은 뭉개지고 지워지고 비틀어진다. 이렇게 얼굴이 해체된 곳에서 머리가 솟아나고, 인간으로부터 벗어나 동물로 탈영역화한다. 베이컨의 얼굴의 탈코드화는 얼굴에 표현되는 동물의 특성에서 발생한다. 그러나 들뢰즈는 이러한 동물의 특성이 형식적인 대응 혹은 모방적인 재현에서 비롯되지 않음을 강조한다. 오히려 베이컨 형상에서 나타나는 동물의 특성은 인간과 동물 간의 식별불가능성과 결정불가능성의 지대로 읽어야 한다. 베이컨은 인간들을 동물들로 변환시킨 것이 아니라 인간들과 동물들의 결정 불가능한 공통 지대를 묘사했다는 것이다(들뢰즈, 1995: 38f).

들뢰즈와 가타리가 들고 있는 '동물-되기'의 사례는 베이컨의 형상 외에도 개-되기, 말-되기, 곤충-되기, 쥐-되기, 고래-되기, 물고기-되기가 있다. 이들 되기에서 인간 주체는 인간 이하의 기괴한 동물적인 상태에서부터, 아주 고차원적인 자연과의 합일 상태까지 다양한 차이를 지닌다. 예를 들어 한스의 말-되기는 한스의 미발달된 정서 상태를 나타내는 것이며, 『모비딕』에 등장하는 에이허브 선장의 고래-되기는 실존적 무의 체험과 그것을 넘어서고자 하는 '초월 충동'과 관련이 있다. 또한 한 문인화가의 물고기-되기는 자연의 한 대상과의 근본적 합일을 나타낸다. 즉, 동물-되기는 인간의 비인간적 지대에서 인간성 경계의 지대까지, 곧 합리적이고 의사소통적인 인간의 지대 이하이거나 그 이상의 영역과 관련된다(들뢰즈·가타리, 2001: 529~531).[7]

---

7 들뢰즈의 '되기(devenir)'는 자신을 하나의 정체성으로 한정 짓지 않고 언제든지 다른 무엇인가가 될 수 있는 가능성의 지대로 나아가는 것이다. 단일한 질서로 코드화된 얼굴에서부터 다성적이고 이질적인 몸체로서의 머리로 이행하는 것이다. 이는 인간과 사회가 동물, 원시 세계로 퇴행, 회귀하는 것이 아니라, 그 구분이 붕괴되는 지점을 모색하는 '되기'의 과정이자 유기체적 지층으로부터 벗어나 '기관 없는 신체(corps sans organes)'를

이 동물-되기는 몇 가지 특징을 보인다. 첫째, 동물-되기는 되고자 하는 대상 동물과 유사하게 되는 게 아니다. 가령 한스의 말-되기에서 한스는 말과 모습이 비슷하게 되거나 말이 하는 행동을 단순히 흉내 내는 것이 아니다. 되기는 유사성도, 모방도, 더욱이 동일화도 아니다. 오히려 다른 종류의 특이한 신체적 양태를 만드는 것이다. 이러한 점에서 과거 아리스토텔레스, 르브룅, 델라 포르타가 주목했던 동물과 인간의 외모, 성격 사이에서 유사성을 찾는 것과는 명확히 구별된다.

둘째, 동물-되기는 혈통이나 계통에 의한 진화가 아니다. 되기는 전혀 다른 질서에 속하는 것이다. 되기는 언제나 결연, 전염, 감염 등을 통해 이뤄진다. 되기는 자신의 혈통 안에 없는 것, 자신과 이질적인 어떤 것과 만나는 결연에 의해서 이뤄진다. 들뢰즈와 가타리는 이처럼 이질적인 것과 결연하여 새로운 혼성적인 무엇이 되는 것을 '함입(involution)'이라 부른다(들뢰즈·가타리, 2001: 453). 또한 동물-되기는 그 이전의 상태로 돌아가지 않는 환원 불가능한 역동성을 갖는다.

그렇다면 이러한 동물-되기는 어떻게 가능한가? 무엇보다도 동물의 신체적 정동(affect)을 만들어 낼 수 있는 속도와 힘을 나의 신체에 부여할 수 있어야 한다. 말하자면 어떤 특정한 동물이 되는 방식으로 자신의 신체적 힘과 에너지 분포를 바꾸어 새롭게 만들어 내서 그 동물과의 정동을 생산하는 것이다.

동물-되기에는 두 가지 원리가 있다. 첫째, 이는 언제나 무리, 떼, 패거리 혹은 다양체(multiplicity)와 관련된다는 것이다(들뢰즈·가타리, 2001: 454). 인간이든 동물이든 무리는 모두 전염, 감염, 파국을 겪으며 증식한다. 결합, 서식, 집단, 결사 등의 다양한 모임은 동물-되기에 고유한 집단 유형이다.

구현하는 것이다.

무리는 가족이나 국가와 같이 제도화된 사회적 단위와 달리 끊임없이 가족이나 국가를 동요시키고 교란시킨다. 바로 이 점에서 동물-되기의 정치학이 탄생한다(들뢰즈·가타리, 2001: 469). 이것은 비정상인, 유색인 등을 타자로 구별하고, 나, 우리의 지역과 사회만을 굳건히 하려 했던 인상학의 사회정치적 변용 패러다임과 정확히 반대편에 위치한다.

둘째, 무리 혹은 다양체가 있는 곳에는 반드시 예외적인 개체, 곧 특이자(anomalous)가 있는데, 동물-되기를 위해서는 반드시 그 별종과 결연을 맺어야 한다(들뢰즈·가타리, 2001: 462). 동물-되기는 『모비딕』의 결말에서 에이허브 선장이 모비딕과 함께 바다 심연 속으로 사라진 것처럼 특이자와 결연해야 일어난다. 그러나 특이자는 단순히 예외적인 개체가 아니다. 특이자는 인간이 만든 분류나 기표, 인간적 감성들에는 낯설고 두렵게 출현하는 경이로운 존재다. 그래서 특이자는 무리의 경계에 있는 가장자리 현상이라 할 수 있다.

그러나 동물-되기는 무리에서 감염에 의해 가능하다는 첫 번째 원리와 특이자와의 결연을 통해 이뤄진다는 두 번째 원리는 서로 모순되는 것 같아 보인다. 예를 들어, 한스의 말-되기 같은 경우 무리와 감염이지, 반드시 특이자와의 결연이라 볼 수는 없다. 이것은 오히려 동물-되기에 여러 수준이 있을 수 있음을 설명해 주는 것이다. 한스의 말-되기와 에이허브 선장의 고래-되기는 서로 다른 원리에 의해 가능했을 것이다.

이러한 동물-되기는 '지각 불가능하게-되기'라는 궁극적인 되기에 이르는 과정이다. 지각 불가능하게-되기는 존재가 무존재로 없어지는 것이 아니라, 무한한 되기로 바뀌는 더 높은 차원의 되기이다. 들뢰즈와 가타리가 근대적 얼굴에서 벗어난, 즉 '얼굴 없는 인간'의 범례로 제시하는 것은 원시사회 부족들과 정신분열자들이다. 근대적 얼굴에서는 주체화와 의미화의 과정들이 세계를 유사하고 동일하게 시각적으로 코드화하는 데 반해, 원시적 체제에서는 얼굴을 특권화하지 않으며, 다양하고 이질적이고 탈중심화된 코드들과 실행들을 통해 많은 요소들이 상호 접속된다. 원시적 복장들, 장식들, 가면들은 다양체에 속하는 머리가 이종적인 요소들로서 작용하도록 보장한다.[8] 들뢰즈와 가타리가 『안티 오이디푸스』와 『천 개의 고원』에서 분석 대상으로 삼고 있는 분열증 환자는 언어를 상실했을 뿐만 아니라 타인은 물론 자신의 얼굴조차 인지하지 못한다. 이들은 의미 생성과 주체화라는 얼굴성의 특징을 읽어 내지 못하며, '기관 없는 신체'의 대표적인 예이다. 다시 말하자면, 분열증 환자에게서 우리는 근대적 얼굴의 해체를 만날 수 있다. 그렇다면, 분열증 환자가 표현하는 얼굴은 어떠한 양상을 보여 줄 것인가?

5. 아르 브뤼의 표현

현실적으로 얼굴 없이 사는 것은 불가능하다. 진정한 얼굴 해체는 예술을 통해서 실현된다. 예술 속에서 인간은 동물-되기와 지각 불가능하게-되기를 실천하고 있다. 주체화와 의미화의 공간으로서 얼굴의 소멸 또는 해체는 현대 예술에서 쉽게 발견되는 현상이다. 피카소, 베이컨의 회화 작품과 같은 전통 매체에서, 아지즈와 쿠처(Aziz+Cucher)의 사진 작품, 피터 캠퍼스(Peter Campus)의 비디오 작품이 비근한 예일 것이다. 얼굴의 해체뿐 아니라 들뢰즈의 동물-되기 개념도 패트리샤 피치니니(Patricia Piccinini) 등 포스트휴먼 작품들, TC&A Project의 바이오아트 작품에 적용시켜 볼 수 있다. 그러나 이러한 이들의 작품은 '근대적 얼굴을 해체하고자 하는' 작가의 의도

---

8 들뢰즈와 가타리가 원시적 문화에서 얼굴 표정들의 다성적이고 탈중심화된 배치에 대해 설명하는 예는 다음과 같다. 남비콰라 인디언들은 장례 절차 동안 다른 사람이 울 때 옆에서 외설적인 농담을 한다. 혹은 한 인디언은 갑자기 우는 것을 멈추고 피리를 고친다. 또는 모든 사람이 잠이 든다(들뢰즈·가타리, 2001: 336 참조).

에서, 즉 의미 생성을 목적으로 창작되었다. 이러한 의미 생성의 목적을 지니지 않은 예술에서도 얼굴의 해체가 나타날까? 이는 창작의 전 과정이 작가의 고유한 충동에서 비롯되고 고유의 재료, 방법, 서술 방식만을 사용하는 아르 브뤼(art brut) 작가들의 작품을 살펴볼 때 분명하게 규명될 수 있을 것이다.[9]

정신병동의 예술, 사회 소외계층의 예술, 독학예술까지 포함하는 아르 브뤼 작가들은 문화 제도권의 시선에서 볼 때, 삶에서 의미화와 주체화를 이뤄 내지 않으며 살아간다. 그러므로 예술 훈련 없이, 문화와 제도의 바깥에서 나온 이들의 창작품은 동기적 측면에서가 아닌 결과적으로 근대적 얼굴의 해체를 담고 있을 것으로 기대된다. 아르 브뤼 작가들의 다양한 표현 중 상당수의 작품에서 얼굴의 표현이 발견되는데, 이 얼굴들은 대부분 눈, 코, 입, 귀가 고정되어 있는 인간의 형상이라기보다 '동물-되기'의 양상 또는 '지각 불가능하게-되기'의 양상을 보인다.

오귀스트 포레스티에(Auguste Forestier, 1887~1958)의 작품에서 볼 수 있는 '동물-되기'의 예를 살펴보자.[10] 그는 폭력적인 성향, 잦은 가출, 기차를 탈선시키는 등의 사건으로 정신병원 입·퇴원을 반복하며 평생을 보냈다. 그가 조각을 시작한 것은 1915년 병원에서 먹다 남은 고기 뼈를 이용한 것이었다. 1930년부터는 병원 복도 끝에 그만의 작은 공방을 만들고, 그곳에서 버려진 나뭇조각들을 다듬어 인형이나 사람 형상을 만들어 냈다. 구두 수선공의 칼 하나로 깎아 낸 나뭇조각 또는 쓰레기통에서 주은 못, 뚜껑, 동

---

9 'art brut'의 발음을 따른 한국어 표기는 '아르 브뤼트'가 되어야 하겠으나, 국내에서 통용되고 있는 '아르 브뤼'로 표기하고자 한다. 아르 브뤼의 정의와 범주에 관해서는 한의정 (2013: 305~330) 참고.

10 오귀스트 포레스티에의 작품은 https://www.artbrut.ch/en_GB/authors/the-collection-de-l-art-brut/forestier-auguste에서 감상할 수 있다.

전, 천 조각, 깃털 등을 붙여서 만들어 낸 포레스티에의 작품은 주로 날개 달린 인간의 몸과 토끼나 새 머리의 결합으로 이뤄져 있다. 이러한 그의 작업 방식은 조각이라기보다는 아상블라주(assemblage)에 가까운데, 전체 구성의 조화로움을 산출하겠다는 의도 없이, 부분부분이 모두 명백하게 시각적으로 보이도록 결합되어 있기 때문이다. 그러므로 포레스티에의 작품은 어떤 동물을 모방하고 있다거나, 인간과 동물 사이의 유사성에 기대고 있다고 볼 수 없다. 오히려 아주 다른 종류의 특이한 신체적 양태를 보여 주고 있다. 이것은 정신병원이라는 갇힌 공간에서 얻을 수 있는 재료의 제약이 가지고 온 한계를 창조적으로 활용한 것이다. 주변에 있는 임시적인 재료와 도구만을 가지고 작업해야 하는 브리콜라주(bricolage) 방식이 오히려 인간과 동물 사이를 넘나드는 새로운 형상의 출현을 가능하게 한 것이다(*Publication de la Compagnie de L'Art Brut*, 1966: 74).[11]

정신의학자 앨프리드 베이더(Alfred Bader)의 천재와 분열증의 관계에 관한 연구(Bader, 1972)에서 언급된 프리드리히 슈뢰더-조넨스테른(Friedrich Schröder-Sonnenstern, 1892~1982)의 작품에 나타나는 형상들은 결합이나 결연으로 이뤄지는 동물-되기의 예로 볼 수 있다.[12] 슈뢰더-조넨스테른은 청소년기에 절도, 상해로 여러 번 소년원에 갔다 정신분열증을 의심받고 정신병원에 수감된다. 이 경험으로 그는 평생 권위를 증오하게 되었다. 퇴원 후, 그는 사회의 불의와 부패를 비판하는 시집을 발표하고, 정신과 의사들을 "세상에서 가장 악랄한 지식인 범죄자"라 말했다. 이후 군대와 서커스에서,

---

11 들뢰즈가 『안티 오이디푸스』에서 아르 브뤼 작품들(분열증적 대상)을 기술할 때 생산 과정과 반드시 결부시켜야 한다고 강조한 것도 이와 같은 맥락에서 읽을 수 있다(들뢰즈·가타리, 2014: 30~31).

12 슈뢰더-조넨스테른의 작품은 http://www.artnet.com/artists/friedrich-schr%C3%B6der-sonnenstern/에서 감상할 수 있다.

그리고 점성술사로 여러 일을 했고, 비교(sect)의 지도자로서 수입의 전부를 가난한 아이들과 동물들에게 나눠 주는 성자의 삶을 살기도 했다. 결국 1930년 정신병원에 재입원하면서 어릴 적 감옥에서 잠깐 했던 회화와 드로잉을 다시 시작했다. 그가 자신만의 스타일을 확립하게 된 것은, 57세에 더 이상 거동할 수 없게 된 때이다. 그는 얇게 바른 물감 위에 색연필을 사용하여, 분명한 외곽선과 평평한 색채를 입은 그로테스크한 동물과 인물의 혼합 형상을 그린다. 슈뢰더-조넨스테른 작품에는 새디스틱한 정복 의식과 위협에 압도당하는 정서가 동시에 나타난다. 그의 삶과 작품 세계를 관통하는 '주인과 노예' 사이의 긴장은 아마도 정신병에 저항하는 그만의 방어책이었을 것이다(Kraft, 2005: 210). 동물-되기를 위해서는 반드시 무리 중의 예외적인 개체, 즉 특이자와 결연을 맺어야 한다고 했다. 인간이 만들어 낸 분류나 인간적 감성으로는 낯설고 두려워 보이는 이 특이자 앞에서 동물-되기를 희망하는 '노예'들은 특이자와의 결합을 꿈꾸며 가슴이나 성기와 같은 성적 무기들을 사용해 유혹하는 모습으로 나타난다.

이러한 동물-되기는 결국 지각 불가능하게-되기에 이르게 된다. 우리는 지각 불가능하게-되기의 예로 아르 브뤼 작가이자 독학예술가인 스코티 윌슨(Scottie Wilson, 1891~1972)의 작품을 분석할 수 있다.[13] 스코틀랜드에서 태어난 그는 아무런 정규교육도 받지 못한 문맹이었으며, 온갖 잡일과 장터나 서커스에서 중고 물건을 팔며 생활을 영위했다. 캐나다로 이주한 1938년, 44세에 그는 갑자기 그림을 그리기 시작했다. 어느 날 테이블 위에 만년필로 낙서하듯이 그리기 시작했는데, 이 드로잉을 멈출 수가 없었고 결국 그 테이블이 작은 얼굴들과 도안으로 가득 찼다고 한다. 이 날부터 그는 스

---

13 스코티 윌슨의 작품은 https://www.outsiderart.co.uk/artists/scottie-wilson에서 감상할 수 있다.

스로 그리는 법을 익히며 몇 시간씩 검정 잉크로, 그리고 이후에는 색을 사용하기 시작한다. 고국으로 돌아와 그의 작품이 갤러리에 전시되는 등 명성을 얻어 갔지만, 정작 윌슨은 작품으로 큰돈과 명성을 얻는 것보다 본인이 원하는 방식으로 푼돈 받고 장터에서 그림 파는 것을 더 좋아했다. 이러한 점에서 그는 사회 소외계층의 예술가로서 아르 브뤼 작가로 분류된다. 그는 작품에 창작 연도를 명시하지 않았기 때문에 —대다수의 아르 브뤼 작가들과 마찬가지로— 그의 스타일의 전개를 정확히 알 수 없지만, 후기작으로 갈수록 유기적인 구성은 사라지고, 선과 디테일은 자세하게 변해 간 것으로 보인다. 또한 선과 악 사이의 대립을 좀 더 강하게 내세운다. 그는 눈이 있는 얼굴과 같은 형상들을 '악과 탐욕(evils and greedies)'이라 부르고, 식물과 나무, 새와 동물, 마을과 같은 자연 소재는 '선과 진리'라 부르며 대조시킨다 (Melly, 1986: 32). 그러나 이 두 종류의 상징은 그의 구성 안에서 결연을 맺기를 두려워하지 않는다. 자신과 이질적인 다른 것과 만나는 결연을 통해 새로운 혼성적인 '함입'의 상태에 이르렀다고 볼 수 있는데, 이 상태에서는 다시 이전의 상태로 따로 떼어서 지각해 낼 수 없다.

이러한 환원불가능성은 미셸 네자르(Michel Nedjar, 1947~)의 지각 불가능한 인형에서도 발견된다.[14] 유대인 재단사 집안에서 태어나 어릴 때부터 천과 재료들에 매료되어 지냈던 네자르는 친지 가족들이 나치의 희생양으로 사라지는 것을 목격하며 큰 충격을 받는다. 이후 멕시코 여행을 하며 멕시칸 인형의 형형색색 선명한 색깔에 경도되는데, 그는 여기에서 영감을 받아 자신만의 인형을 구상한다. 할머니의 시장 좌판에서 일하며, 네자르는 남은 짜투리 재료들로 누더기 형상을 만들었다. 그의 누더기 인형은 초기에는 형

---

14 미셸 네자르의 작품은 https://www.artbrut.ch/en_GB/author/nedjar-michel에서 감상할 수 있다.

상을 알아볼 수 있는 형태였으나 점점 추상적으로 그로테스크하게 변해 갔다. 결국 인형은 더 이상 인간도 동물도 아닌 지각 불가능한 상태에 이르렀다. 이것은 어떤 성질을 규정하는 힘, 즉 주체성을 획득하고, 의미를 결정짓는 힘으로부터 벗어났다는 뜻이다. 이러한 형상에 이르면 하나의 정체성에 얽매이지 않고, 가변적인 여러 주체성으로 변이할 수 있음이 분명해진다.

지금까지 살펴보았듯이 아르 브뤼 작가들이 보여 주는 동물-되기 또는 지각 불가능하게-되기는 여러 수준에 걸쳐 서로 다른 원리에 기대어 수행된다. 사실 아르 브뤼 작가들은 작품을 통해 의미를 산출하겠다든지, 아름다운 형상을 창조하겠다는 등의 목적의식 없이 순수하게 작가 고유의 표현력에만 의존하여 창작 활동을 한다. 그렇기 때문에 그들은 서로 다른 이질적인 재료들을 결합하는 것에도, 완전히 다른 특이자와의 결합에도 두려움이 없다. 이러한 결합이 반복, 확장되어 다시 원래의 상태로 돌아갈 수 없는 환원불가능성을 보이더라도, 그것은 또 다른 '되기'로는 열려 있는 상태이다.

6. 또 다른 인상학

우리는 들뢰즈 또는 아르 브뤼 작가들이 보여 준 얼굴 해체의 긴장이 이미 근대 인상학에 드러나고 있었음을 살펴보았다. 근대 인상학자들은 고대 인상학의 전통을 따라 동물과 사람 얼굴과의 비교를 통해 그 사람의 본질, 성격을 추론하는 방식을 사용했다. 이성적·합리적 주체로서 인간을 지향했던 근대적 사고방식에서 볼 때 비이성적·비합리적인 동물과 인간을 동일선상에 놓았다는 것은 붕괴의 지점을 스스로 마련한 것이라고 볼 수 있다. 또한 근대 인상학에서 새롭게 받아들인 점은 감정에 따른 표정 연구였다. 이성에 비해 감정은 가변적·일시적·부차적인 것이라 무시되어 왔었는데, 감정의 결과로서 표정의 전형들을 정하기 위해 감정은 과학적으로 다뤄지기 시작했다. 또한 이러한 표정에 대한 연구는 시각적 자료로 보충되어야만 했다. 정적인 성격의 시각적 제시보다 표정은 보다 역동적인 표현을 필요로 하는 것이었기에 작가의 역량 문제로 여겨지기도 했다. 이렇게 인상학은 시각 이미지를 사용할 수밖에 없는 학문이었기에, 그곳에 텍스트와 이미지 사이의 괴리 또는 긴장은 늘 존재했다.

들뢰즈는 인상학에서 보여 준 얼굴의 강조가 근대적 주체와 의미를 새겨 넣으려는 시도라 하며, 이를 해체하려 한다. 그는 다양한 차이들을 동일성으로 포섭해 버리는 사유들을 비판하며, 유사성으로 귀결되지 않고 결연을 통해 다른 질서에 속해 버리는 동물-되기를 얼굴 해체의 예로 제시한다. 그리고 이 동물-되기는 결국은 지각 불가능하게-되기에 이르는데, 우리는 실제 삶에서도 주체화·의미화와 거리가 먼 삶을 살고 있는 아르 브뤼 작가들의 표현에 초점을 맞추어 보았다. 아르 브뤼 작가들이 표현한 얼굴은 원초적이며, 의미를 생성하지 않고, 그러므로 무엇이라 규정할 수 없는, 주체가 드러나지 않는 형상이다. 들뢰즈는 이러한 얼굴들을 프로이트 식의 퇴행으로 읽어 내기를 거절하며, 기관의 영토화를 무효화함으로써 다시 모든 것으로 분화할 잠재성으로 되돌아가는 창조적 활동으로 설명한다(들뢰즈·가타리, 2001: 315). 재료, 소재, 결합하는 존재 등 이질성의 표현일 수 있는 것이 얼굴의 창조적 활동을 위해서는 잠재성이 된다. 들뢰즈가 지적한 대로 아르 브뤼는 태생적으로 표현 질료의 영토화에서 해방되어 있으며, 그 무엇이든지 받아들여 표현의 질료로 만들 수 있다는 특징을 지닌 것이다.

소멸하는 얼굴이 표현되고 있는 예술 현상이 우리에게 보여 주는 것은 오히려 무한한 변이가 가능한 '되기', 생성의 존재론이다. 이 시대의 사라지는 얼굴들 사이에서, 우리는 예술을 통해 세계에 또 다른 '인상(physiognomy)'을 부여하는 작업을 하고 있다. 이 새로운 인상은 기존의 차별적인 위계를 만들어 내고 중심과 주변, 동일자와 타자로 이분화하는 데 일조했던 인상학과 달리, 구별 불가능한 지대를 만들어 내고 있음이 분명하다.

참고문헌

들뢰즈, 질(Gilles Deleuze). 1995. 『감각의 논리』. 하태환 옮김. 서울: 민음사.

들뢰즈, 질·가타리, 펠릭스(Félix Guattari). 2014. 『안티 오이디푸스: 자본주의와 정신분열증』. 김재인 옮김. 서울: 민음사.

_____. 2001. 『천 개의 고원: 자본주의와 분열증 2』. 김재인 옮김. 서울: 새물결.

보드리야르, 장(Jean Baudrillard). 2012. 『사라짐에 대하여』. 하태환 옮김. 서울: 민음사.

부르디외, 피에르(Pierre Bourdieu). 1995. 『구별짓기: 문화와 취향의 사회학』. 최종철 옮김. 서울: 새물결.

설혜심. 2002. 『서양의 관상학 그 긴 그림자』. 서울: 한길사.

아리스토텔레스(Aristoteles). 2014. 『관상학』. 김재홍 옮김. 서울: 길.

아브릴, 니콜(Nicole Avril). 2001. 『얼굴의 역사: 얼굴을 테마로 다시 쓰는 문화와 예술의 역사』. 강주헌 옮김. 서울: 작가정신.

염운옥. 2019. 『낙인찍힌 몸』. 파주: 돌베개.

오몽, 자크(Jacques Aumont). 2006. 『영화 속의 얼굴』. 김호영 옮김. 서울: 마음산책.

피카르, 막스(Max Picard). 1994. 『사람의 얼굴』. 조두환 옮김. 서울: 책세상.

한의정. 2013. 「아르 브뤼의 범주와 역사에 관한 연구」. ≪현대미술사연구≫, 34집, 305~330쪽.

Bader, Alfred. 1972. *Geisteskranker oder Künstler. Der Fall Friedrich Schröder-Sonnenstern*. Bern: Huber.

Hartley, Lucy. 2001. *Physiognomy and the Meaning of Expression in Nineteenth-Century Culture*. Cambridge, MA: Cambridge University Press.

Hooton, Earnest Albert. 1939. *Crime and the Man*. Cambridge, MA: Harvard University Press.

Kraft, Hartmut. 2005. *Grenzgänger zwischen Kunst und Psychiatrie*. Cologne: Deutscher Ärzte Verlag.

Lavater, Johann Kaspar. 1840. *Essays on Physiognomy*. London: Blake.

_____. 1775. *Physiognomische Fragmente*, vol. 1. Leipzig: Weidmann and Reich.

Le Brun, Charles. 1702. *Methode pour apprendre à dessiner les passions*. Amsterdam: F. Platts.

_____. 1668(2004). "Conference sur l'expression générale et particulière." in Claude

Nivelon. *Vie de Charles Le Brun et description détaillée de ses ouvrages*. Genève: Droz.

Levinas, Emmanuel. 1968. *Totalité et infini: essai sur l'extériorité*. La Haye: Martinus Nijhoff.

Melly, George. 1986. *It's all writ out for you : The Life and Work of Scottie Wilson*. London: Thames and Hudson.

Publication de la Compagnie de L'Art Brut. 1966. No.8, p.74. Paris, Compagnie de l'art brut.

10장

취향, 계급, 구별짓기, 그리고 혐오*
혐오 사회학을 위하여

하홍규

1. 글을 시작하며: "노동자풍, 학자풍, 재벌풍…"

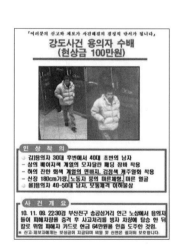

왼쪽에 있는 포스터는 2010년 강도 사건의 용의자를 찾는 수배 전단으로 용의자를 "신장 180cm가량, 노동자풍의 마른 체형, 마른 얼굴"로 묘사했다. 이에 전국민주노동조합총연맹은 "그런 표현이 노동자를 하찮은 존재, 남루한 이미지,

---

이 글은 하홍규, 「취향, 계급, 구별짓기, 그리고 혐오: 혐오 사회학을 위하여」, ≪사회와 이론≫, 통권 제41집(2022)에 게재된 논문을 수정·보완한 것이다.

사회적 낙오자, 잠재적 범죄자 등 매우 부정적으로 규정하고 폄하했다는 점은 분명하다"고 비판하며(전종휘, 2010), 경찰청에 공식적으로 항의하고 시정을 요구했다. 이에 경찰청은 "그동안 복장과 머리 모양 등을 통해 범죄 용의자를 'ㅇㅇ풍'으로 구분하는 코드를 사용해 왔다"며, "강력 사건 용의자를 신속히 검거하고자 했을 뿐 노동자에 대한 폄훼 의도는 결코 없었다"고 개선을 위한 적극 조치를 약속했다(유정인, 2010). 경찰 관계자는 기자에게 일반인에게 인식을 쉽게 하려고 통념상 사용되는 '노동자풍, 학자풍'이란 표현을 쓰는 것이라 말했다고 한다.[1]

'풍(風)'이란 한 시대나 부류가 독특하게 지니는 문화의 형식이나 양식을 말한다. 스타일, 양식, 형식이라고 바꾸어 쓸 수 있는 말이다. 마른 체형이 무조건 노동자의 것일 수도 없고, 그 옷차림도 반드시 노동자의 것이라고만 하기 어려움에도 불구하고, 노동자의 스타일은 범죄자를 묘사하는 데 사용되고 있다. '노동자임'과 '범죄자임'은 본질상 관계가 있을 수 없으나, 범죄 용의자의 '스타일'을 통해 이 둘은 자연스럽게 연결된다. 경찰 관계자의 "일반인에게 인식을 쉽게 하려고 **통념상** 사용되는 '노동자풍, 학자풍'이란 표현을" 쓴다는 증언은 방금 내가 '자연스럽게'라고 말한 이유를 설명해 준다.

≪중앙일보≫는 얼마 전 삼성전자 이재용 부회장의 출장 패션에 대한 기사를 여러 기념사진과 함께 실었다(김경진, 2021). 기자는 실리콘 밸리 CEO들의 '비즈니스 캐주얼'을 언급하면서, "이 부회장은 이런 분위기에 맞춰 자유롭고 편안한 복장을 하되 셔츠를 입음으로써 품격을 잃지 않는 패션을 보여 줬다"는 이른바 전문가의 평가를 소개한다. 그리고 기자는 "재벌의 패션은 연예인 패션처럼 대중의 주목을 받을 수밖에 없다"며 "제품에 대한 신뢰

---

1   이 사례는 성공회대학교 사회학과 대학원 문화사회학 수업에 참여한 엄미야가 토론을 위해 제공했던 것이다.

성이 높아질 뿐 아니라 같은 옷을 입음으로써 그 사람과 자신을 '동일시'하게 되고 주변에 스토리텔링이 가능하기 때문에 따라 하고 싶은 심리가 생기는 것"이라는 그 전문가의 분석도 기사의 마지막에 덧붙인다. 재벌의 패션은 따라 하고픈 심리, 즉 자연스러운 동일시의 욕구를 불러일으킨다는 분석에 주목하자.

우리는 이러한 자연스러운 연관 속에서 — 자연스럽기 때문에 오히려 알아차리기 힘든 연관 속에서, 그것이 계급이든, 인종이든, 젠더이든, 서로 다른 집단들 사이에 그어져 있는 '문화적 경계'를 발견한다. 문화적 경계(cultural boundaries)는 "카스트, 계급, 인종에 있는 사람들 사이의 차이에 구조적으로 뿌리를 두고 있거나 그러한 경계들이 취향이나 미적 성향의 차이에 기초할 때 상호작용의 발현적 속성으로서"(DiMaggio, 1992: 21) 묘사된다. 어떠한 사회든 특정한 삶의 방식을 가진 다양한 집단으로 나뉘어 있으며, 경계는 사회 내 여러 집단 간의 차이를 표시한다. 우리의 일상적인 대화는 사물과 행동에 대한 선호로 가득 차 있다. 어떤 스타일, 취향, 양식은 사회적 위계 구조 가운데 가치 있게 또는 고급스럽게 여겨지는 반면, 어떤 스타일, 취향, 양식은 지위와 관련하여 불명예스럽게 (심지어는 범죄자의 것처럼) 여겨진다. 신시아 푸치스 엡스타인(Cynthia Fuchs Epstein)이 말하듯이, "대중문화 내의 일반적인 관념과 묘사이든 일상 공동체와 가족생활의 평범한 관행이든, 문화로부터 나오는 경계 구분은 … 대개 정상적이고, 필수적이고, 정당하게 여겨진다"(Epstein, 1992: 234). 문화적 경계는 대부분 당연하게 여겨지기 때문에 우리는 일상생활에서 그 경계가 그어져 있다는 사실에 그리 주목하지 않는다. 즉, 그 경계는 어색하지 않다. 자연스럽고 당연하게 여겨진다는 뜻은 우리가 임의적이고 우연적인 경계를 실재로서 여긴다는 뜻이며, 전체 사회의 질서는 구조적 요소만이 아니라 바로 그런 오인(misrecognition)[2]에 기초하고 있다.

경계가 있다는 것은 어떤 사람, 집단, 사물은 포함하고 어떤 사람, 집단,

사물은 배제한다는 것을 의미한다. 그래서 이 경계는 우리의 정체성을 구성하고 유지하는 필수적인 요소이다. 경계를 긋는 것, 미셸 라몽(Michèle Lamont)은 그것을 '경계 작업(boundary work)'이라 부르는데, 이는 "집단 소속감을 발전시키는 방식으로, 공유된 감정, 유사한 성과 속의 개념, 상징적 위반에 대한 유사한 반응을 창조해 낸다"(Lamont, 1994: 11~12).[3] 나아가 이 경계에 의한 구별은 "터부와 같은 규범적인 금지, 문화적 태도와 실천, 그리고 좀 더 일반적으로는 선호와 혐오의 유형을 통해서 나타날 수 있으며, 소속성과 유사성의 감정을 발생시킨다"(최샛별, 2018: 28).

내가 이 글에서 특별히 주목하고자 하는 것은 문화적 경계가 선호뿐만 아니라 혐오의 유형을 통해서도 나타날 수 있다는 점이다. 이것은 앨런 워드(Alan Warde)가 베타니 브라이슨(Bethany Bryson, 1996)[4]과 리처드 윌크(Richard R. Wilk, 1997)[5]에 기대어 '문화적 적대 테제(cultural hostility thesis)'

---

2   '오인'은 "신비화된 인식으로서의 인정"을 말한다. "행위자들은 세계를 자신의 지각과 평가 도식을 통해 이해한다. 그런데 이 도식은 사회적 조건이 체화된 결과물이다. 그 결과, 정신은 근본적으로 있는 그대로의 세계를 자연스럽게 받아들이도록 구조화된다"(부르디외·바캉, 2015: 510, 옮긴이 이상길의 용어 해설).

3   라몽은 '경계 작업'이라는 개념을 과학사회학자인 토머스 기어린(Thomas F. Gieryn)에게서 빌려 왔다. 기어린은 그의 글 "Boundary-Work and the Demarcation of Science from Non-Science: Strains and Interests in Professional Ideologies of Scientists"에서 '경계 작업' 개념을 과학자들이 과학의 공적 이미지를 비과학, 특히 종교와 대립되는 것으로 창조하기 위해 사용하는 상징적 작업을 가리키기 위해 고안했다. 라몽은 기어린의 개념을 정체성 형성에 적용하여, 개인들이 상징적 경계를 그어서 자신들의 정체성을 다른 사람들의 정체성과 적대적으로 정의한다는 점을 강조한다.

4   브라이슨은 음악적 반감에 대한 경험 연구를 통해 음악적 관용성이 인구에 불균등하게 분포되어 있으며, 계급 기반의 배제를 실증한다고 주장한다.

5   윌크는 소비 연구에 있어서 욕구의 중심성을 비판하면서, "반감과 혐오가 취향과 욕구의 거울 이미지가 아니라, 대신에 사람들이 정체성과 차이를 표현하고 자아, 공간, 개인적이고 사회적인 시간의 감각을 창조하는 매우 다양한 방법을 제공한다"(Wilk, 1997)라고 주

라 이름 붙인 것으로서 "사람들은 적대적인 사회집단들 사이에 문화적 경계를 정하는 기능을 하는 강력하고, 상징적으로 중요한 혐오(distaste)를 공유한다"(Warde, 2010: 341)는 주장이다. 서로 적대적인 사회집단들 사이의 경계를 규정하는 것은 같은 집단 내 사람들이 공유하는 감정이기도 하지만, 더 중요하게 그리고 더 강력하게 작용하는 것은 다른 집단을 향한 반감과 혐오의 감정이다. 혐오는 자신과 타자 사이에 존재하는 경계 밖의 존재에게 부여되어 그 경계를 강화하는 주요 기제로 작동한다(Miller, 2004: 20). 사회적으로 구별된 반감과 혐오의 유형에 기반한 경계가 긍정적 선호에 의해 형성된 경계보다 더 의미 있고 결정적일 수 있다는 것이다(Warde, 2010: 344).

나는 이어지는 본문에서 구별짓기의 기제로서 작동하는 혐오 감정의 동학을 조명하여 사회학적 혐오이론을 발전시키기 위해, 먼저 문화적 적대 테제가 뿌리를 두고 있는 피에르 부르디외(Pierre Bourdieu)의 구별짓기 논의에서 취향과 혐오 감정이 어떤 관계를 맺고 있는지 살펴본다. 다음으로는 부르디외가 칸트의 판단에 대한 논의를 어떻게 읽어 내는지 서술하고, 그 독해에 기초해 칸트의 판단 논의를 어떻게 비판하는지 밝힌다. 여기서 칸트의 순수미학이 추구하는 보편타당한 원리가 실상은 부르주아의 이데올로기임에 드러난다. 다음에서는 취향이 결국 획득된 성향으로서 아비투스임을 밝히고, 취향판단은 상징폭력의 실행이며, 취향판단에는 그러한 판단을 가능하게 하는 불평등한 사회경제적 조건이 은폐되어 있음을 주장한다. 마지막으로 취향이 계급정체성과 주체성의 형성에 필수적인 요소이며, 계급정체성은 타 계급에 대한 혐오에 의해 구성된다는 점을 밝힌다.

장한다. 예를 들어, 당신이 우리가 싫어하는 것을 소비한다면, 당신은 우리에게 속하지 않는다.

2. 취향, 혐오, 구별짓기: 피에르 부르디외

1) 취향과 혐오

'문화적 적대 테제'는 부르디외의 취향, 계급 그리고 구별짓기 논의에 그 뿌리를 두고 있다. 따라서 부르디외가 어떤 방식으로 문화적 경계와 혐오 감정과의 관계를 설명하는지 살펴보는 것은 자연스러워 보인다. 이 글은 부르디외가 취향, 계급, 구별짓기에 대해 논의했던 애초의 목적인 '계급 재생산'의 문제를 해명하기 위한 것이 아니라, 하나의 사회학적 '혐오이론'으로 발전시키고자 하는 의도를 가지고 있다. 따라서 부르디외의 연구작업 전반을 훑는 것보다 특별히 혐오 현상에 대한 그의 논의에 선택적으로 집중하는 것이 불가피하다.

부르디외는 '구별짓기' 개념을 통해 개인적인 선호로 여겨지는 취향이 실상은 선호를 갖는 개인의 출신 계급에 따라 달리 진행되는 사회화의 과정에서 획득되는 '사회적인' 것으로, 계급의 경계를 재생산하는 구별짓기 전략의 실현임을 포착한다. 어떤 옷을 입고, 어떤 술을 마시며, 집 안을 어떻게 장식하며, 어떤 향수를 쓰고, 어떤 음악을 듣고, 어떤 영화를 보는지, 이 모든 것은 그 소유자 개인이 타고난 것으로 자연스러워 보이지만, 취향은 사람들을 하나로 묶어 주기도 하고 또한 단절시키기도 한다. 취향은 '순수하고', '무사무욕적인' 것으로 보이지만, 이것을 가능하게 해주는 물질적 존재 조건으로부터 (눈치채기는 실로 어렵지만) 결코 자유롭지 못하다. 그래서 "특수한 생활 조건과 관련된 조건의 산물인 이 미적 성향은 동일한 조건의 산물인 모든 사람들은 함께 묶어 주는 반면 그 밖의 다른 사람들과는 구분시켜 준다"(부르디외, 2006: 114).

취향은 사람들을 집단으로 나누어 동일한 조건의 사람들을 함께 묶고 다른 조건의 사람들은 구별하는 역할을 한다. 그래서 취향은 다른 조건의 사람들의 취향에 대한 비선호, 부정, 거부, 혐오와 함께 나타난다. 우리는 부르디외의 『구별짓기』에서 취향과 혐오의 문제를 선명하게 요약해 주는 문단을 발견할 수 있다. 부르디외의 요약을 따라가며 그가 이 문제를 어떻게 설명하고 있는지 주목해 보자.

> 취향(즉, 겉으로 표현된 선호도)은 피할 수 없는 차이의 실제적인 확증이다. 따라서 취향이 정당화될 때 순전히 부정적으로, 즉 다른 취향들에 대한 거부의 형태로 확인되는 것은 전혀 우연이 아니다. 아마 취향의 문제만큼 모든 규정이 부정일 수밖에 없는 다른 영역도 없을 것이다(부르디외, 2006: 114).

먼저 취향은 한 사회 내에 사는 사람들을 여러 범주에 의해 집단으로 나누어 동일한 조건의 사람들은 함께 묶고, 다른 조건의 사람들은 구별하는 역할을 한다. 취향은 개인적인 차이만이 있는 것이 아니라, 무엇보다 사회적으로 조건지어진 차이를 드러낸다. 달리 말하면, 취향은 맨눈으로 확인하기 어려운 사회적 차이를 가시화하는, 겉으로 표현된 선호도이다. 취향은 사회적 조건에 의해 생산된 여러 특성을 자연스러운 것으로, 타고난 것으로 생각하게 한다. 그래서 취향은 "피할 수 없는 차이의 실제적인 확증"이라고 할 수 있다.

> 그리고 취향(goût)은 무엇보다도 먼저 혐오감(dégoûts), 다른 사람의 취향에 대한 공포감 또는 본능적인 짜증("구역질난다")에 의해 촉발되는 불쾌감이다. "취미에 대해서는 논쟁하지 마라"라는 말도 있지만 그것은 "모든 취미가 자연[본성]에 있기" 때문만이 아니라 각 취향이 스스로를 자연스럽다고 느끼기 때문이다(부르디외, 2006: 115).

취향은 고귀하고 좋은 것에 대한 표현으로만 나타나는 것이 아니라, 나와 다른 조건에 있는 사람들의 취향에 대한 부정적 평가와 함께 표현된다. 즉, 취향은 다른 조건의 사람들의 취향에 대한 비선호, 부정, 거부, 혐오와 함께 나타난다. 그런데 정당화된 취향은 왜 부정적으로, 즉 자신의 것과 다른 취향들에 대한 거부, 혐오, 부정의 형태로 나타나는가? 혐오(disgust, distaste)라는 단어는 취향(taste)이라는 단어의 의미 확장(맛에서 취향으로)과 거의 동시에 나타났다. 혐오는 취향과 짝을 이루는 상관된 개념으로, 특별히 취향과 관련해 부정적으로 정의된다. 혐오를 해부하는 뛰어난 솜씨를 보여 준 윌리엄 밀러(William I. Miller)는 혐오라는 단어가 부정 접두사인 'dis'와 맛을 뜻하는 'gustus'가 합쳐진 것으로서, 라틴어에서 프랑스어를 거쳐 영어로 들어온 것이라고 말한다(Miller, 1997: 1).[6] 따라서 부르디외가 "취향(goût)은 무엇보다도 먼저 혐오감(dégoûts), 다른 사람의 취향에 대한 공포감 또는 본능적인 짜증("구역질난다")에 의해 촉발되는 불쾌감이다"라고 말하는 것은 혐오를 취향과 함께 논의하는 것이 예외적인 시도가 아님을 보여 준다. 밀러는 이를 더 선명하게 표현한다. "혐오는 순수미학적 취향, 즉 비속한 것, 값싼 것, 지나쳐서 불쾌한 것을 판단하고 인식하는 능력이다. 그것은 감각의 손쉬운 쾌락, 혀의 맛을 거부하고 대신에 더 까다로운 것을 선호한다"(Miller, 1997: 169).

실제로 정말 그렇기 때문에 취향은 아비투스가 된다. 그리하여 다른 취향을 비자연적이며 따라서 타락한 것이라고 주장하며 거부하게 된다. 미적 불관용은 가공할 만한 폭력성을 갖고 있다. 다른 생활양식에 대한 혐오감은 각 계급을 갈라놓고 있는 가장 강력한 장벽이라고 할 수 있다(부르디외, 2006: 115).

---

6   밀러는 미각뿐 아니라 다른 감각들도 혐오와 연결시킨다. 그는 "혐오는 의심할 바 없이 미각과 관련되지만, 그것은 또한 −확장에 의해서만이 아니라 본질적으로− 냄새, 촉각, 때때로 심지어 시각, 청각과 관련된다"라고 주장한다(Miller, 1997: 2).

취향은 자연스러워 보이지만, 실제로는 사회구조적 조건에 의해 형성된 아비투스, 즉 획득된 능력이다. 어떤 것을 좋아한다는 것은 다른 것에 불쾌감을 느끼고 싫어한다는 의미를 동시에 담고 있다. 그래서 취향을 갖는다는 것은 좋은 것을 분별하는 능력임과 동시에 불쾌한 것을 분별해 내어 거부하고 회피하는 능력이다. 그래서 "스스로 정통 문화를 소유하고 있다고 자부하는 사람들에게 가장 참을 수 없는 일은 취향에 따라 의당 분리하지 않으면 안 되는 취향들을 모욕적으로 재결합시키는 일일 것이다"(부르디외, 2006: 115~116). 부르디외보다 앞서서 조지 오웰은 ─정확하게 부르디외를 예견하며─ 왜 사회주의가 노동자들로부터 지지받지 못하는지 설명하면서, 계급을 갈라놓고 있는 가장 강력한 장벽이 바로 다른 계급의 취향에 대한 혐오임을 설파한다. 매우 예민한 감각을 가졌던 오웰은 이렇게 말한다. "모든 미덕은 프롤레타리아에게 있다고 생각하는 사람이 왜 아직도 수프를 소리 내지 않고 마시려고 용을 쓰는 것일까? 이유는 속으로는 프롤레타리아의 몸가짐을 역겨워한다는 것밖에 없다. 노동계급을 혐오하고 두려워하고 무시하도록 배운 어린 시절의 교육에 아직도 반응하고 있는 것이다"(오웰, 2010: 184). 부르주아 사회주의자는 이론상으로는 바리케이드에서 죽을 각오가 되어 있다 할지라도 여전히 양복 조끼 맨 아래 단추는 채우지 않는 멋을 부린다.

2) 취향과 구별짓기: 부르디외의 칸트 독해와 비판

부르디외는 철학자 칸트의 심미적 판단에 대한 논의를 나름대로 독해하고 비판하면서, 자신의 취향과 구별짓기에 대한 논의를 진행한다(Geldof and Martin, 1997). 부르디외가 칸트의 『판단력 비판』에서 주목한 부분은 취향이 차별화하고 평가하는 성향이라는 점이었다.[7] 그는 판단에 대한 사회적 비판이라는 거대한 작업을 마무리하는 결론을 다음과 같이 시작한다. "취향은 칸트가 말하듯이 '차별화'하고 '평가'하는 획득된 성향이다. 바꾸어 말하면 취향은 차별화 과정을 통해 차이를 만들어 내고 이러한 차이를 두드러지게 만드는, 획득된 성향이다"(부르디외, 2006: 836).

칸트는 흥미롭게도 판단 능력에 대한 비판적 검토를 취향(취미, Geschmack)[8]의 판단에 대한 분석에서 시작한다. 그에 따르면, '취향'은 미적인(아름다운) 것을 판정하는 능력이며, 취향의 판단, 즉 미감적 판단은 어떤 개별적인 사물을 아름답다거나 또는 아름답지 않다고 보는 판단을 말한다(크로포드, 1995: 47~48). 취향에 대한 판단은 인식 대상의 형식에 대한 관조가 우리 안에 쾌 또는 불쾌의 감정을 산출하는가의 여부와 연관해서 판정되지만, 그것은 선험적으로 보편타당한 근거들에 의거한다.

미감적 반성적 판단은 하나의 선험적 원리에 의거하고 있는 것으로 간주될 수 있고, ―비록 그것이 규정적인 것은 아닐지라도― 이 판단에서의 판단력은 상위의 순수한 인식능력들의 비판에서 하나의 위치를 가질 권리가 있음이 드러난다(칸트, 2009: 637).

---

7 부르디외의 『구별짓기』의 한국판 부제는 '문화와 취향의 사회학'이지만, 영어판의 부제는 '취향판단의 사회적 비판'이며, 프랑스어 원전의 부제는 '판단의 사회적 비판(crituque sociale du jugement)'이다. 제목에서 부르디외는 자신의 사회학적 논의가 칸트의 판단력 비판에 대한 사회적 비판임을 명시하고 있다. 부르디외는 권위 있는 철학자를 비판함으로써 자신의 주장을 강화하는 영리한 학자이며, 순수취향에 의해 현혹되지 않는 각성된 학자이다.

8 『판단력 비판』의 국역본에는 'Geschmack'이 '취미(趣味)'로 옮겨져 있다. 역자인 백종현은 이 단어의 동족어 동사인 'schmecken(맛나다, 맛보다)'과의 관련성과 '아름다운 것을 감상하고 이해하는 힘'이라는 뜻을 살려 '취미'로 옮긴다고 밝히고 있다. 이 단어는 '취향'으로 바꾸어 옮겨도 무방하다. 그래서 이 글에서는 글의 통일성을 위해 '취미'로 번역된 것을 '취향'으로 바꾸어 인용한다.

칸트는 두 가지 유형의 판단력, 즉 규정적 판단력과 반성적 판단력을 구분하는데, 먼저 규정적 형식에서 이뤄지는 판단력은 보편성이 주어질 때 이뤄지는 것이며, 반성적 판단력은 인식된 개별적인 표상들을 포섭할 수 있는 보편성을 찾는다. 그에 따르면, 자연과 예술에서 미에 대한 판단은 반성적 능력에 의해 이뤄지는데, 미감적·반성적 판단은 비록 규정적 판단력의 활동은 아닐지라도, 즉 개별적 표상들만이 주어질 때 이뤄지는 활동이 아닐지라도, 분명 선험적 원리에 근거하고 있는 것으로 간주될 수 있다. 그래서 취향에 대한 판단력도 순수한 인식능력들을 비판하는 작업에서 분명한 위치를 가질 자격이 있다는 것이다.

취향판단의 가능성은, 이 판단이 실제로 보편타당성에 대한 요구를 할 권리가 있다는 것을 증명할 수 있다면, (지성 그리고 이성과 마찬가지로) 특유한 초월적 원리들의 능력으로서의 판단력의 비판을 어디까지나 필요로 하며, 이 비판을 통해서만 순수한 인식능력들의 체계 안에 받아들여질 수 있는 자격을 갖춘다(칸트, 2009: 637~638).

칸트는 우리의 마음에서 환기되는 느낌의 상태에 대한 분석에서 출발해, 미적 판단이 이뤄지는 경험 이전의 원리들을 연역적으로 밝혀 나가는 작업을 한다. 그래서 그는 어떤 대상을 아름다움과 관련하여 판단할 때, 그 판단력은 반성적 능력에서 비롯된다고 주장한다. 주어진 대상에 대한 쾌나 불쾌의 감정이 선행하고, 즉 '감각판단' 또는 '미감적 감각판단'이 선행하고, 그에 대한 취향의 판단이 뒤따르는 것이 아니라, 주어진 대상의 표상에서의 마음 상태가 가지는 보편적인 전달력이 취향판단의 주관적 조건으로서 판단의 기초에 놓여 있어야 한다. 왜냐하면 쾌나 불쾌의 감정은 주어진 대상의 표상에 직접적으로 의존하기 때문에 그 감정은 단지 감관 감각의 쾌나 불쾌에 불과하여 그 판단은 사적 타당성만을 가질 것이기 때문이다(칸트, 2009:

210~211). 그러므로 어떤 대상에 대한 감각적인 판정은 그 사물의 아름다움에 대한 판단과는 구분되어야 한다. 취향의 판단은 판단하는 대상의 형식에 대한 반성과 관조의 정신 활동인 것이며, 그로 인해 어떤 대상의 아름다움에 대한 판단은 객관성과 보편타당성을 정당하게 획득할 수 있다. 반대로 취향판단이 특정한 감각에 의한 쾌적성을 바탕으로 하여 이뤄진다면, 그것은 객관성과 보편타당성을 획득할 수 없다.

'무관심성(disinterestedness)'은 칸트의 취향판단에서 중요한 토대가 된다. "매력과 감동이 그것에 아무런 영향도 미치지 않는, −비록 그것들이 미적인 것에서의 흡족과 결합되어 있다 할지라도− 그러므로 순전히 형식의 합목적성만을 규정 근거로 갖는 취향판단이 순수한 취향판단이다"(칸트, 2009: 219). 순수한 취향판단은 매력, 자극, 감동과 같은 미감적 판단의 질료로서의 감각을 규정 근거로 갖지 않는다. 반대로 대상에 대한 관심적인 심적 상태, 즉 대상의 현존에 만족하는 쾌의 감정은 편파적이고 불순한 취향판단일 수 있다. "모든 이해관심은 취향판단을 더럽히고, 취향판단의 공평성을" 빼앗아가며, "취향이 흡족을 위해 매력과 감동의 뒤섞임을 필요로 하고, 심지어 이것을 자기에 대한 찬동의 척도로 삼는 곳에서, 취향은 항상 아직도 야만적이다"(칸트, 2009: 218).

감각의 취향에 대비되는 순수취향은 관심을 배제해야 하고, '사물의 현존에는 조금도 마음을 두어서는' 안된다. 부르디외는 칸트의 미학을 독해하면서 순수취향에 기반한 미학이 불순한 취향, 감각과 감성의 취향에 대한 거부와 부정을 기본 원리로 하고 있음에 주목한다. 그리하여 그는 순수취향은 본질적으로 순수하게 부정적인 것이며, 모든 '안이한(facile)' 것에의 혐오, 즉 "음악이나 문체 효과에 대해서만이 아니라 여성이나 그 품행에 대해서도 소위 '배 속으로부터(visceral)'라고 말해지는 혐오('소름이 끼치'거나 '구역질나는' 등의)를 그 원리로 하고 있음"을 밝혀낸다(부르디외, 2006: 872). 여기서 '안이하다'는 것은 단순하여 깊이가 없고, 해독해 내기가 매우 쉽고, 예측하기 쉬운 매력을 갖고 있고, 비용이 적게 들기 때문에 안이하며, 안이한 것에 대한 거부는 유치하고 직접적인 감각적 쾌락을 주는 모든 것에 대한 거부이다. '통속적인' 작품들은 세련되고, 까다롭고, 안이함을 견디지 못하는 청중이나 관객에게 일종의 모독이 될 수 있다. 그래서 부르디외는 "칸트의 순수취향의 원리는 향락을 부과하는 대상물에의 혐오, 그리고 그 부과된 향락에 만족하는 조야하고 통속적인 취향에 대한 혐오이자 거부이다"(부르디외, 2006: 876)라고 강한 어조로 말한다.

칸트의 『판단력 비판』에서 '혐오'라는 단어는 드물게 등장한다. 하지만 부르디외는 칸트의 미적 판단에 대한 논의를 독해하면서, 칸트의 견해에서 순수취향, 즉 미학적 능력이 그것의 상관 개념인 혐오에 의존하고 있음을 주목한다. 어쩌면 혐오는 순수취향의 진정한 기원일 수 있겠다. 혐오는 이제 '폭력'으로 강요된 향락이며, 주체가 대상 속에 매몰되는 소외 상태이다.

혐오는 폭력으로 강요된 향락, 곧 공포를 일으키는 향락의 역설적인 경험인데, 자기의 감각에 몸을 맡기는 사람들은 잘 모르는 이 공포는 근본적으로, 재현과 재현 대상과의 거리를 폐기하는 데서 나오는 것이다. 요컨대, 소외 상태, 즉 주체가 대상 속에 매몰되는 상황, '쾌적한 것'이 휘두르는 폭력 아래서 눈앞에 보이는 현재에 대한 즉각적 굴종에서 기인한다(부르디외, 2006: 877).

재현과 재현 대상과의 거리 폐기는 쾌나 불쾌의 느낌이 이러한 감정을 불러일으키는 외부 사물의 성질에서 기인하지 않는다는 것을 의미한다. 쾌나 불쾌의 느낌은 우리 각각의 고유한 감정에서 기인한다. 그렇기 때문에 어떤 이에게는 혐오스럽게 느껴진 것이 다른 이에게는 기쁨이 될 수 있으며, 대부분의 사람들이 그다지 개의치 않는 것을 어떤 이는 지독히 혐오할 수도 있다(칸트, 2019: 13). 혐오는 감각적 쾌락이 휘두르는 가공할 폭력에 의해 재현 대상을 제대로 인식하지 못한 데서 비롯되는 느낌이다. 그래서 그것은 공포를 일으키는 향락의 역설적인 경험이 된다. 폭력으로 향락을 강제하는 대상은 재현의 거리 두기를 할 수 있는 인간적인 자유를 박탈하며, 오히려 감지되는 것에 직접적이고 동물적으로 집착하게 한다. 쾌나 불쾌의 감정은 인간과 동물에게 공통된 것이며, 그래서 이것은 낮은 수준의 균등화이다. 칸트의 저작에서 "혐오는 공포의 감정 속에서 누구에게나 공통된 동물성을 발견"한다.

> 혐오란 … 혐오스러운 것에 대한 끔찍한 유혹과 향락과의 양면적인 경험이다. 그리고 이 경험은 모든 것을 동물성, 신체성, 식욕과 성욕, 즉 누구에게나 공통된 것, 따라서 통속적인 것으로 환원하고, 자신의 전력을 다해 저항하는 사람들과 쾌락에 탐닉하고 향락을 맛보는 사람들 사이의 어떤 차이도 없애 버린다(부르디외, 2006: 878).

칸트는 "자기의 감각에만 완전히 빠져 있는 사람들과, 동시에 자기의 사고에도 관심을 기울여 자기의 감각으로부터 등을 돌린 사람들과의 사이에, 지각의 힘에 있어서 상당한 차이가 존재한다는" 것을 주지의 사실로 전제하며, '자기의 감각에만 완전히 빠져 있는 사람들에 대한 혐오를 드러내는 데 주저하지 않는다. 왜냐하면 공통된 것, 통속적인 것을 초월하는 도덕적 탁월성이 공포의 감정 속에서 발견되는 "공통된 동물성의 위에서 그리고 그 동물성에 대항하여"(부르디외, 2006: 879) 구성되어야 하기 때문이다.

칸트는 미적 판단에 대한 논의에서 도덕적 탁월성을 위한 토대를 마련하려 하지만, 부르디외는 여기서 "사회계급 사이에 설정된 대립 항목을 일종의 진화(즉, 자연에서 문화로의 진보)의 제 단계로서 서술하는 이데올로기적 메커니즘을 발견한다"(부르디외, 2006: 879). 부르디외가 보기에, 칸트의 순수취향 이론은 초월적인 것과 경험적인 것 사이의 마술적 단절 그리고 쾌적한 것(단지 향락에 불과한 것)과 문화의 대립을 이용하지만, 이러한 대조는 교양화된 부르주아지와 무교양의 (자연스럽고 순수한 향락에 탐닉하는) 대중 사이의 대립에 기초한다(부르디외, 2006: 880~881). 칸트의 순수미학이 추구하는 보편타당한 원리는 '무관심성'을 적극적으로 드러내어 극도의 유미주의를 취할 수도 있는, 즉 미학적 자율성을 확립하는, 그리고 "사회 세계를 거부하는"(부르디외, 2006: 29) 부르주아의 이데올로기이다(Menninghaus, 2003: 105). "고도의 승화된 범주의 형태로 기능하는" 미학적 판단은 실상 "미와 매력, 쾌락과 향락, 혹은 문화와 문명 간의 대립이고, 이것은 모든 의식적인 은폐의 의도 없이 어떤 특정의 장의 표현 규범에 적합한 형태로 사회적 대립을 표현하고 경험하는 것을 가능하게 하는 일종의 완곡어법이다"(부르디외, 2006: 889). 이것이 완곡어법인 이유는 순수취향에 대한 찬양이 사회적 대립을 보편타당한 형태로 드러내어, 실재하는 사회적 관계의 대립을 숨기는, 즉 존재하지만 동시에 부재하게 하는 기능을 하기 때문이다. 세련되다고 여겨지는 사람들이 벌이는 세련된 게임에서 도출되는 쾌락의 원리는 사회적 관계의 포섭과 배제라는 엄연한 불평등의 작동 원리를 부인하는 역할을 하는 것이다. 세련된 이들이 즐기는 게임은 "가장 순수한, 일견 '세속적' 이해로부터 가장 자유로워 보이는 형식에서조차도, 항상 하나의 사회적 게임"(부르디외, 2006: 900)에 불과하다.

세련된 부르주아지들이 즐기는 좋은 취향은 다른 계급의 사람들의 취향 부족에 대한 반감이며, 밀러가 말하듯이 "탐닉하고도 혐오를 경험하지 않을 수 있는 세련되지 않은 사람들을 향한 반감이다"(Miller, 1997: 169). 다음의 문장을 보면 칸트도 분명 취향의 사회적 차원을 인식하고 있었다는 것을 알 수 있다. "무인도에 버려진 사람은 그 자신 홀로는 자기의 움막이나 자기 자신을 꾸미거나 꽃들을 찾아내거나 하지 않으며, 더구나 단장하기 위해 꽃들을 재배하는 일은 없을 것이다. 오직 사회에서만 그에게 한낱 인간이 아니라 자기 나름으로 세련된 인간이고자 하는 생각이 떠오른다"(칸트, 2009: 323). 그러나 칸트의 철학적 탁월화의 감각은 실재하는 사회적 관계를 결코 드러낼 수 없었다. 왜냐하면 "철학적 탁월화의 감각이란, 순수취향을 신체화된 사회적 관계, 자연이 된 사회적 관계로 정의하는, 통속성에 대한 배 속에서부터 나오는 혐오의 한 형식"(부르디외, 2006: 901)이기 때문이다. 이 글을 시작하며 소개한 '노동자풍의 마른 체형'은 바로 이러한 '신체화된 사회적 관계'를 자연스러운 것으로 보이게 하여, 사회경제적 조건을 은폐하는 통속성에 대한 배 속에서부터 나오는 혐오의 형식이다. "자연(본성)화한 계급의 문화", 즉 "육화된 계급 문화인 취향"은 계급적 신체를 형성하는 데 기여하며, 따라서 "신체는 다양한 방식으로 나타나는 계급적 취향의 가장 확실한 객체화를" 보여 줄 뿐이다(부르디외, 2006: 343).

3. 아비투스로서의 취향

책의 부제가 시사하듯이, 부르디외의 『구별짓기』는 시종일관 칸트 미학적 판단에 대한 사회적 비판으로서 쓰였다. 하지만 부르디외는 결론 다음에 나오는 후기에서 칸트 미학에 대한 본격적인 비판을 수행한다. 그는 취향과 예술에 대해 다루면서 본문에서는 의도적으로 철학적이거나 문학적인 미학의 전통을 언급하지 않는다. 그의 이러한 '의도적인 거부'는 "칸트 이래로 고급스러운 학문적 미학의 토대를 이뤄 온 '감각의 취향'과 '반성의 취향' 또는 '안이한 쾌락'과 순수한 쾌락 간의 대립을 폐기"(부르디외, 2006: 30)하고 싶었던 바람에서 비롯되었다. 이 책의 후기의 제목대로, 그는 '순수' 비평에 대한 '통속적' 비판을 감행했던 것이다. 이 순수 비평에 대한 통속적 비판이 까발리고자 하는 것은 바로 취향이 보편화된 원칙 속에 자연화되어 은폐되어 있는 특수한 사회경제적 조건과 관련된 획득된 성향이라는 것이다.

취향은 자연스러운 것으로 느껴지지만 실은 사회적으로 규정되는 아비투스(habitus)[9]이다. 아비투스란 무엇인가? 아비투스는 획득된 성향 체계로서,

사회화 과정에서 사회적인 것의 내면화를 통해 신체에 새겨진 ―다른 말로 해서 몸 안에 '침전된'― 그로 인해 실천을 발생시키는 개인의 성향 체계 및 행위 도식이다. "지속적이고 전이 가능한 성향 체계로서 이해되는 아비투스는 과거의 경험들을 통합하면서 매 순간 지각, 평가, 행위의 매트릭스로 기능하며, 끝없이 다양화된 과업의 성취를 가능하게 만든다"(Bourdieu, 1977: 82~83). 아비투스는 개인 외부의 사회구조 또는 사회경제적 조건이 내면화된 결과로서 생성된 실천의 원리로서, 초월적이고 보편적인 원리가 아니라 역사의 산물이다. "인간 행동은 직접적인 자극에 대한 즉각적인 반응이 아니다. 한 개인이 다른 사람에게 보이는 가장 사소한 '반응'조차 이 사람들과 그들 관계의 전체 역사를 담고 있다"(부르디외·바캉, 2015: 213).

아비투스가 일종의 '성향 체계'로 정의된다는 것은 "개인의 삶을 이루는 온갖 다양한 요소들, 즉 시간관, 정치적 입장, 언어 습관, 예술 취향, 스포츠 활동, 식성 등등의 무언가 체계화 가능한 공통성, 즉 일종의 스타일을 가진다는"(부르디외·바캉, 2015: 530) 특별한 함의를 가지고 있다. 미학적 판단도 양육과 교육의 산물로서 성향 체계이며, 이것이 성향 체계라는 사실은 미학적 판단은 그것을 가능하게 하는 전제조건인 사회경제적 조건을 매개로 하여, 사회 공간에서 각 요소들이 차지하는 각각의 위치와 밀접하게 연관되어 있다는 것을 의미한다. 아비투스는 행위자가 사회 세계 안에서 차지하는 구조적 지위를 상당 기간 점유한 결과로서 획득된 성향 체계로 신체에 각인된 것이다. 그래서 아비투스는 인종, 연령, 젠더, 사회계급 등과 같은 사회 내 다양한 집단들의 객관적인 분열을 반영하며, 결국 구별짓기 또는 구별화하는 실천의 생성 원리가 된다.

9　부르디외는 '아비투스' 개념을 통해 자신의 행위이론을 제안한다. 그 행위이론은 "대부분의 인간 행위가 의도와는 전혀 다른 것, 다시 말해 후천적으로 획득된 성향들을 원리로 하고 있다는 것을 말한다"(부르디외, 2005: 207).

취향은 구분하고, 분류하는 자를 분류한다. 다양한 분류법에 의해 구분되는 사회적 주체는 아름다운 것과 추한 것, 탁월한 것과 천박한 것을 구별함으로써 스스로의 탁월함을 드러내며, 이 과정에서 각 주체가 객관적 분류 과정에서 차지하는 위치가 표현되고 드러난다(부르디외, 2006: 30).

한 사회 내에 있는 사회 구성원 모두가 동일한 취향을 가질 수는 없지만, 사회 세계 안에 동일한 지위를 점유하는 사람들은 유사한 취향을 가지는 경향이 있다. 즉, 각기 다른 사회적 배경과 조건은 각기 다른 취향 체계를 생성한다. "아비투스들은 구분되고 구별하게 하는 행위들 ― 노동자가 먹는 것과 특히 그것을 먹는 방식, 그가 하는 스포츠와 그것을 실행하는 방식, 그의 정치적 견해와 이 견해를 표현하는 방식은 이것들에 대응하는 기업 경영자의 소비들·활동들과 일관성 있게 다르다"(부르디외, 2005: 23). 그래서 이렇게 말할 수 있다.

취향은, 즉 구분하고 구분된 특정한 대상 전체를 (물질적으로 또는 상징적으로) 전유할 수 있는 적성이나 능력은 동산(動産), 옷, 언어, 또는 육체적 엑시스와 같은 각각의 상징적 하위 공간의 특수한 논리 안에서 동일한 표현적 의도를 드러내는 생활양식의 생성 양식, 즉 구별적 기호의 통일적인 체계이다(부르디외, 2006: 316).

객관적으로 분열된 사회 공간에서의 위치에 조응하는 사회적 표식으로서, 취향 체계는 사회 공간의 계급적 등급에 구조적으로 조응한다. 그래서 우리는 사회 공간 안의 유사한 구조적 위치에 있거나 같은 계급적 집단에 속하는 사람들이 유사한 취향을 공유하고 있음을 발견할 수 있다. 반대로 서로 다른 계급적 지위에 있는 사람들은 서로 다른 취향을 가지고 있다. 그런 뜻에서 '취향'은 개인적 선호나 재능에 따른 것이라기보다는 출신 계급과 교육 및 양육의 산물인 계급 현상이라고 할 수 있다.

동일한 취향을 가진 사람들은 자연스러운 친화성을 갖고 서로 이끌리게 되며, 심지어 잘 어울리지 않는 사람들도 상호소속감을 줄 수 있는 중매자(match-maker)로 기능한다. 서로에 대해 같은 취향을 가진 사람들이 보여주는 친화성은 마치 서로 사랑하는 사람들의 얼굴 표정처럼 또는 터져 나오는 재채기처럼 감추기 어렵다. 취향은 강요된 선택으로 운명적 사랑(amor fati)의 형식이기도 한 것이다. 반대로 다른 취향을 소유한 사람들에 대해서는 거리감을 느끼고, 심지어는 반감을 갖기도 하고, 결국 자신과 같은 부류는 아니라고 확신하게 된다. 이렇듯 좋음과 싫음, 호감과 반감은 순진무구한 언어와 제스처로 표현되지만, 실상은 은폐된 사회적 불일치 관계들을 나타내는 감정이다(부르디외, 2006: 325, 438).

4. 상징폭력과 혐오

우리는 오인의 기제(정당화된 취향의 차이)를 통한 강력한 차별의 힘으로서의 문화적 취향에 대한 논의에 이르렀다. 부르디외는 '구별짓기'라는 주제의 논의를 통해 상이한 사회계급이 보여 주는 상이한 생활양식이 어떻게 객관화된 권력관계와 연관되는지 보여 주고자 시도한다. 구별짓기는 우월한 계급이 자신들을 특징짓는 생활양식상의 변별적 속성들이 다른 계급과의 관계에서 '탁월하다' 또는 '구별된다'고 여겨지는 생활양식으로 '자연화되는' 역동적 과정이다. 취향판단은 이러한 구별짓기의 원리이며, 사회 행위자들은 취향판단에 의해 다른 이들을 분류하고, 역으로 다른 이들에 의해 분류된다. 사회 행위자들은 이러한 구별짓기 감각을 가지고 사회 공간 내에서 활동한다.

한 사람의 취향에 내포된 구별짓기 감각은 획득된 성향이지만, 본능적인 필연성으로 여겨져야 하고, 그만큼 자연스러워야 한다. 취향을 드러내는 개인의 모든 행위와 선택은 자연스럽게 그의 사회 공간 내에서의 위치와 연결되어 있다. 그래서 의도적으로, 억지로 다른 이들과 구별하려는 행위는 오히려 반감을 살 수 있다. 우리는 탁월해지기 위해 지나치게 애쓰지 말아야한다. 우월한 취향은 우월한 생활환경과 가정교육에 의해 무의식적으로 행위자에게 체화되어, 타고난 '천성'으로 여겨지는 것이다. 그래서 우월한 계급의 '진정한 탁월성'은 자연스럽게 드러나야 한다. 새벽부터 명품관에 줄을 서서 명품을 구매하는 이들에게 때로 쏟아졌던 비난은 바로 그들의 자연스럽지 못함에서 비롯된다. 명품백을 든 젊은 여성에게 가해졌던 '김치녀' 또는 '된장녀'라는 여성혐오적 낙인은 부자연스러움에 대한 지적과 함께 "적당히 좀 해라"라는 비아냥으로 이어진다. 택배 노동자가 신는 고급 신발은 그것이 작업 과정에서 무릎을 보호하기 위한 것이라는 이유를 제시해야만 하는 것이지만,[10] 재벌이 신는 운동화는 하나의 멋진 스타일이 되고 심지어 재테크 도구도 된다(이해준, 2021). 매일 같은 햄버거를 먹는 패스트푸드점의 아르바이트생은 불가피한 필연성에 복종하는 것이지만(선명수, 2009) ─ 이것은 필요 취향이다(홍성민, 2012: 115~124) ─ 대기업 회장의 햄버거 '먹방'은 해방된 쾌락의 의무를 수행한 것이요, 억압 가운데서 자유를 표현한 것이다(김지선, 2022).

구별짓기의 수단과 양태는 고정되어 있는 것이 아니라 시간과 공간에 따라 변화할 수 있다. 취향의 구별 추구는 새로운 차이를 생성해 낼 수 있다. 세련된 것으로 여겨졌던 어떠한 취향이 더 이상 구별짓기 실천으로 기능하지 못하게 되면 새로운 차이가 나타날 수 있다는 것이다.

---

10 이유를 제시해야 한다는 사실이 중요하다. 자연스러운 것은 이유나 설명을 요구하지 않는다(윤성효, 2011).

… 특정한 수준 이하에 있는 사람들에게는 희귀하면서도 쉽게 접근할 수 없었던 사치품이나 상식을 뛰어넘었던 환상적인 작품도 새롭고 더 희귀하며 더 변별적인 상품이 등장함에 따라 마치 그 이전에 그곳에 있었던 것처럼 너무나 당연해 보이는 대상의 위치로 밀려나게 된다(부르디외, 2006: 448~449).

구별을 통한 이러한 새로운 차이의 발생은 반드시 의도적인 과정이라 할 수는 없다. 구별된 희소가치를 의도적으로 추구하지 않아도 이러한 일은 일어날 수 있다. 그리고 다시 "교묘하게 상투적인 것이 된 대상이나 실천에 대한 공포감이나 혐오감을 불러일으킨다"(부르디외, 2006: 449). 취향이 자연스럽지 못하다는 것은 정당하지 못하다고 지적하는 것이다. 상층의 사람들이 입는 멋진 옷은 그들의 패션 감각을 있는 그대로 보여 주는 것일 뿐이다. 그들의 패션 감각은 자연스럽고 정당하다. 누구의 명품백은 된장녀의 표현이고, 누구의 옷은 패션 감각의 자연스러운 표현이어야 하는가? 그래야만 하는 본질적 이유가 없기에 여기에는 '사유되지 않은 판단'이 들어 있다고 말하는 것이다. 그 판단은 필연적인 것으로, 자연스러운 것으로, 불변하는 것으로 받아들여진다. 부르디외는 이러한 의미 작용을 '상징폭력'이라고 부른다. '상징폭력'은 지각되지 않는, 사유되지 않는 복종을 강요하는 폭력으로, 문화 기제를 통해 부드럽게 간접적으로 실행되는 폭력이다. 지배계급의 언어와 의미와 상징체계가 다른 계급에게 부과되고, 피지배계급은 자연스럽게, 사유하지 않고 지배계급의 분류 범주와 구별화 논리를 이용해서 자신들이 살아가는 사회 세계를 인식하고, 이해하고, 분류하고, 평가한다. 부르디외가 『구별짓기』의 후기에서 칸트의 미학을 논의하면서, "혐오는 폭력으로 강요된 향락"이라고 했을 때, 나는 그가 '상징폭력'을 염두에 두고 있었다고 본다.

상징적 지배는 가시적이고 강제적이고 물리적이고 직접적인 지배가 아니라, 자연스럽고 비가시적이며 간접적인 '동의'에 기반하여 이뤄진다. 피지배자가 동의하기 때문에 지배자의 세련된 취향은 정당한 것이 된다. 상징폭력은 "'집단적 기대들'과 사회적으로 주입된 믿음들에 토대하기 때문에 복종들로 지각조차 되지 않는 복종들을 강요하는 그런 폭력"(부르디외, 2005: 215)으로, 복종하는 자들의 암묵적인 공모를 통해서 확립될 수 있는 그런 폭력이다. 이러한 복종을 상징적 지배라 할 수 있을 것이다. 상징적 지배가 이뤄지는 실제 작동 형식으로서 '상징폭력'은 행위자들에게 체화된 행위와 사고의 분류 체계, 즉 아비투스를 통해 조정된다(김동일, 2016: 99). 좋은 것과 나쁜 것, 멋진 것과 후진 것, 고상한 것과 저속한 것, 자랑스러운 것과 창피한 것 사이의 차이를 만들어 내는 분류 도식이자 분류 원칙인 취향 체계는 특정한 취향을 유일하게 정당하거나 우월한 것으로 인정하고 다른 취향은 열등한 것으로 낙인찍는 오인의 기제로서, 즉 상징적인 폭력으로서 사회 세계 내에서 행사된다. 그래서 저속함이 혐오와 연관되는 것은 매우 흔한 일이다 (Skeggs, 2004: 102). 객관적 차이들의 구조가 체화되어 생성되는 산물로서 취향 체계를 통해 행사되는 상징폭력은 "지배적인 생활양식이 그것들을 지닌 자들 자신들에 의해 지배적인 미학의 파괴적이고 환원적인 관점을 통해 거의 언제나 이해되길 바라는 논리"(부르디외, 2005: 25)를 제공한다. 노동의 결과로서 몸에서 나는 땀 냄새를 가족에게 미안해하는 택배 노동자나(하홍규, 2021), 자신의 날씬하지 않은 몸이 창피하다고 여기는 민중 계급 출신의 사람이나, 또는 고급 브랜드의 옷을 입고 (자주 영어를 섞어서) 세련된 언어를 구사하는 부르주아 계급 출신의 교수에게 주눅이 드는 하층계급 출신의 학생이 느끼는(이상길, 2018) 수치와 자기혐오는 이들이 상징폭력에 의해 상징적으로 종속되어 있음을 보여 주는 단 몇 개의 사례에 불과하다. 그러나 이들의 사유되지 않은 판단에는 그러한 판단을 가능하게 하는 불평등한 사회경제적 조건이 은폐되어 있다. 그리고 불평등한 사회경제적 조건이 은폐되어 있기에 지배자와 피지배자가 함께 삶을 살아가는 이 사회 세계는 정당한 것으로 질서지어지게 된다.

… 사회 세계의 정당화는 어떤 사람들이 믿는 것처럼 선전이나 상징적 부과의 의도적이고 목적지향적인 행위의 산물이 아니다. 오히려 그것은 행위 주체들이 사회 세계의 객관적 구조로부터 비롯되고 그 세계를 자명한 것으로 그려 내는 경향이 있는 지각과 평가의 구조를 바로 그 사회 세계의 객관적 구조에 적용한다는 사실에서 기인한다(Bourdieu, 1989: 21).

객관적으로 불평등한 자본주의 체계는 행위자들에게 체화된 아비투스(취향)와의 상동성에 기초하여 질서를 유지한다. 부르디외의 냉소적 표현으로 말하면, "피지배자는 애정이나 찬양을 통해서 자신의 착취에 협력한다"(부르디외, 2005: 227).

5. 혐오와 정체성의 사회적 구성

사회 공간은 균질적으로 형성되어 있지 않다. 사회 공간은 다양한 범주에 의해 구별되어 있다. 개인들은 그 구별된 공간 안에 특정한 위치를 차지하고 삶을 살아간다. 사회 세계는 위치들이 구조화된 공간으로 형성되어 있는 것이다. 따라서 행위자의 정체성은 바로 이 구별된 사회 공간 안에서 그 행위자가 차지하는 위치에 의해 형성된다. 그런데 중요한 것은 행위자의 정체성은 자신이 속한 집단에의 소속감에 의해서만 형성되는 것이 아니라, 무엇보다 타 집단과의 차이와 구별에 의해서 형성된다는 점이다(Zerubavel, 1991). 부르디외는 '범주적 차이화'라는 사회심리학적 개념에 의지하여 "사회적 정체성은 타자와의 차이에 놓여 있으며, 차이는 자기 자신에 가장 가까운 것, 즉 가장 위협적인 것을 의미하는 것에 대항하여 주장된다"(부르디외, 2006: 859)라고 밝히고 있다.

개별 집단은 다른 집단과 대립되는 요소들과 함께 차이에 의해 자신의 사회적 정체성을 표현한다. 그것이 공통되고 중립적인 언어로 표현될지라도 동일한 언어가 차이에 의해 의미 분화된다. "겉으로는 중성적인 것처럼 보이는 '검소한', '깨끗한', '기능적인', '우스운', '섬세한', '친밀한', '고상한'과 같은 일상적이면서도 실제적인 단어들은 서로 다른 계급들이 각 단어에 상이한 의미를 부여하거나 아니면 똑같은 의미로 쓰더라도 그 말이 가리키는 대상에 대해 대립적인 가치를 부여하기 때문에 각 단어 자체 내에서 대립적으로 분화한다"(부르디외, 2006: 352). 그래서 가난한 자의 절약은 어쩔 수 없는 필연으로 찌질하고 혐오스러운 삶의 방식이지만, 부자의 절약은 칭송받을 만한 '검소의 미덕'이 된다. 이것은 상층(중간층)이 단순히 하층을 내려다보고 무시하는 문제만이 아니라 계급정체성이 타 계급에 대한 혐오─그들은 역겹고 혐오스러운 존재들이며, 나는 그러한 그들과 다르다─에 의해 구성된다는 점을 강조하는 것이다. 상층(중간층)은 정상적이고 바람직하며, 하층은 혐오스럽다. "민중은 개돼지"라는 혐오표현이 영화(〈내부자들〉)에서 언론인의 입을 빌려 불편하게 등장하고, 심지어 현직 고위 공무원의 입에서도 흘러나온다. 한국토지주택공사 직원들의 신도시 투기 의혹 사건이 문제가 되자 "꼬우면 니들도 이직하든가"라는 실제 직원의 비아냥이 커뮤니티 게시판에 버젓이 올라온다. 이렇듯 상층계급 또는 중간층 계급은 자신들과 타 계급과의 구별을 통해 계급정체성을 형성해 왔다. 스테파니 롤러(Stephanie Lawler)가 말하듯이, "혐오는 중간계급을 그것의 타자들로부터 구별하는 부르주아지 프로젝트의 한 징후요, 자기 구성(self-constitution)의 수단이다"(Lawler, 2005: 431, 443).

혐오는 사회적 구별화 작업에 연관되어 있는 가장 강력한 감정적 성향이다. 다시 혐오의 해부에 뛰어난 밀러를 인용하자면, "혐오는 … 차이를 인식하고 유지"하며, "우리와 그들 그리고 나와 너 사이의 경계를 정의하는 데 기여한다." 그리고 "혐오는 우리의 방식이 그들의 방식으로 포섭되는 것을 막는 데 도움이 된다"(Miller, 1997: 50). 부르디외에 따르면, 이러한 작업은 상징적으로, 상징권력에 의해, 정당화하는 방식으로 이뤄진다. 사회적 정체성의 구성에 있어서 "'산산이 흩어지고' '해방된 것', '다양'하고 '차이나는' 것을 모두 '똑같은' 집합으로 환원하고, '게임'과 '즐거움'의 탁월한 경험을 '실증적인', 즉 '실증주의적'인, '총체화하는', 즉 '전체주의적인' '지식'이란 통속적인 명제 속에 가두려 하기 때문"에 상징권력은 테러리즘적으로 행사된다고까지 말할 수 있다.

> 만약 테러리즘이 되는 것이 있다면, 그것은 단순히 판정하는 사람의 눈에는 그래야만 하는 존재 방식이나 행동 방식을 이루는 것이 결여된 남녀를, 취향이라는 이름하에, 웃음거리, 불명예, 치욕, 침묵으로 몰아가는 … 단호한 세상의 심판 속에 있다(부르디외, 2006: 919).

아름답고, 멋지고, 부드러운 이름인 '취향'은 타자의 삶의 방식을 '결여된' 것으로, '부재한 것으로' 단호하게 심판하는 폭력의 이름이다. 그렇게 심판하고 나서 타자에게 자신의 삶의 방식을 상징적으로 강요한다.

> 또 지배자들이 자기 자신의 삶의 방식을 강제하려고 할 때의 상징적 강권 발동 속에도 그것은 있다 … 테러리즘은, 계급의 증오심이나 경멸심이 만들어 내는 이런 말, 이해가 걸려 있는 명석함의 빛이라고도 말하는 모든 비슷한 말 속에 있다(부르디외, 2006: 919).

취향은 계급화되는 정체성과 주체성의 핵심에 있다. 취향은 구별화, 구별짓기 작업의 주변적 요소에 불과한 것이 아니다. 지배계급의 테러리즘적인 상징적 강권 속에서 하층계급은 혐오의 투쟁을 벌여야 하겠지만, 그 전쟁에서 이길 가능성은 매우 희박해 보인다. 사회적 훈련 과정의 근간을 이루는 사회경제적 조건은 생성적으로 '망각'되면서, 부지불식간에 포섭된, 취향은 그 취향의 부재로 표현되는 혐오와 짝을 이루어 자연스러운, 사유되지 않은 구별화 작업을 하기 때문이다. "모든 것은 의미로 가득 차 있다. 그들의 옷, 그들의 신체, 그들의 집, 이 모든 것은 어떤 '심층의' 병리적 형태의 정체성의 표식으로 추정된다. 이 정체성은 무지하고, 거칠고, 천박한(tasteless) 것으로 받아들여진다"(Lawler, 2005: 432).

6. 글을 맺으며

이 글은 강력한 구별화와 차별의 힘으로서 문화적 취향과 취향에 상관되는 혐오의 역할에 관심을 쏟았다. 취향은 개인들을 결합시키기도 하지만 분리시키기도 한다. 계급 구성에 혐오가 중요한 이유가 여기에 있다. 그래서 취향을 통한 구별짓기는 자주 다른 사회집단이나 다른 계급의 사람들의 삶의 방식을 폄하하는 수단이 된다(럽턴, 2015: 185). 나는 그들이 즐길 수 없는 것을 향유함으로써 나의 우월한 계급적 지위를 증명하기도 하지만, 그들이 즐기는 것을 싫어하고 혐오함으로써 나의 우월한 계급적 지위를 증명하기도 한다. 그래서 이 글은 바로 전에 말했듯이, 취향이 계급화되는 정체성과 주체성의 구성에 핵심적 요소가 되며, 결코 구별화 또는 구별짓기 작업의 주변적 요소에 불과한 것이 아니란 점을 강조했다.

취향(미적 선호)과 혐오(미적 반감)는 ―순수한 취향판단과 불순한 취향판단을 구분했던 칸트의 시도와는 달리― 사회경제적 과정과 밀접하게 관련되어 있다. 취향과 혐오는 아비투스로서 개인들을 사회경제적 위계 구조 안에 차별적으로 포섭하여, 같은 계급 내 사람들 사이의 유사성을 나타내는 동시에, 다른 계급 사람들과의 차이를 선명하게 나타내는 수단을 제공한다(Rhys-Taylor, 2013: 237). 취향과 혐오는 자연스러워 보이고 개인의 천성에서 비롯되는 것으로 보이지만, 그 취향과 혐오를 가능하게 하는 이면의 사회경제적

물적 조건을 드러냄으로써 결국 계급 소속을 표현한다. 계급정체성은 대립적이기 마련이다. 여기서 중요한 것은 미적 선호는 다른 계급의 미적 선호에 대한 체계적인 적대관계를 표현한다는 점이다(Swartz, 1997; Conway, 2012). 그래서 부르디외를 따라 "사회계급은 생산관계 내의 위치만이 아니라 통상의 경우 (즉, 높은 통계적 확률로) 그 위치에 결부되는 계급의 아비투스로 정의된다"(부르디외, 2006: 678)라고 말할 수 있다.

결론적으로, 취향과 관련된 개념으로서 혐오는 사회적 구별화 작업에 연관되어 있는 가장 강력한 감정적 성향이다. 혐오는 지각되지 않는, 사유되지 않는 복종을 강요하는 상징폭력에 의해 강요된 쾌락이다. 상징폭력의 은밀하지만 강력한 작용에 의해 혐오 전쟁에서 하층이 승리할 가능성은 매우 희박할 수밖에 없다. 나는 이 글에서 부르디외의 취향과 구별짓기에 대한 논의에 기반해 혐오를 계급 문제로 다루고 싶었다. 사회학적인 혐오이론을 발전시키기 위해서는 반드시 이 길을 따라야 한다는 믿음이 내게 있었다. 그런데 이 글을 맺으려고 하는 이 시점에, "우리 모두 계급 차별을 맹렬히 비난하지만 그것이 정말 없어지기를 진지하게 바라는 사람은 아주 드물다"(오웰, 2010: 212)라고 말했던 오웰의 정직한 고백이 자꾸 떠오른다. 그는 자신의 습성과 이데올로기를 바꾸지 않고도, 부르디외의 용어로 하자면 아비투스(취향)를 바꾸지 않고도 계급 차별을 철폐할 수 있다는 생각은 결코 성공할 수 없다고 지적한다. 계급 타파를 위한 의도적이고 의식적인 노력을 가열차게 하는 어떤 사람도 하층의 속물스러운 취향을 진정 몸으로 접하게 되면 사유되지 않은 혐오가 이내 솟아오를 것이다. 어떤 명확한 명제로 글을 맺기보다 오웰의 자기 고백과 결의로 대신하는 것이 독자의 반감을 사지 않았으면 한다.

> 직시해야 할 사실은, 계급 차별을 철폐한다는 것은 자신의 일부를 포기하는 것을 뜻한다는 점이다 ⋯ (중산층의 일원인) 내가 계급 차별을 없애기 바란다고 말하

는 것은 쉬운 일이다. 하지만 내가 생각하고 행하는 거의 모든 것은 계급 차별의 산물이다. 나의 모든 (선악에 대한, 유쾌와 불쾌에 대한, 경박과 경건에 대한, 미추에 대한) 관념은 어쩔 수 없이 '중산층'의 관념이다(오웰, 2010: 217).

계급 차별의 현실을 바라보고 그러한 차별의 철폐를 외치는 이도 어떤 계급의 일원임에 틀림이 없다. 나도 계급의 일원임을 직시하고 인정하지 않는다면, 불현듯 솟아오르는 혐오에서 자유롭기 힘들 것이다. 계급 철폐의 주장은 자기 고백적이어야 한다. 나의 모든 감각, 모든 예절, 모든 취향은 나의 특정한 지위의 산물임을 인정해야 한다. 나는 그렇게 훈육되고 자라온 것이다.

계급적 특권의 울타리 밖으로 나가기 위해서는, 은밀한 속물근성뿐만 아니라 대부분의 취향과 편견도 억눌러야 한다. 나를 철저히 변화시켜야 하며, 결국엔 같은 사람인 줄 모를 정도로 달라져야 한다(오웰, 2010: 217).

참고문헌

김경진. 2021. "구글 갈 땐 운동화, MS에선 '빌게이츠룩' ⋯ 이재용의 출장 패션". ≪중앙일보≫, 2021년 11월 26일 자. https://www.joongang.co.kr/article/25027125(검색일: 2022년 1월 30일)

김동일. 2016. 『피에르 부르디외』. 서울: 커뮤니케이션북스.

김지선. 2022. "정용진, 이번엔 무슨 일? ⋯ 긴머리 휘날리며 '햄버거 먹방'". 머니투데이, 2022년 1월 26일 자. https://news.mt.co.kr/mtview.php?no=2022012609374785860(검색일: 2022년 2월 16일)

럽턴, 데버러(Deborah Lupton). 2015. 『음식과 먹기의 사회학: 음식, 몸, 자아』. 박형신 옮김. 한울아카데미.

부르디외, 피에르(Pierre Bourdieu). 2006. 『구별짓기: 문화와 취향의 사회학』. 최종철 옮김. 서울: 새물결.

_____. 2005. 『실천이성: 행동의 이론에 대하여』. 김웅권 옮김. 서울: 동문선.

부르디외, 피에르·바캉, 로익(Loïc Wacquant). 2015. 『성찰적 사회학으로의 초대: 부르디외 사유의 지평』. 이상길 옮김. 서울: 그린비.

선명수. 2009. "10대 '알바'들의 절규 ⋯ '우리야말로 밑바닥 노동자'". 프레시안, 2009년 11월 27일 자. https://m.pressian.com/m/pages/articles/2081#0DKW(검색일: 2022년 2월 16일)

오웰, 조지(George Orwell). 2010. 『위건부두로 가는 길』. 이한중 옮김. 서울: 한겨레출판.

유정인. 2010. "범죄용의자 인상착의 '노동자풍' 안 쓴다". ≪경향신문≫, 2010년 11월 26일 자. https://www.khan.co.kr/national/incident/article/201011262146515(검색일: 2022년 1월 27일)

윤성효. 2011. "화물택배 노동자들이 고급 신발 신는 이유". 오마이뉴스, 2011년 9월 6일 자. http://www.ohmynews.com/NWS_Web/View/at_pg.aspx?CNTN_CD=A0001154800(검색일: 2022년 2월 16일)

이상길. 2018. 『아틀라스의 발: 포스트식민 상황에서 부르디외 읽기』. 서울: 문학과지성사.

이해준. 2021. "정용진 인스타에 보름간 운동화 4켤레 ⋯ 주식보다 재밌는 '스니커테크'". ≪중앙일보≫, 2021년 9월 20일 자. https://www.joongang.co.kr/article/25008497#home(검색일: 2022년 2월 16일)

전종휘. 2010. "노동자풍 외모?" ≪한겨레신문≫, 2010년 11월 18일 자. https://www.hani. co.kr/arti/society/labor/449472.html(검색일: 2022년 1월 27일)

최샛별. 2018. 『문화사회학으로 바라본 한국의 세대연대기』. 서울: 이화여자대학교출판문화원.

칸트, 임마누엘(Immanuel Kant). 2009. 『판단력 비판』. 백종현 옮김. 파주: 아카넷.

크로포드, 도널드(Donald W. Crawford). 1995. 『칸트 미학 이론』. 김문환 옮김. 서울: 서광사.

하홍규. 2021. 「냄새와 혐오」. ≪감성연구≫, 제22집, 29~57쪽.

홍성민. 2012. 『취향의 정치학』. 서울: 현암사.

Bourdieu, Pierre. 1989. "Social Space and Symbolic Power." *Sociological Theory*, 7(1): 14~25.

_____. 1977. *Outline of a Theory of Practice*. Cambridge: Cambridge University Press.

Bryson, Bethany. 1996. "'Anything but Heavy Metal': Symbolic Exclusion and Musical Dislikes." *American Sociological Review*, 61(5): 884~899.

Conway, Steve. 2012. "Death, Working-class Culture and Social Distinction." *Health Sociology Review*, 21(4): 441~449.

DiMaggio, Paul. 1992. "Cultural Boundaries and Structural Change: The Extension of the High Culture Model to Theater, Opera, and the Dance, 1900-1940." in Michèle Lamont and Marcel Furnier(eds.). *Cultivating Differences—Symbolic Boundaries and the Making of Inequality*. Chicago and London: The University of Chicago Press.

Epstein, Cynthia Fuchs. 1992. "Tinkerbells and Pinups: The Construction and Reconstruction of Gender Boundaries at Work." in Michèle Lamont and Marcel Furnier (eds.). *Cultivating Differences—Symbolic Boundaries and the Making of Inequality*. Chicago and London: The University of Chicago Press.

Geldof, Koenraad and Alex Martin. 1997 "Authority, Reading, Reflexivity: Pierre Bourdieu and the Aesthetic Judgment of Kant." *Diacritics*, 27(1): 20~43.

Lamont, Michèle. 1994. *Money, Morals, and Manners: The Culture of the French and the American Upper-Middle Class*. Chicago: The University of Chicago Press.

Lawler, Stephanie. 2005. "Disgusted Subjects: The Making of Middle-Class Identities." *The Sociological Review*, 53(3): 429~446.

Menninghaus, Winfried. 2003. *Disgust—Theory and History of a Strong Sensation*. by

Howard Eiland and Joel Golb(trans.). Albany, NY: State University of New York Press.

Miller, Susan B. 2004. *Disgust—The Gatekeeper Emotion*. New Yorka and London: Routledge.

Miller, William Ian. 1997. *The Anatomy of Disgust*. Cambridge, MA: Harvard University Press.

Rhys-Taylor, Alex. 2013. "Disgust and Distinction: The Case of the Jellied Eel." *The Sociological Review*, 61(2): 227~246.

Skeggs, Beverley. 2004. *Class, Self, Culture*. London and New York: Routledge.

Swartz, David. 1997. *Culture and Power—The Sociology of Pierre Bourdieu*. Chicago and London: The University of Chicago Press.

Warde, Alan. 2010. "Cultural Hostility Re-considered." *Cultural Sociology*, 5(3): 341~366.

Wilk, Richard R. 1997. "A Critique of Desire: Distaste and Dislike in Consumer Behavior." *Consumption, Markets and Culture*, 1(2): 175~196.

Zerubavel, Eviatar. 1991. *The Fine Line—Making Distinctions in Everyday Life*. New York: The Free Press.

지은이

박인찬

숙명여자대학교 영문학부 교수(현대영미소설, SF, 미국 문학과 문화 전공). 현 숙명여자대학교 인문학연구소장 및 HK+사업단장. 주요 저서로 『포스트휴머니즘의 쟁점들』(2021, 공저), 『소설의 죽음 이후: 최근 미국 소설론』(2008)이 있으며, 주요 역서로 『블리딩 엣지』(2020), 『바인랜드』(2016), 『느리게 배우는 사람』(2014), 『미국 민주주의의 문화사』(2011, 공역)가 있다.

박준성

중앙대학교 미래교육원 상담심리과정 주임교수. 심리학 전공자로서 교내외에서 수업과 강연 등으로 심리학이 우리의 일상에 얼마나 필요하고 중요한지 널리 알리고자 노력하고 있다. 대표 업적으로 『내 생애 첫 심리학』(2021), 『설득 커뮤니케이션』(2021, 공역)이 있다. 「행동과학을 위한 통계의 핵심」(2020), 「현대심리학개론」(2019) 「사회과학 연구를 위한 통계분석의 개념과 실제」(2017) 등 다수의 심리학 학술논문이 있다.

염운옥

경희대학교 글로컬역사문화연구소 연구교수. 몸의 차이를 둘러싼 담론과 실천의 경합을 역사적으로 살피는 작업에 관심을 두고 있다. 주요 저서로 『낙인찍힌 몸: 흑인부터 난민까지 인종화된 몸의 역사』(2019), 『몸으로 역사를 읽다』(2011, 공저), 『대중독재와 여성』(2010, 공저), 『생명에도 계급이 있는가: 유전자 정치와 영국의 우생학』(2009) 등이 있다.

윤조원

고려대학교 영어영문학과 교수. 미국문학 전공으로, 19세기 미국소설, 여성문학, 흑인문학, 페미니즘, 젠더연구 분야를 연구하고 강의한다. 주요 저서로『페미니즘: 차이와 사이』(2011, 공저)가 있으며, 주요 논문으로「타자/텍스트의 불가사의와 퀴어한 읽기: "바틀비"와 바틀비」(2019),「리오 버사니의 퀴어한 부정성」(2017) 등이 있고, 주요 역서로『프로이트의 몸』(2021),『위태로운 삶』(2018)이 있다.

이재준

숙명여자대학교 인문학연구소 HK 조교수. 철학과 미학 전공으로 포스트휴머니즘과 신유물론의 시각에서 인간과 비인간의 존재론적 관계성, 다양한 몸들에서 정신-물질적 혼종, 과학기술적 대상들의 미학-정치적 배치 등에 관해 연구해 왔다. 인간으로부터 비인간에 이르는 혐오의 양상, 혐오정동의 물질적-기계적 표출을 설명하는 데 관심을 기울이고 있다. 대표 논문으로「혐오의 정동」(2021),「단단한 생명 혹은 흐르는 물질」(2021),「과학기술 시각주의에서 비인간의 재현」(2019)이 있다.

임소연

숙명여자대학교 인문학연구소 HK 연구교수. 과학기술학 전공으로 과학기술과 젠더, 몸과 인간향상기술, 신유물론 페미니즘 등에 관심을 가지고 연구하고 있다. 최근 저서와 논문으로『겸손한 목격자들』(2021, 공저), "Examining Women's Dental Disorders through Multi-Level Sex and Gender Analysis: With Implications for Korean Women's Oral Health"(2021, 공저),『21세기 사상의 최전선』(2020, 공저) 등이 있다.

조계원

고려대학교 정치연구소 연구교수. 정치사상 전공으로 공화주의를 중심으로 한 현대정치이론과 감정이론을 현실 문제에 적용하는 데 관심을 가지고 연구하고 있다. 주요 역서로 『지배와 정의에 관한 일반이론』(2019), 『혐오와 수치심』(2015)이 있으며, 주요 논문으로 「온라인 행동주의와 집합 감정: 청와대 국민청원을 중심으로」(2021), 「직장 내 괴롭힘 방지와 일터 민주주의: 공화주의적 시각」(2019)이 있다.

하홍규

숙명여자대학교 인문학연구소 HK 연구교수. 사회이론과 종교사회학이 주된 전공 분야이며, 현재 문화사회학, 감정사회학을 바탕으로 혐오 연구에 전념하고 있다. 주요 저서로 『피터 버거』(2019), 『감정의 세계, 정치』(2018, 공저), 『공간에 대한 사회인문학적 이해』(2017, 공저), 『현대사회학 이론: 패러다임적 구도와 전환』(2013, 공저) 등이 있으며, 주요 논문으로 「냄새와 혐오」(2021), 「탈사회적 사회의 종교: 자기만의 신, 신으로서의 개인」(2021), 「종교 갈등과 감정 정치」(2021)가 있다. 주요 역서로 『사회과학의 방법론: 사회적 설명의 다양성』(2021), 『종교와 테러리즘』(2020), 『모바일 장의 발자취』(2019), 『실재의 사회적 구성』(2014)이 있다.

한의정

충북대학교 조형예술학과 교수. 프랑스 현대미학 전공으로 예술과 예술 아닌 것, 예술계 안과 밖을 나누는 경계와 차별적 취향에 대해 관심을 가지고 연구하고 있다. 주요 저서로 『메를로퐁티 현상학과 예술세계』(2020, 공저), 『모빌리티 테크놀로지와 테크노 미학』(2020, 공저)이 있으며, 주요 논문으로 「그림 그리는 기계: 창조와 생산 사이」(2021), 「강박의 박물관: 하랄트 제만과 아웃사이더 아트」(2019) 등이 있다.

홍성수

숙명여자대학교 법학부 교수. 법사회학, 법철학, 인권법이 주전공이며, 최근에는 인권이론, 혐오표현, 차별 등의 주제를 주로 연구해 왔다. 주요 저서로 『법의 이유: 영화로 이해하는 시민의 교양』(2019), 『인권제도와 기구: 국제 사회·국가·지역 사회』(2018, 공저), 『말이 칼이 될 때: 혐오표현은 무엇이고 왜 문제인가』(2018)가 있으며, 주요 역서로 『혐오표현, 자유는 어떻게 해악이 되는가(2017, 공역) 등이 있다.

한울아카데미 2376
숙명여자대학교 인문학연구소 HK+사업단 학술연구총서 01

혐오이론 I

학제적 접근

ⓒ 박인찬·하홍규, 2022

기획 | 박인찬·하홍규
지은이 | 박인찬·박준성·염운옥·윤조원·이재준·
　　　　임소연·조계원·하홍규·한의정·홍성수
펴낸이 | 김종수
펴낸곳 | 한울엠플러스(주)
편집 | 배소영

초판 1쇄 인쇄 | 2022년 6월 1일
초판 1쇄 발행 | 2022년 6월 8일

주소 | 10881 경기도 파주시 광인사길 153 한울시소빌딩 3층
전화 | 031-955-0655
팩스 | 031-955-0656
홈페이지 | www.hanulmplus.kr
등록 | 제406-2015-000143호

Printed in Korea.
ISBN 978-89-460-7376-0 93330 (양장)
　　　978-89-460-8184-0 93330 (무선)

이 저서는 2020년 대한민국 교육부와 한국연구재단의 지원을 받아 수행된 연구임
(NRF-2020S1A6A3A03063902)